RITA LEE
MORA AO LADO

Uma biografia alucinada
da Rainha do Rock

HENRIQUE BARTSCH

Garota FM
BOOKS

Copyright © 2024 Henrique Bartsch
Edição Garota FM Books
www.garotafm.com.br | contato@garotafm.com.br

Todos os direitos reservados e protegidos pela Lei 9.610 de 19.2.1998. É proibida a reprodução total ou parcial deste livro através de meio eletrônico, fotocópia, gravação e outros sem a prévia autorização da editora.

Direção editorial: Chris Fuscaldo
Revisão ortográfica: Maíra Contrucci Jamel
Capa, projeto gráfico e diagramação: Adriana Cataldo / Cataldo Design

A primeira edição desta publicação foi lançada pela Panda Books em 2006. Esta reedição reproduz o conteúdo do livro com uma nova revisão baseada no novo acordo ortográfico e traz um prefácio atual assinado pela atriz Mel Lisboa.

Dados Internacionais de Catalogação na Publicação (CIP)
(Câmara Brasileira do Livro, SP, Brasil)

Bartsch, Henrique, 1951-2011
   Rita Lee mora ao lado : uma biografia alucinada da rainha do rock / Henrique Bartsch. -- 2. ed. -- Niterói, RJ : Garota FM, 2024.

   ISBN 978-85-85091-05-7

   1. Ficção brasileira 2. Lee, Rita, 1947-2023 - Ficção I. Título.

24-202757   CDD-B869.3

Índices para catálogo sistemático:
1. Ficção : Literatura brasileira B869.3
Cibele Maria Dias – Bibliotecária – CRB-8/9427

RITA LEE
MORA AO LADO

Uma biografia alucinada
da Rainha do Rock

HENRIQUE BARTSCH

Niterói/RJ, 2ª edição

RITA LEE
MORA AO LADO nas redes

Acesse a página do livro para ter mais informações
e notícias referentes ao conteúdo.
Use o código acima ou visite www.garotafm.com.br

Todos os esforços foram feitos para entregarmos o conteúdo mais
correto possível. Correções poderão ser publicadas na página
do livro, no site da editora. Sugestões, favor entrar em contato
através do e-mail contato@garotafm.com.br

AGRADECIMENTOS
Maggie Richmond (pela ajuda nas pesquisas iniciais), Carlos Calado (pelo livro dos Mutantes), Ana Latitafus (minha Pitanguy preferida), Alessandra Pires (minha batalhadora agente literária), Maryanne Linz (pelas sugestões) e Ayrton Mugnaini Jr. (pela ajuda cronológica).

QUE FIQUE BEM CLARO
Este livro de ficção não tem o patrocínio nem o apoio das pessoas aqui citadas. Nenhuma das tais pessoas, nem suas famílias, herdeiros ou com parentesco participaram da feitura deste livro.

A Rita Lee Jones de Carvalho, que um dia me disse: "Go, Johnny, go, go…".

SUMÁRIO

APRESENTAÇÃO	10
PREFÁCIO POR PEDRO ALEXANDRE SANCHES (2006)	18
PREFÁCIO POR MEL LISBOA (2024)	20

PARTE UM: ATÉ OS MUTANTES — O VELHO TESTAMENTO — 24

38 — CONHECENDO O INIMIGO	25
37 — SANTAS BARBARIDADES	32
36 — ÁGUAS TURVAS EM RIO CLARO	39
35 — TUDO CERTO, MAMÃE	44
34 — CHACOALHE, SERPENTEIE E ROLE	51
33 — YEAH, YEAH, YEAH	59
32 — SANTO ANTONIO	66
31 — MUTATIS MUTANDIS	73
30 — O NOME DA BESTA	79
29 — AOS LEÕES	86
28 — PRESENTES DOS DEUSES	93
27 — CANTANDO NA TUMBA	100
26 — O ANO MAIS COMPRIDO DO SÉCULO	106
25 — MIDEM MUITO MAIS	112

24 — PISANDO NO SOLO	118
23 — OS TRÊS PATETAS	125
22 — SEM MATO NEM CACHORRO	131

PARTE DOIS: DEPOIS DOS MUTANTES – O NOVO TESTAMENTO — 137

21 — TUDO IGUAL, MAS DIFERENTE	138
20 — NEM TUDO É FRUTA	144
19 — YO NO SOY MARIÑERO	151
18 — BAM GU GU	157
17 — OS FRENÉTICOS DIAS DANÇANTES	164
16 — MEUS SAISCRIFÍCIOS	170
15 — UMA JANELA PARA O CHÃO	176
14 — MEU MUNDO SAIU	182
13 — ROCK IN FRIO	188
12 — RÁDIO ARMADOR	194
11 — CRI-CRÍTICOS	200
10 — OPOSTOS APOSTOS	206
09 — ESQUIZOFRÊNICO BLUES	212
08 — FOSSA AND ROLLING	219
07 — O ALÉM DA VISITA	226
06 — O NINHO DA SERPENTE	233
05 — REBELAÇÕES	239
04 — MUITO ALÉM DE QUALQUER IMAGINAÇÃO	246
03 — UMA QUEIMA DE ESTOQUE	252
02 — MEIO SÉCULO DESCONSTRUINDO RITA	259
01 — QUE SERÁ, SERÁ	265

APRESENTAÇÃO
POR CHRIS FUSCALDO*

NOVE ANOS HAVIAM SE PASSADO desde que Henrique Bartsch se mudou para outro plano quando uma mensagem de sua filha Bárbara apareceu no meu Instagram. Em junho de 2020, durante o período mais crítico da pandemia do coronavírus, trancada em sua casa, Bárbara Bartsch vasculhava tudo o que podia sobre aquele pai com o qual ela pouco pôde conversar, afinal, tinha apenas 12 anos quando ele faleceu. Infarto fulminante aos 60 anos. Que absurdo "Bart" ir embora assim, eu pensei lá em 2011, quando soube. Éramos amigos virtuais, o amor por Rita Lee nos uniu e eu fiquei arrasada pelo fato de não ter conseguido conhecê-lo pessoalmente. Só fui escrever algo sobre nossa breve história de amizade em 2016, quando assisti ao musical *Rita Lee Mora ao Lado*. Cinco anos depois, Bárbara encontrou esse *post* no meu blog (também chamado Garota FM) e me escreveu:

Boa tarde, Chris.

Sou filha do Henrique Bartsch. Eu li um e-mail que escreveu para ele em 2016. Me emocionei muito! Saudades eternas!

Inclusive, eu mal consigo terminar de ler. É muita emoção misturada com saudade, rs. Fico muito feliz quando vejo o carinho e reconhecimento que o meu pai tinha como artista e também como pessoa. Ele era muito especial e incrível. (...) Chorei enquanto lia e decidi entrar em contato com você. Toda informação que eu tiver dele é muito válida para mim. Foi muito cedo e eu mal pude aproveitá-lo.

Fiquei emocionada. Tentei imaginar o que deve ter sido para ela não ter a chance de abraçar o pai ao ver o sucesso de seu livro nos palcos. E também fiquei chateada ao me dar conta de que *Rita Lee Mora ao Lado*, o livro, está fora das prateleiras das lojas há anos. Depois que

Bart morreu, poucas vezes se viu sua obra-prima disponível em livrarias. A conversa com Bárbara, então, passou a ser em torno disso. Eu perguntei se os filhos (ela, Júlia, Caetano e Pedro Henrique) não pensavam numa reedição e ela falou que seria um sonho. Passou a ser meu sonho também. Bora? Bora! Mas, como nada é rápido no mundo dos livros, esse papo levou uns dois anos, com a gente tentando entender as burocracias de lançar o livro de um autor que já não está entre nós. Nesse meio tempo, nossa Rita Lee se foi também. Puxa... Queríamos tanto que ela se divertisse de novo com esse lançamento...

Rita não só autorizou, como ajudou Bart a escrever *Rita Lee Mora ao Lado* e, depois, a divulgá-lo. Existem fotos de Rita ao lado do autor em evento de lançamento, por exemplo. Como sua família segue mantendo a chama de seu legado e de suas vontades acesa, pelo menos tivemos o apoio de Roberto de Carvalho e dos filhos para seguir adiante com o projeto. E cá estamos nós, com uma edição que não altera o conteúdo — apenas poucas palavras que, hoje em dia, entrariam no rol do "politicamente incorreto" e certamente Bart e Rita já teriam deixado de usar — mas atualizando a ortografia (alterada pelo Novo Acordo Ortográfico de 2009) e trazendo, além de uma nova capa, um texto lindo da Mel Lisboa, estrela do musical que arrebatou tanta gente, Rita, eu, Bárbara e, certamente, Bart, onde quer que ele esteja.

Abaixo, o texto que Bárbara leu no blog Garota FM resumido:

De: Chris Fuscaldo <contato@chrisfuscaldo.com.br>
Para: Henrique Bartsch <bart@xxxxx.com.br>
Enviadas: Domingo, 05 de Junho de 2016 21:24:32
Assunto: Sobre o Ritz's musical e a saudade

Querido Bart,
Faz anos que estou para te escrever. Cinco anos, para ser mais específica. Ou seis. Sei lá, acho que me perdi um pouco no tempo. Desde

que saí das redações da Infoglobo, entrei numa vida louca e não consegui mais te dar notícias. Nem perguntar sobre o que você tinha de novo para me contar. Pois é... Nossa última troca de e-mails foi em outubro de 2009, quando embarquei para a miniturnê do ECT (Eu, Chris e Taís), em São Paulo. Depois dali eu mergulhei nas pesquisas para a biografia do Zé Ramalho (que, acredite, não foi finalizada até hoje, mas depois falo mais sobre isso), tive grandes mudanças na vida pessoal e mergulhei na carreira acadêmica (terminei um mestrado e, agora, estou no doutorado). Por isso a correria. Mas, olha, se eu pudesse te falar do quanto pensei em você, tantas vezes, em tantos momentos desses últimos anos...

Eu quis te falar sobre o processo da minha pesquisa. Também quis muito te contar que o Zé adorou as cópias que dei para ele daquelas raridades de Bob Dylan que você me enviou de presente. E eu quis te dizer que seu livro furou a fila (que cresceu muito depois do ingresso na pós-graduação) e que finalmente eu ia poder conversar sobre ele com você. Mas, quando me dei conta, já era tarde demais... Você se foi em 2011, de repente, pegando todo mundo de surpresa e me deixando com muita saudade das nossas mensagens, dos papos sobre música e das análises sobre biógrafos, biografados e a relação da mídia com as biografias. Saudades, cara.

Por que falar disso hoje? Ensaiei escrever sobre *Rita Lee Mora ao Lado*, seu livro. Ou, como você costumava escrever, *RLML*. Sério. Li marcando páginas, sublinhando trechos, fazendo anotações. Li, não. Devorei. Se eu soubesse que ia ser tão rápido assim, teria feito ele furar a fila bem antes. Você entendeu quando te falei que tinha os livros da Hérica Marmo – que gentilmente nos apresentou virtualmente – na frente (o dos Titãs para ler e o do Paulo Coelho para revisar), os relacionados a Zé Ramalho que precisava investigar e os que precisava resenhar para a *Rolling Stone*, né? Infelizmente, não conseguimos emplacar uma matéria bacana sobre *RLML* na revista... Ainda hoje é um pouco difícil espaço para o biógrafo falar, sabia? Mas não tanto quanto naquele momento, acho... Depois da liberação do Supremo Tribunal Federal, melhorou bastante. Até eu andei dando entrevistas... Naquela época, em geral, os veículos pediam o biografado (ainda mais se ele fosse vivo). Você confirmou isso quando me contou que a produção do Ronnie Von convidou você se a Rita Lee fosse junto. Ah, Bart, se eu soubesse que nunca mais conseguiria conversar com você sobre *RLML*... Rita diria que são coisas da vida, né? O fato é que não consegui escrever nada ao saber do teu falecimento. Travei.

Quando soube que o livro tinha sido adaptado para os palcos em forma de musical, quase desmaiei. Sério, baixou um pouco a pressão. Como assim depois de tanta batalha para seu livro ser reconhecido, resenhado, midiatizado, você não conseguir ver sua obra no teatro? Será que Rita diria que são coisas da vida? Não sei. Mas acho que ela foi bastante generosa, tanto em te permitir escrever essa obra de arte (e colaborar para tal) quanto em prestigiar a adaptação.

A cena em que, com esse hit ("Coisas da Vida") ao fundo, ela, a personagem, fica sabendo das mortes de pessoas queridas, inclusive da sua (que bom que te celebraram na peça!!!), é a coisa mais linda do espetáculo! Chorei muito, Bart. Chorei porque sempre amei a história de Rita, porque lembrei de quando eu trocava e-mails com ela para a minha monografia da faculdade (sobre Os Mutantes), porque rememorei nossas riquíssimas trocas (tenho tudo arquivado até hoje) e porque senti saudade de você... De novo. Pô, Bart, por que você foi embora tão cedo?

Bart, muita gente já disse isso, mas eu também quero engrossar o coro: o musical tá massa! Em Ribeirão, os paulistas também falam "massa", né? Mesmo com cenário e figurino simples e a não obrigação de os atores se caracterizarem para ficar idênticos aos personagens em destaque, a emoção é grande a cada história contada. A vizinha que narra a trajetória da Rita Lee, Bárbara Farniente, é uma figura no livro e no palco. A mãe dela, a bisbilhoteira (e apaixonada pelo pai de Rita) Diva, é outra peça! Coadjuvantes na trajetória da nossa Ritz, Arnaldo e Sérgio Dias Baptista, Ronnie Von, Gilberto Gil, Caetano Veloso, Jorge Ben, Tim Maia, Ney Matogrosso, Elis Regina, Hebe Camargo e Roberto de

Carvalho contam partes maravilhosas da biografia da maior roqueira do Brasil. Mel Lisboa não é igualzinha a Rita (ela não cantava antes de ser convidada para o musical), mas aprendeu os trejeitos direitinho e emocionou a plateia carioca.

Sim, eu assisti à *Rita Lee Mora ao Lado* aqui no Rio. Esperei por essa chegada da peça à cidade por dois anos. Fui ontem (04/06) ao Vivo Rio. Saí emocionadíssima. Acordei ainda tocada, voltei a ler nossos e-mails e a empolgação do momento me fez finalmente querer escrever sobre seu livro, sobre você, sobre nós, sobre saudade.

Não curti termos perdido o contato nos seus dois últimos anos. Mas me dei conta, hoje, relendo nossas mensagens, de que tenho muito orgulho de tudo o que escrevemos um para o outro entre 2007 e 2009. Ainda não me orgulho do mundo em que vivemos, que nos obriga a matar um leão por dia e, muitas vezes, nos manda embora antes de vencermos nossas batalhas. Mas estou tentando acreditar cada vez mais que a glória não está no final da história, mas no que fizemos por ela durante o processo (pena que tanta gente não dê valor à construção). Por isso releio com meus olhos marejados tudo o que trocamos. Queria poder falar mais, mas te deixo em paz para que veja as suas conquistas esteja onde estiver. Sempre com saudade.

Beijos,
Chris

Obs.: Nesta que deve ser a última mensagem que te envio, rememoro os melhores momentos* de nossas trocas.
*Os trechos abaixo foram destacados de vários e-mails diferentes, todos enviados por Henrique Bartsch.

De: Henrique Bartsch
Para: Chris Fuscaldo
Enviadas: Entre 2007 e 2009
Assunto: Amantes de Rita

Conheci os Mutantes lá nos idos de 1972, quando comprei aquela guitarra que está na capa do disco *Tropicália*, direto do Sérgio Dias, mas infelizmente a Rita havia acabado de sair...

Depois, por saber de muitas histórias, colaborei com o Carlos Calado, quando ele fez a biografia dos Mutantes e, em 1998, entrei em contato com a Rita, e conversamos desde essa época quase que diariamente até hoje... quase dez anos... e é um privilégio que não dá nem para explicar... acho que rolou porque não sou fã, mas admirador...

Sou músico, apesar de formado em engenharia, mas nunca exerci, para desespero de meus pais... Sempre pensei em escrever e, depois de uns três anos falando com a Rita, vi que ali tinha muita história que as pessoas nem imaginavam e que deveriam ser contadas... daí pedi a ela que contasse, mas ela se recusou terminantemente... foi quando senti que se eu não fizesse, não ia rolar... e encarei com um formato maluco meio ficção e muita verdade... e acho que assim escapei do processo e da recolhida dos exemplares....

Seu nome pintou quando pedi para Kika (Hérica Marmo) se ela conhecia alguém na *Rolling Stone*, pois sei que não sou nada, ninguém me conhece, e então vou recorrendo a amigos para conseguir divulgação lá e cá...

Penso em seguir na literatura e até tenho um livro já pronto feito meio a meio com a Rita, mas sinto que vai ser um pouco complicado sair, mas depois te conto, senão você não escreve mais para mim porque acabou o assunto...

Moro em Ribeirão Preto/SP, 55 anos, e dizem que sou a cara do Nelson Motta...

***

Li sua matéria com o Lobão... vc tem o toque... muito bom... fico na maior inveja por viver longe do olho do furacão... leio tudo sobre música brasileira... vc já escreveu algum livro a respeito ou está nos planos?

O negócio do livro nasceu depois de um tempo que nos falávamos, e vi o tanto de histórias que tinha ouvido... pedi que ela contasse, ela não quis saber, e então resolvi pegar o bastão... mandei mais ou menos uns cinco capítulos, enquanto escrevia, para ela ver o formato... ela gostou e deu o *go ahead*, e cá para mim eu tinha que, se ela não gostasse ou se tivessem partes que não a agradassem, nem sairia... mas a mulher aprovou tudo, teve acesso antes de ir para qualquer editora e me ajudou muito na divulgação... ela é um anjo...

Me diz se vc já leu *RLML*, porque tive uma ideia muito louca sobre uma matéria para a *Rolling Stone*...

Tenho a guita mutante até hoje, restauradinha, e Mr. Sérgio Dias é louco para tê-la de volta, mas nem móóóóóórrrrrta!!!!!!!!!!

Engenharia me ajudou na formação, o rito de passagem em uma faculdade de peso, que é a Engenharia de São Carlos, mas fui e sou músico para o espírito e a sobrevivência... www.gruponos.com.br... Lá tem foto, tem a guita, trocentas coisas... Tem até foto minha com o Nelson Motta, para ver se parece mesmo...

***

A gente tem que ficar para lá e para cá para ganhar a vida... eu na música, acredito que vc no jornalismo, não é mesmo?

Mas tenho trabalhado em dois textos, um sobre o *cover*, contando um pouco da história e tentando dar uma redefinida no termo, que surgiu como regravar uma canção já gravada, mas agora acho que está muito além... Apresentei a ideia para Panda, que gostou, mas a editora deixou claro que muitas vezes uma boa ideia pode não render um bom livro... Cabe a mim provar o contrário...

O outro é uma sagazinha existencialista, que é uma repensada na vida de uma pessoa que tem seus dias ameaçados por uma doença séria... Antes de tomar uma decisão sobre como encarar um possível tratamento, resolve fazer uma viagem... Não vai ser muito longo, e no fundo fica a nossa velha viagem sobre de onde viemos, para onde vamos, e o quanto essas questões nos fazem esquecer de onde estamos no aqui e agora...

***

Todo santo lugar perguntava "mas dá para Rita ir junto?"... A mais esdrúxula foi no programa do Ronnie Von... Eu fui no *Mulheres*, que é um programa na Gazeta, e a Rita entrou por telefone. Deu o maior resultado, pois íamos ficar 15 minutos e acabou durando 40, por ter subido a audiência medida na hora... Daí a produção do Ronnie, que é lá também, veio em cima, vendo se a Rita ia... Como ela não quis ir, disseram que não poderiam me levar ao programa, pois é norma da produção se o biografado é vivo, tem que ir junto... afff...

***

Como eu disse, o bom é abrir o pacotinho, *no matter what*... (desde que não tenha antrax ou carta-bomba, claro, hehehe).

Essas raridades de Bob Dylan, a gente consegue na santa baixação que todo mundo faz (por isso já não se reclama mais tanto de pirataria, não é mesmo?). Mas acho que é questão de conceito: acho pirataria copiar e comercializar... Unzinho para consumo próprio, ainda mais de algo tão sumido, deve ser pecado com baixa pontuação...

O legal é que é a versão original, com quase 4 horas, pois quando passou nos cinemas originalmente, os exibidores reclamaram e foi cortado para quase duas... E logicamente nem dá para assistir diretão, pois Bob Dylan não é lá grande diretor... Mas tinha Sam Shepard envolvido, que acabou saindo fora do projeto, e Dylan, como em tudo que faz, quem está à volta nem imagina o que ele quer... É mais pela raridade, mesmo...

E as Olimpíadas estão mesmo acabando com as madrugadas, que sempre uso para leitura, filmes, escrever etc. Mas acaba logo!

*Jornalista, escritora, biógrafa e diretora da Garota FM Books. Autora do livro *Discobiografia Mutante*, entre outros.

PREFÁCIO
POR PEDRO ALEXANDRE SANCHES*

GÊNIO, IDEIA DE GÊNIO. Este livro que você tem em mãos agora é altamente despretensioso, mas é preciso estar atento(a) e forte para encontrar em suas entrelinhas uma história sincera e reveladora que poucos ousariam contar. A impressão que o livro de Henrique Bartsch deixa é de que, sem ser uma biografia, *Rita Lee Mora ao Lado* biografa a vida da dita-cuja (essa que mora ao lado, aí do seu lado, tá vendo ela ali?) sem meias-palavras, sem papas na língua, sem camuflar as partes menos lisonjeiras da vida da bailarina. Afinal, todo mundo tem pereba, até a bailarina tem.

O segredo para ler *Rita Lee Mora ao Lado*, eu acho, é ter em mente que se trata de um romance tipo "a bela e a fera", "o médico e o monstro", um xadrez de duplas (ou múltiplas) personalidades em que a bela é a fera e o médico é o monstro.

Conforme leio (já li duas vezes), fico com a nítida sensação, não sei por que, de que essa tal de Bárbara Farniente não existe, sei lá. De que ela não mora ao lado, mas sim dentro da heroína incorrigível Rita Lee. Ouça bem o que Bárbara Farniente conta sobre si, querido(a) leitor(a), ali dentro é que está escondido o fruto proibido...

Por falar nisso, confesso que só conheço o Henrique por e-mail, nunca estive pessoalmente com ele. O Bartsch que me perdoe, mas me peguei, às vezes, pensando "será que esse cara existe?", esse cara tem me confundido...

Aliás, lendo o capítulo sobre os críticos, com quem a falsa ruiva vive às turras, também garrei a matutá: a moça mutante que adora inverter todas as lógicas e regras não leva lá um jeitão para crítica frustrada que foi morar na casa ao lado, no *dolce far niente*? Será? Sei lá, a essas alturas já tenho dúvida até mesmo se eu existo, preciso lembrar que eu existo, se eu existo... Eu existo?...

Será? Será que aqui é o sonho de uma sábia chinesa, que um dia sonhou que era — todos juntos reunidos numa pessoa só — Rita, Bárbara, Arnaldo, Roberto, Elis, Erasmo, Wanderléa, Henrique, Antonio, Pedro, João, Maria, José (olha o que foi, meu bom José...)? Ou será que fomos todos nós, sábios chineses de araque, que continuamos sonhando até agora que somos uma borboleta, digo, Rita Lee?

Bem, seja o que for. A leitura da aventura genial de Bart não satisfará dúvidas existenciais dessa natureza — mas renderá um bocado de diversão, ternura, dor, risos, tristeza, reflexão. Porque exista ou não essa tal de Rita Jeep... Sujeita, você é maravilhosa...

* Jornalista cultural, crítico musical e editor-fundador do site Farofafá. É autor dos livros *Tropicalismo — Decadência Bonita do Samba*, *Como Dois e Dois São Cinco — Roberto Carlos (& Erasmo & Wanderléa)* e *Álbum* (em quatro volumes).

PREFÁCIO
POR MEL LISBOA

HÁ MOMENTOS QUE MUDAM o curso da nossa vida. Há livros capazes de causar um enorme impacto na nossa visão de mundo. Há convites irrecusáveis.

O ano era 2011. O livro era *Rita Lee Mora ao Lado*. O convite era interpretar a Rainha do Rock.

Márcio Macena, meu amigo já fazia muitos anos, tinha me visto havia pouco tempo num espetáculo, o *Cine Camaleão*, da Cia. Pessoal do Faroeste, e teve uma ideia maluca. Recebi, então, um telefonema dele (ou foi mensagem de texto? Não lembro...) me convidando para um almoço. Ele queria me fazer uma proposta. "Legal!", eu pensei. "O que será?", me ocorreu em seguida.

Cheguei no restaurante e Macena já me recebeu com um embrulho nas mãos. Formato característico, inconfundível. Era um livro. Ele me estendeu o presente e eu abri, feliz pela gentileza e por constatar que meu camarada conhecia mesmo meu gosto. Adoro ler!

Rasguei vorazmente o papel de presente — nunca tive paciência para essas coisas, sou ansiosa — e lá estava: *Rita Lee Mora ao Lado*, de Henrique Bartsch. Antes que eu pudesse agradecer, Marcio disparou: "Vou montar um espetáculo musical adaptado desse livro. E quero que você faça a Rita Lee."

PAUSA

"VOCÊ ENLOUQUECEU", eu disse. Em caixa alta da vida real. "De onde você tirou essa ideia?", eu indaguei, genuinamente surpresa. Nunca, na minha vida, havia pensado que pudesse interpretar a Rita. Não sabia cantar, não me achava nem um pouco parecida com ela. E ela ainda não tinha se aposentado. Estava lá, toda maravilhosa, ainda fazendo shows por esse Brasilzão afora. Ou seja, tinha TUDO para dar errado. "Vou negar, óbvio!", eu pensei.

Acontece que fazer teatro no nosso país é uma luta e eu relativizei as insanidades macenianas. "Deixa ele, duvido que o projeto saia do papel." Sorri, agradeci, topei educadamente, engoli o almoço e fui embora com o livro debaixo do braço, segura de que a peça nunca iria acontecer e que meu amigo estava certamente com um parafuso a menos.

Voltei para casa e o livro ficou um tempo ali me olhando, quase que me dizendo: "E aí? Não vai me ler, não?" Ok, vamos lá. Vamos ver o que esse tal de Henrique Bartsch aprontou com a vida da Rita Lee.

E, de repente, não mais que de repente (desculpe o empréstimo, Vinicius), eu estava completamente imersa no maravilhoso mundo de uma das maiores — se não a maior — artista deste país. Eu, testemunha daquela história fantástica, narrada pela pitoresca vizinha, Bárbara Farniente, que me fazia sentir como se eu mesma morasse ao lado de Rita. As palavras de Bartsch foram me fazendo curiosa, foram construindo um elo entre mim e ela, criando em mim uma admiração profunda; tão profunda que, ao chegar ao final do livro, eu pensei: "Quero ser Rita Lee".

Mas não sou nem nunca serei. *Fon*. Trago verdades intragáveis. Porém, sou atriz. Meu ofício é contar histórias e fingir ser quem eu não sou. E o mais próximo que podia chegar de ser Rita Lee seria interpretando-a. Então, Mel, feche os olhos e jogue-se no abismo.

Uma gravidez no meio do caminho — minha filha Clarice nasceu em 2012 — e uma iminente desistência da minha parte quase puseram tudo a perder. Mas o destino foi tinhoso e fez com que a maluquice do Márcio (em parceria com Debora Dubois, que assinou a direção do espetáculo com ele) virasse realidade.

Passaram-se quase três anos até que as cortinas do teatro finalmente se abrissem e eu e minha cara de pau estivéssemos ali em cima do palco atacando de Rita Lee.

Em março de 2014, *Rita Lee Mora ao Lado* estreou no Teatro das Artes, em São Paulo, dois anos após Santa Rita de Sampa se aposentar definitivamente dos palcos. O espetáculo ficou quase três anos na estrada e levou milhares de pessoas ao teatro. Inclusive a própria Rita Lee, que foi nos assistir duas vezes e nos abençoou com sua genialidade e generosidade infinitas.

Quem não pôde estar na plateia foi Henrique Bartsch, que nos deixou antes que a peça estreasse.

Não posso provar, mas tenho a sensação de que, de algum lugar, Bartsch sabe que sua obra foi o início de um vínculo que perdura até hoje.

Não posso assegurar, mas gosto de pensar que Henrique e Rita estão hoje de mãos dadas, celebrando esses encontros, esses elos. E, claro, como não poderia deixar de ser, adoro imaginá-los rindo das trapalhadas que fazemos enquanto ainda estamos por aqui.

Viva Henrique Bartsch! Viva Rita Lee!

Deleite-se com a história que vai começar ao virar esta página. Aprecie sem moderação.

PARTE UM

ATÉ OS MUTANTES — O VELHO TESTAMENTO

38. CONHECENDO O INIMIGO

MEU NOME É FARNIENTE. Bárbara Farniente. Bárbara de Oliveira Farniente. Sou uma capricorniana típica. Uma cabra que sobe ao topo do mundo e não quer que ninguém venha encher o seu saco, pois odeia descer de lá para resolver probleminhas que não causou.

Mas existem exceções, principalmente quando temos que pagar pelos pecados cometidos anteriormente. Meu erro foi ter tido a bela ideia de um dia começar a escrever um diário e, muito, mas muito tempo e centenas de páginas depois, tê-lo perdido. E, como perdido não é para sempre, alguém o encontrou e vendeu-o por um bom dinheiro a um pobre rapaz, que, baseado em meus escritos, agora quer reviver esta história.

Tenho um SPA na região de Atibaia. Um lugar muito bonito, que lembra os fiordes noruegueses. Mesmo tendo procurado o maior isolamento possível para exercer minhas atividades, não consegui escapar da visita do tal rapaz, que quer permissão para publicar o diário e também que eu conte o que aconteceu depois da perda até os dias de hoje.

De início fui resistente à ideia, mas acho que será bom dividir com o mundo minhas agruras. Um emaranhado de verdades e mentiras sinceras. E mentiras sinceras me interessam... Acho que isso é letra de música. Esquece. Detesto pessoas que não sabem se expressar e ficam citando letras de músicas.

Outro pecado que tive de pagar a vida inteira é herança de minha mãe, dona Diva. Ela cometeu o pecado original feminino: ficar perdidamente apaixonada por um homem. Até que não seria pecado assim tão pecado, mas ficar a vida inteira apaixonada pelo mesmo homem não tem perdão. Ele era Charles Jones, casado com Romilda Padula Jones, mais conhecida por Cheza, ou Chezinha. Pais daquela que assombrou praticamente toda a minha vida atribulada.

Por essas e outras razões que estão por vir, minha vida toda ficou atrelada à de Rita Lee. De várias formas minha existência sempre ficou enrolada com a dela. Meio século depois, acho que até me acostumei.

Após pequenas encenações para manter minha fama de má, contei ao rapaz o que faltava para completar a história e dei meu consentimento para a publicação. Sendo relembrada de tantos fatos que já havia esquecido, senti que o que vai ser contado é uma história inacreditável, mas real. Quem vir a ler estará me ajudando a tirar todos os esqueletos do armário de meu diário recuperado. Confesso que preferia não ter que relembrar tudo isso, mas novela que começa um dia tem que acabar. Então, vamos lá. Meu querido diário:

Meu tormento de conviver com Rita Lee Jones começou pela obsessão de minha mãe Diva por Charles. A ideia era tão fixa que ela conseguiu um apartamento em um pequeno prédio, que ficava logo atrás do casarão dos Jones. De uma das janelas, muito podia se ver daquelas anormalidades. Os Jones eram uma tribo fechada. Charles e Cheza no comando, imediatamente seguidos pelo segundo escalão, que eram Balu e Caru, e as três filhas indiazinhas, Mary, Vivi e Rita. Eu aprenderia na carne que não eram civilizadas. Talvez pelo racha das famílias, que não admitiam um americano casado com uma italiana, ou porque as crianças rosnavam, nunca recebiam parentes, nem mesmo vizinhos.

Chezinha era mãe carinhosa e beijoqueira. Era a Senhora Festa. Em épocas como Natal, Páscoa e Carnaval colocava o piano na rua e fazia a maior farra, tocando e cantando músicas napolitanas e marchinhas de Carnaval, sempre com um sorriso largo, ensolarado e simpático, coisa que matava minha mãe de inveja e a deixava mais mal-humorada do que já era normalmente.

Cheza era a professora de catecismo do bairro e a conselheira da vizinhança. Às vezes, Diva, através de alguma conhecida, pedia algumas dicas. Jamais teria coragem de encarar a rival, que estava sempre sorridente, não importando a situação. Não conhecia a palavra "deprê". E, mesmo tão dada a todos, não esquecia as filhas que adorava, a quem dedicava tudo que podia.

A matriarca dos Jones era a chefona da máfia do harém de Charles, todas muito cúmplices. Mamãe morreria para fazer parte do clube, mas jamais deu o braço a torcer. Quando Charles saía para pescarias, era só festa. Galinheiro sem galo. Fuçavam nas coisas do velho, costuravam roupas para a molecada com cortinas e lençóis velhos, muito antes de qualquer manifestação hippie. E sempre sob a criatividade de Cheza, fonte na qual, um belo dia, beberiam até uns tais Mutantes. Mas ainda é cedo.

Católica de carteirinha, fazia com que toda a mulherada fosse frequentadora de missas dominicais e procissões de Semana Santa, onde ela era a Verônica, na igreja de Santo Inácio de Vila Mariana. Rita era anjinho e as outras duas irmãs eram as mulheres que seguiam Jesus até o Gólgota.

Charles era um pão-duro nato. Não dava nenhum presente para o harém. Tinha um laboratório no porão da casa, onde fazia experimentos secretos. Algo como se Woody Allen virasse alquimista. Na biblioteca, livros sobre discos voadores, Júlio Verne, livros negros não sei do quê, cabalas e muito mais. Diziam as fofoqueiras que ele queria achar o buraco que levava ao centro da Terra e jurava tê-lo encontrado na Serra do Roncador, em Mato Grosso. Comprava toneladas de lança-perfume, para comemorar as vitórias do Corinthians, nas quais a mulherada sempre tirava uma beirinha. Às segundas-feiras jamais faltava, com sua malinha preta, às reuniões da Maçonaria.

Gostava de arrasar a Igreja Católica, sempre que possível, trazendo artigos que deixavam Cheza horrorizada. Para horror de Charles, Cheza tinha uma coleção de santinhos de fazer inveja ao Vaticano. Anticatólico fervoroso. Tinha dois hábitos que jamais contrariava. Um era dormir às seis horas da tarde, para alívio da mulherada, que fazia tudo a que tinha direito, ou seja, liberava geral depois desse horário. O outro era acordar às quatro da manhã. Ligava o rádio, cuidava dos pássaros, que até voltavam para a gaiola quando ele assoviava, trocava a água dos peixes e ouvia Inezita Barroso e Luís Vieira. Mas babava mesmo era com a mulher ao piano. Depois disso, preparava o café da manhã para a mulherada e acordava uma por uma com uma colherinha de óleo de fígado de bacalhau. Sim, ele era malvado. E isso reverberava em casa, pois minha mãe também me impunha essa beberagem das profundezas.

Seu xodó era um Jeep Willys, 1951, que ele tratava com seu maior carinho, colocando até cobertor para as peças não resfriarem muito rapidamente, quando desligava o motor. Quanto às filhas, jamais deu um beijo, com uma rara exceção. Com esse Jeep levava a mulherada para Rio Claro nas férias. Não deixava que dessem um pio durante a viagem toda. Deixava a tropa e voltava para São Paulo. Diva sempre sonhou em ter uma oportunidade, pois homens que dispensam a família durante um certo tempo estão com vontade de voar, ela pensava. Mas, segundo muitas línguas, o máximo que Charlie fazia era ficar andando pelado pela casa. Nessas épocas, mamãe fazia até as refeições na janela indiscreta e me proibia de chegar próximo que fosse. E consultava muito mais sua tábua Ouija de respostas e um tarô, que já estava incorporado à cena, já que Diva começava a conseguir um dinheirinho fazendo consultas espirituais.

Charlie não dava dinheiro em casa, então o harém se virava de várias maneiras. Davam aula de italiano, Cheza tocava e cantava em festas, faziam buquês que vendiam muito, faziam macarronadas, defumavam linguiças. Claro que tudo depois das seis, dentro da economia de guerra imposta pelo chefe, que já estava recolhido.

Diva nunca teve amizade com nenhum deles, a não ser Caru. Quando a encontrava na feira, às vezes conseguia algumas inconfidências para sua coleção. Poucas vezes deve ter cruzado com outros pelas vizinhanças, dizendo aquele bom-dia de desconhecidos educados. E minha casa, dentro do possível, era uma réplica da dos Jones. Minha mãe apenas não era católica, acho que era para agradar Charlie, mesmo de longe.

Vivíamos muito apertadas de dinheiro. Já sem marido, com filha pequena e afastada dos parentes, Diva se virava como podia. As coisas melhoravam um pouco quando tia Dalva de Oliveira, que já era uma cantora de sucesso, aparecia e dava uma graninha para a irmã. Apesar das rivalidades dos tempos de Rio Claro, de onde éramos todas originárias, tia Dalva, que também havia um dia arrastado as asas para Charlie, era amiga de Cheza.

Falava-se muito inglês na casa dos Jones, mas era um idioma totalmente diferente, pois Charles tinha aprendido a falar com os escravos do avô Robert Norris. Por isso fui parar em uma escola de inglês, que me fez muito bem, mas também entendi que eles falavam uga-uga, mistura de sotaque sulista com dialeto de escravos africanos. Eu também ficava doida de inveja com o tanto de *posters* originais de filmes que as filhas ganhavam dos tios que tinham cinema em Rio Claro.

Quando conseguimos comprar um binóculo, as coisas ficaram muito mais fáceis de serem observadas. Eu babava naqueles gringos coloridos dos cartazes pendurados nas paredes.

Mary lia todas as revistas de cinema e era louca por Robert Wagner, aquele do *Casal 20*, para o qual fazia até bolo de aniversário. Odiava Natalie Wood, que viria a se casar com ele. Ela deu o padrão hollywoodiano para as irmãs. Descoloria os cabelos, fazia pinta no queixo com nitrato de prata e ora era Marilyn, ora Janet Leigh, ora Susan Hayward. Tocava piano muito bem, era a melhor aluna da escola e liberava todas as sacanagens que as menores não podiam ver. Aprendi muito com meu binóculo. Mary tinha 1,50m de altura e compensava isso com muito talento. Escapava para ir aos programas de rádio onde Cauby Peixoto fosse cantar, para fingir desmaios. Era a queridinha da mamãe, por ser doente. A mais novinha era a queridinha do papai. E, como sempre, filho do meio só se ferra.

Para Vivi sobrou o romantismo, embora sombrio. Se via um filme sobre freiras, dizia que queria ir para o convento, embora fosse bem provável que estivesse de olho num padre bonitinho. Perdeu um longo namoro por correspondência para a Guerra do Vietnã e ficou muito tempo de véu negro pela casa, quando soube da morte do rapaz. O mais longo véu negro foi quando ficou viúva de James Dean. Até colocava o nome dele na lista dos mortos, nas missas de segunda-feira, em memória dos que se foram. E saía louca de raiva pois o padre lia "Jãmes Deãn". Vergonha. Um dia Charles queimou o véu e acabou com a festa. Mas quando perdia algum namorado para alguma amiga, já era motivo para o luto.

Rita, além do privilégio de ser a predileta do rei, tinha Balu como madrinha. Ela era a protetora de todas as horas da caçula. Era a única que não gostava da amizade de Caru com Diva. Embora não comentasse com ninguém, via maus agouros ao longe. Até nas amizades das meninas. E era difícil errar.

Balu tinha quase a idade de Cheza. Eram irmãs adotivas. Cozinhava como italianos, brasileiros e americanos. Perfeição. Eu morria sentindo os cheiros de suas comidas, que nunca provei. Ela e Charles não se bicavam, mas respeitavam o espaço alheio. Teve muitos pretendentes, mas o último, um tal Wirson, ao chegar um dia para tirar umas lasquinhas, encontrou Rita rosnando para ele e, logo depois, levou uma mordida do cãozinho louro na perna. Foi o bastante para ser despachado de vez. Balu tomou a frente da casa após o nascimento de Rita, pois Cheza ficou muito debilitada pelo terceiro parto, que tinha sido terminantemente proibido pelo médico. Mas, por mais que se diga não, quando alguém tem que nascer, ninguém segura. E assim veio a praga.

Chezinha gostava de achar pessoas parecidas com bichos e pessoas que tinham a cara de famosos. Resolveu fazer um teatrinho caseiro com imitações e dali foram surgindo os personagens que preenchiam a solidão coletiva do casarão, na hora do sono do chefe.

Quando sentava ao piano, Cheza hipnotizava a todos. Virava uma sacerdotisa. Um dia, ao tocar a "Dança Ritual do Fogo", Rita, com três anos, saiu dançando feito Isadora Duncan. Isso bastou para que Diva me colocasse numa escola de dança. Embora tenha me ajudado a combater a obesidade infantil que tive, foi um erro estratégico, pois, como não ouvíamos os diálogos, o comentário entre eles é que o bichinho da música tinha mordido Rita. Nas rodinhas, minha mãe ficou sabendo que Rita já tinha composições como "A Caveira da Borboleta" e "A Valsa da Barata". O mundo escapou dessas, felizmente ainda inéditas.

37. SANTAS BARBARIDADES

A CUMPLICIDADE ENTRE AS IRMÃS era terrível, embora Mary se aproveitasse um pouco por ser mais velha. Apesar de fazer cafuné nas irmãs, coçar as costas e fazer carinhos em geral, sempre que podia as escravizava.

A principal moeda era contar os filmes proibidos para as menores. Para que isso acontecesse, Vivi e Rita tinham que limpar o quarto dela, dar comida na boca, fazer massagem nos pés e fazer juras de obediência por períodos fixos de tempo. Ela contava filmes como ninguém, até sentava ao piano para fazer as trilhas sonoras que decorava. Muitas vezes, nos momentos mais cruciais, quando as ouvintes estavam pregadas na parede, com os olhos arregalados, falava:

— Ah, tô cansada. Se quiserem que eu continue, quero pipoca e suco de laranja.

As duas saíam feito doidas para cumprir as ordens. Voltavam o mais rápido possível e ouviam:

— Fiquei mais cansada. Vou ler um pouco. Depois eu termino.

As duas saíam frustradíssimas, mas fazer o quê?

E parece que o casarão era um convento. A única que exercitava o lado Luz del Fuego, a mais famosa nudista do Brasil, era Rita, que volta e meia estava espiando na fechadura do banheiro. Ninguém ligava para sua nudez infantil. O máximo que vi foi Charlie passar de cueca samba-canção do quarto para o banheiro. Outra coisa estranha era que o casal dormia em quartos separados. As coisas, se fossem feitas, eram de madrugada, pois nunca vi nada. A desinformação era tanta que um dia Rita estava andando com os moleques de carrinho de rolimã quando um gritou:

— A Rita machucou a bunda!

Assustada, ela levantou e viu o sangue. Maior vergonha. Tinha virado moça e nem sabia o que era aquilo.

O trio agia ensaiado. Um dia, Rita perdeu feio no mico-preto para uma garota chamada Silvinha, que começou a debochar. Vivi pegou a garota pelos cabelos e começou a bater sua cabeça contra a parede. A garota desmaiou. As duas irmãs saíram em desabalada carreira, já pensando em como se livrar do assassinato. Correram direto para debaixo da cama, onde ficaram horas. Chezinha abriu a porta do quarto e chamou:

— Podem sair daí, que a mãe da Silvinha quer falar com vocês já!

As duas levantaram pensando no que levar para ler na cela enquanto aguardavam a prisão perpétua.

— Silvinha está aqui para pedir desculpas pelo que fez. Mary contou tudo o que aconteceu. Espero que continuem amigas — disse a mãe da vítima.

Mas o que era aquilo? Depois ficaram sabendo.

Mary tinha assistido à parte final do jogo, com agressão, desmaio e fuga. Entendeu a situação e, ao ver Silvinha se reanimando, disse a ela que o anjinho da guarda tinha visto ela roubando e tinha batido a cabeça dela na parede. Mas, se ela contasse tudo para a mãe e fosse pedir desculpas, a mãe perdoava. Maquiavélica.

Tinha carne nova no pedaço e Mary resolveu atacar em uma festa de aniversário. O garoto era mesmo bonitinho. Devido à eterna mão fechada de Charles, Mary, criativa como Cheza, fez um modelito superbarato, que foi costurado em cima do próprio corpo, para dar o bote final. Inocentemente comentou com outra garota da rua, que ela não sabia ser sua rival na empreitada.

A outra garota, uma gorduchinha chamada Marília, tinha dinheiro e comprou um vestido de arrasar. Para completar, disse a plenos pulmões, durante a festa, principalmente para o garoto ouvir, como tinha sido a solução barata de Mary. Eu estava lá, meio escondida, e vi tudo. Foi um turbilhão. Mary chegou chorando em casa e o exército saiu às ruas. Vivi liderou a vingança. Foram, ela e Rita, até a festa e ficaram escondidas atrás de uma cortina.

Quando Marília passou, toda senhora de si, Rita, que era pequena, agarrou suas pernas, enquanto Vivi cortava com uma tesourinha, o rico vestidinho da gorda, que sumiu durante muito tempo, de tanto que riram dela.

Vivi era o terror das festas. Nas poucas para as quais as terríveis irmãs eram convidadas, roubava presentes e levava um alfinete para furar as bexigas. Dizem que faz isso até hoje. Outra vez, ela fez um rato de Bombril e o vendeu a um garoto da rua, dizendo que era vivo.

Cortar vestidos com tesoura acabou de maneira trágica. Por causa de uma punição que deu às mosqueteiras, Chezinha teve um de seus vestidos retalhados. Chorou de tristeza e ódio, pois seu guarda-roupas era mínimo. O castigo veio a galope para Vivi Zorro e Rita Tonto. Nada de groselhas, pipocas, teatrinhos, séries de TV. Isso durou um bom tempo, com pequenas tréguas, quando Balu muambava alguma coisa no paralelo.

Certa vez, eu estava na feira com Diva, e vimos Cheza e Vivi. Ficamos por perto por insistência de mamãe e ouvimos que a mãe estava escolhendo um presente de aniversário para a filha. Acabou sendo uma patinha preta, que já levou o nome de Débora. Nas minhas observações da janela, tinha até inveja da Débora. Dormia na cama, tomava banho, passeava e foi crescendo toda feliz. Lógico que tudo isso foi feito no sono de Charlie.

Num domingo de manhã, todas foram à missa. Quando voltaram, encontraram Charlie radiante, convidando todos à mesa para o almoço. Balu e Caru já sabiam da tragédia. Débora decorava a mesa, com uma cebolinha na boca. Vivi ficou meses sem falar com o pai, e as outras fizeram greve geral até aparecer outra pata. Vai ver o que vem por aí. Que ódio.

De vez em quando, eu dava uma passadinha em frente ao casarão, só para dar uma espiada. Um dia, encontrei um pacote muito bem feito, com lacinho colorido, repousando em cima da calçada. Olhei para todos os lados. Não vi nenhum dono. A rua estava deserta. Eu e mamãe éramos muito durangas, e a possibilidade de um presente me tirou qualquer escrúpulo. Coloquei debaixo da blusa e saí correndo, sem olhar para trás. Fiquei dois dias namorando o pacote, com medo que alguém fosse lá buscar. Não comentei com Diva.

Passado esse tempo, tranquei-me em meu quarto e fui ver o que tinha lá dentro. Havia um vidrinho escuro e um bilhete, muito bonito, escrito com letra muito caprichada: "Esse é o elixir da juventude. Tome uma colherinha de chá todas as manhãs, em jejum, e você será eternamente bela".

Era o que qualquer gordinha poderia esperar da vida. O cheiro e gosto eram terríveis, mas fiz o tratamento todo, que durou quase um mês, sem contar a ninguém. Queria que apenas comentassem as mudanças, que eu já estava sentindo.

Diva chegou da rua rindo muito. Fui ver o que era.

— Essas meninas do Charlie são mesmo endiabradas. Sabe o que elas fazem? Embrulhos bonitos e deixam na rua para os outros pegarem. E sabe o que tem dentro? Mijo. Menina, volte aqui, está vomitando só porque contei isso?

Fui iniciada na terapia do xixi.

De tudo, nada me deixava mais intrigada que um estranho ritual que as três irmãs faziam toda semana. Em um canto escondido do quintal do casarão havia um pequeno santuário, todo cheio de miniaturas, como um presépio. Essas miniaturas cercavam uma figura principal, que era uma boneca de plástico bem castigada, vestida com uma túnica toda trabalhada, parecida com a de Nossa Senhora Aparecida. E aquelas mijonas sempre terminavam suas visitas àquele lugar fazendo exatamente isso: mijando. Será que eu ainda teria que louvar aquela imagem?

Num domingo, eu estava andando à toa e cheguei até a igreja de Nossa Senhora, na Saúde, um bairro vizinho. Fiquei com dó de uma garotinha que se arrastava com uma bengala, enquanto pedia ajuda aos fiéis. Estava pensando em como ajudá-la, sem saber como, pois acho que a única diferença entre nós duas era a de eu não ser aleijada. Depois de algum tempo, ela se dirigiu para a rua que levava de volta para Vila Mariana. Como era meu caminho de volta, fui atrás. Após virar a primeira esquina, a menina começou a rodopiar a bengala como Chaplin, a dar pulinhos e a contar o dinheiro. Parou no primeiro vendedor de quebra-queixo, comprou um, pegou um bonde e lá se foi. Quem ficou de queixo quebrado fui eu, pois era a Rita.

Contei para Diva, que contou para Caru, que contou para Chezinha, que contou para Rita, que não tinha ninguém para contar, pois as irmãs sabiam de suas escapadas dominicais, que terminavam ali. Era pouco para me vingar daquele mijo. Nunca descobriram que Rita desapropriava várias coisas dos familiares, como batons seminovos, perfumes, lenços bordados, lápis de cor, dedais e tesouras. Armava uma banquinha na esquina e vendia tudo, dizendo que era "para ajudar os pobres".

Todas as Jones estudavam no Liceu Pasteur, colégio francês todo metido. Minha mãe, fazendo das tripas coração, lá me colocou, com uma ajudinha de tia Dalva. Só que, enquanto as três estudavam no período da manhã, eu estudava à tarde. Mary e Vivi eram alunas exemplares. Notas excelentes, comportamento irretocável. Eu ia fazer educação física na parte da manhã e vi com meus olhinhos que Rita não seguia a tradição sanguínea. Era um terror. Chefiava uma brincadeira que se chamava "Nhá-Bentas não gostam de meninas lentas". Consistia em esmagar Nhá-Bentas na cara das meninas, especialmente das novatas...

Após fazer os exercícios físicos, eu sempre costumava tomar banho. Um dia, ao colocar o tênis que tinha deixado no vestiário, molhei os pés. Fiquei irada. Alguém devia ter tomado banho e deixado cair água fora do calçado. Como só tinha aqueles, não havia outra escapatória, para não ir descalça.

Ao sair, com mais duas amigas, duas inspetoras estavam conversando no pátio da escola.

— Precisamos ficar alertas, porque muitas meninas têm se queixado que, quando deixam os tênis no vestiário, tem alguém que vai lá e faz xixi dentro — disse Idalina, a mais temida.

Eu quis morrer. Mijo, de novo, não. Não contei para as duas que estavam comigo, para não passar mais vergonha, mas elas comentaram:

— Todo mundo sabe quem faz isso, mas tem medo de entregar e apanhar. É uma tal de Rita, que estuda agora de manhã.

Nããããããooooooooooo!!!!!!!!!!!!! De novo, mijo dela!!!!

O Pasteur tinha um departamento de artes muito refinado. Todo mundo queria participar das peças de teatro lá montadas. Mães subornavam professores, seduziam diretores para que os filhos conseguissem um papel, por menor que fosse. Muitos alunos acabaram virando atores profissionais. Naquele ano, a peça seria *Romeu e Julieta* e resolvi tentar um teste. Sentei lá no fundo do teatro, para ver se sobrava alguma vaga, mesmo sem muitas esperanças.

Quase caí de costas quando um dos professores fez a chamada:

— Teste para Julieta. Rita Lee Jones.

Lá foi ela. Melhor impossível. Ao entrar em cena, tropeçou nas pernas, caiu sobre a diretora, arrancou a peruca da velha, os óculos, blocos, textos, copos d'água, candelabros e parte do cenário foram para o chão. Nunca pensei que fosse ver *I Love Lucy* ao vivo. E foi a carreira teatral mais curta do mundo dos espetáculos. Ouvi alguém convidando-a para se retirar do teatro e nunca mais tentar ser uma atriz séria. Eu ainda não sabia o que era orgasmo, mas acho que foi o primeiro. Fiquei tão aérea que dormi na poltrona.

Acordei com o barulho de alguém andando furtivamente. O teatro estava vazio. Devo ter dormido bastante. Estava meio escuro e não consegui ver quem era. A pessoa juntou alguns cenários e figurinos de papel ao centro do palco. Acendeu uma vela, como num ritual, e jogou-a sobre aquele amontoado. As labaredas começaram a subir, a claridade aumentou e então vi que o piromaníaco era piromaníaca, a Julieta rejeitada. Nossa Rita. Me mandei, antes que ficasse como cúmplice.

Deu bombeiro e correria para todos os lados. Coisa de cinema. Nem precisei contar para ninguém, pois a delinquente amadora, para botar banca, contou para todo mundo, embora negasse quando foi parar na diretoria. Em respeito ao passado imaculado das irmãs, a incendiária foi mantida na escola, mas, a qualquer movimento em falso, lá estava Cheza, escondida de Charlie, botando panos quentes.

Se alguém, um dia, for fazer com ela aquele programa de TV *Essa É Sua Vida*, aposto que não vai ser muito bem recebido lá no Pasteur, que deve ter apagado todo e qualquer vestígio de tão malfadada passagem por aquelas bandas.

Também o que a ajudou a se livrar da punição era ser boa em esportes, ganhando medalhas para o Liceu, em handball (Rita era da seleção da escola) e ainda em salto em distância, corrida e arremesso de dardo.

Um dia, no período da tarde, as garotas da manhã estavam treinando. Fui até o vestiário e tive uma visão que até fez tremer minhas pernas. Um par de tênis enorme, que só podia ser o dela. Era a única pezuda do Pasteur. Abaixei a calcinha, levantei a saia e, quando ia agachando sobre aqueles dois tênis, entrou Idalina, a temida inspetora de alunos, com seu buço enorme.

— Sabia que um dia te pegava.

Para desespero de minha mãe, Bárbara de Oliveira Farniente ia ser expulsa do Liceu. Com muita choradeira, Diva conseguiu fazer virar suspensão, mas nunca esqueci de quem era a culpa daquilo tudo.

36. ÁGUAS TURVAS EM RIO CLARO

APROVEITEI MEU PERÍODO de descanso forçado para conhecer as origens daquela alegoria. Diva até gostou de contar os porquês dos porquês.

Os Jones eram uma mistura de sangue cherokee, índios norte-americanos, representados por Cícero Jones, que veio parar no Brasil fugido do pós-guerra separatista norte-americano, o mesmo caso de Robert Norris, que também veio parar por estas bandas juntamente com a família pela mesma razão e acabou sendo a outra parte da receita.

No Brasil carente do século XIX, Norris virou médico do imperador. Jones, de curandeiro, passou a médico dos desvalidos e se casou com uma das filhas de Norris.

Com a queda do Império, Cícero e Robert, por serem os médicos oficiais da monarquia, tiveram que fugir rapidinho do Rio de Janeiro. Ajudados pela Maçonaria, foram parar em Rio Claro, interior de São Paulo. Cícero teve nove filhos, entre eles, o nosso Charles Jones.

Com oito irmãos e um pai que não cobrava as consultas que fazia, Charles não acreditava que tinha conseguido se formar em Odontologia e montar o seu próprio consultório. Mas as coisas iriam melhorar muito mais. Embora não fosse nada simpatizante dos católicos, um dia foi ver a procissão da Semana Santa e acabou capturado pela beleza de Romilda, da família Padula, que fazia o papel de Verônica. Ele tinha treze anos a mais que ela, mas esse seria o menor dos obstáculos para aquele teimoso contumaz. Charlie, que gostava de jogar xadrez, viu chegar a hora do xeque à rainha no Carnaval daquele ano. Mas o jogo era muito complicado. No salão, regado a muito lança-perfume, até então permitido para toda a família, muitos olhares e desejos se cruzavam. Dalva, minha tia, paquerava Charlie. Diva, minha mãe, começou ali a utopia de conseguir também conquistar Charlie. Ele, porém, só tinha olhos para a bela Romilda, mais conhecida como Chezinha, que, por sua vez, também atraía outros pretendentes, principalmente Ulysses – que se tornaria o famoso político Ulysses Guimarães – e Claudionor Farniente, que viria a ter grande importância em minha vida, como veremos.

Grande estrategista, Charlie viu que era melhor tentar a conquista em outros ares, evitando a disputa em campo aberto. No outro dia, Cheza foi com uma amiga até a loja de discos para aprender a letra de uma nova música que tinha ouvido no baile e não conhecia. Quando ia pedir a música ao balconista, ele disse:

– Senhorita Chezinha, aquele senhor pediu-me para lhe oferecer essa marchinha.

Ela olhou curiosa para ver quem era o galanteador e, num cantinho da loja, lá estava Charlie, sorrindo para ela.

A marchinha era "Lourinha", de Lamartine Babo, e a letra era algo assim: "Loirinha, loirinha, dos olhos claros de cristal, desta vez, em vez da moreninha, serás a rainha do meu Carnaval". Xeque ao rei. Mate. Ou melhor, à rainha. Mas, mesmo assim, mate, para toda a vida.

Em breve o namoro escondido era mais que conhecido na pequena Rio Claro e ferveu a oposição dos italianos Padula contra o americano Jones. Mas a teimosia de Charles era bem maior e, logo, estavam casados.

Os mais desesperados foram Diva e Claudionor que, ao verem seus dois amores se unirem, num momento insano resolveram fazer o mesmo, casando-se. E, sem dizer nenhuma palavra a respeito, resolveram ser a sombra do novo casal.

Quando a situação financeira de Charles e Cheza estava no seu pior, a sorte estendeu a mão em forma de um prêmio de loteria. A Loteria Federal. E Charlie pegou a mulher e se mandou para São Paulo, longe das disputas entre italianos e americanos. Comprou um casarão para morar na Vila Mariana, na rua Joaquim Távora, 670, e montou um consultório dentário em outro local.

Diva e Claudionor foram atrás e acabaram morando em um apartamento nos fundos do casarão. Preocupada com o futuro, Diva vivia em cartomantes, em busca de cartas ou de qualquer outra coisa que pudesse lhe dar alguma pista para seu futuro com vocês sabem quem. Assim que chegou em São Paulo, teve contato com um jogo adivinhatório que a viciou para sempre, o tabuleiro Ouija.

É uma tábua com todas as letras do alfabeto, números de 0 a 9 e as palavras "sim", "não", "talvez", "nunca" e "adeus". Um pequeno triângulo pontiagudo de madeira deve ser segurado por quem quer fazer perguntas para as almas do Além. O triângulo aponta para as letras, para responder às perguntas. Quando as perguntas podem ser respondidas de maneira simples, ele vai para as palavras.

O que amarrou minha mãe foi a primeira pergunta que fez: "Devo continuar atrás de Charlie?" Ela disse que seu braço foi quase arrancado pela velocidade com que direcionou para o sim. Brinquei, dizendo que foi ela quem empurrou. Ela ficou muito brava.

A primeira a dar sequência à dinastia Jones-Padula foi Mary. O parto foi no hospital Samaritano, feito pelo próprio Charlie, que era cirurgião-dentista de lá e por um primo médico não muito certo da cabeça, chamado Horácio.

Mary deu um grande susto em todos, pois nasceu miudinha e com problemas cardíacos, duas características que a acompanharam para sempre. Era muito parecida com o pai, cabelos loiros e crespos e olhos verdes.

Mamãe Diva, ao saber da gravidez de Chezinha, pôs Claudionor para trabalhar na construção de uma herdeira. Mas algo estava errado entre eles. Tabelinha, períodos férteis, corridas até o escritório para uma rapidinha no banheiro na temperatura ideal e nada...

Charlie não tinha muita pressa, e cinco anos depois apareceu Virgínia, trazida ao mundo no mesmo hospital. Vivi tinha cabelos negros e lisos e olhos azul-piscina.

Quando acontecia isso, mamãe exauria Claudionor, mas nada.

Mas um dia aconteceu. No mesmo dia que Cheza ficou sabendo que estava grávida pela terceira vez, passados outros cinco anos do nascimento de Vivi, minha mãe, que não vinha passando muito bem, viu que não era bem um mal-estar crônico que ela vinha sentindo, mas sim minha exata pessoa que estava se fazendo manifestar.

Num misto de alegria e apreensão, ela contou para Claudionor. Ele nada disse e assim continuou por um bom tempo. Levantou-se e falou que ia comprar cigarros e Diva entendeu o recado. Ele não fumava. Até hoje não sabemos de seu paradeiro.

Acho que Diva preferiu que assim fosse. Na roda dos bochichos, ficou sabendo que, se fosse mulher, a pequena Jones seria Bárbara. Aí peguei meu nome. No dia 31 de dezembro de 1947, no mesmo Samaritano, nascia essa que vos fala, gordinha, morena e só não trazida por Charlie e o primo maluco porque eles estavam trabalhando em Cheza, colocando uma loirinha de olhos azuis sob os céus de Sampa. E pela primeira vez nos cruzamos nos corredores daquele hospital.

Charlie chegou em casa e mudou uma rotina que deixava Cheza um pouco apreensiva. Pegou o revólver que usou na Revolução de 1932, deu três tiros para o alto e disse:

— Não bebo mais.

Alívio para as "mulé" que estavam preocupadas com o avanço do dentista para o lado das garrafas. As "mulé" eram Cheza, Mary, Vivi e mais Balu — irmã adotiva de Cheza — e uma italianona adotada por todos da casa, a Carolina, ou Caru. O harém de Charlie.

Pertinho dali, lá estava eu. Bárbara de Oliveira Farniente, sobrenome de Claudionor que minha mãe fez questão de colocar para não ficar filha de mãe solteira.

A felicidade de minha mãe só foi estragada por um pequeno detalhe. Até hoje ela se lastima por não ter consultado o tabuleiro Ouija, como sempre fazia. A Bárbara dos Jones não era Bárbara. Colocaram na loirinha o nome de Rita. Rita Lee Jones.

Também escapei de me chamar Lee, que era uma homenagem de Charles ao general dos Confederados da Guerra Civil norte-americana, Robert Lee. Todas as filhas tinham Lee no nome.

E Diva arrancou de Caru o motivo da mudança de Bárbara para Rita, que era para ser o nome original dela. O nome já estava escolhido e, inocentemente, Cheza disse que estava feliz com a escolha, pois era de uma santa católica, mártir. Charlie pirou.

— O quê? Minha filha vai ter nome de santa e ainda mártir? Melhor homenagear minha sogra, a grande Rita, que admiro muito. Uma grande guerreira.

Cheza ficou quietinha. Nem se atreveu a comentar sobre Santa Rita de Cássia.

Após meu nascimento, minha mãe começou a engordar de forma assustadora. Acho que o misto de frustração e ansiedade contribuiu, inclusive, para ficar enfiando coisas na minha boca o dia inteiro. Mal passávamos nas portas.

Éramos os hipopótamos observando as girafas.

35. TUDO CERTO, MAMÃE

O CONSULTÓRIO DE CHARLIE, comparado ao de Rio Claro, era um palácio. Todo equipado, sala de espera, espaçoso. A única diferença era notada logo na entrada, onde, pela marca na parede, se via que um quadro menor estava no lugar de um maior. Foi o seguinte: o anterior era um dos grandes orgulhos de Charlie, Getúlio Vargas e ainda com Mary no colo. Quando Vargas virou ditador, o dentista sentiu-se traído por seus ideais de liberdade e assim arrumou uma nova paixão política: Jânio Quadros. E odiava Adhemar de Barros, o tal do "rouba, mas faz", talvez só porque Chezinha fosse ademarista. Mas, mesmo num quadro menor, lá estava Jânio.

Aos domingos, era a família que ia tratar dos dentes. Quem mais sofria era Rita, principalmente por causa dos quebra-queixos. Charlie ficava uma arara. Aquelas cáries só podiam ser de doces vagabundos, então dizia:

— Vou consertar essa sua latrina sem anestesia, que é para você aprender a não comer doce!

O trauma era tanto que Rita não deve comer doces até hoje, eu acho.

Naquele consultório várias personalidades perfilavam seus sorrisos e pavores, o que mostrava, nas teorias de Charlie, que o ser humano diferia apenas nos cargos que ocupava.

Um dia se deparou nada menos que com Magdalena Tagliaferro, a grande pianista, sentada à sua frente com a boca escancarada. Mexeu, olhou e foi fazendo o velho xadrezinho mental. Terminando o exame, disse:

— Dona Magdalena, temos muito trabalho a fazer e não será nada barato. Tenho uma proposta: a senhora não aceitaria, em troca do tratamento, dar aulas de piano para uma de minhas filhas, a qual eu acho estar na idade certa e com toda a capacidade para se tornar uma grande musicista?

O espírito de Cícero Jones de volta ao picadeiro, trocando honorários. Para desgosto de Diva, que jamais teria o dinheiro para uma Magdalena, continuei na dança, e Rita foi às teclas. E não é que aquela coisinha chata tinha jeito? Em breve, pequenos minuetos simplificados e polonaises saíam do piano de Chezinha e chegavam até minha casa.

Chegou o fim do ano, Rita estudava ao piano feito louca e a família toda em preparativos para a grande audição dos alunos da Tagliaferro. No grande dia, a casa ficou às escuras. Todos os Jones na plateia. Eu e mamãe nem sabíamos onde seria a audição e ficamos em casa, cada uma na sua, imaginando como teria sido a noitada. Aplausos, sorrisos, abraços. Fomos dormir cedo.

No outro dia, algo de estranho ocorreu. Não vinha um som que fosse da casa dos Jones. Sempre tinha piano, alguém cantando, discos, a qualquer hora. Silêncio. Hora do almoço. Tarde. Jantar. Nada. Diva ficou pendurada com o binóculo na janela. A janela do quarto das meninas estava trancada. Era domingo, e não havia maneiras de conseguir informações.

Segunda de manhã, minha mãe foi à cata e voltou pela hora do almoço com as manchetes:

— A festa estava muito bonita. Chamaram Rita para seu número. Ela sentou no banquinho, travou, mijou nas calças, de verdade, e não tocou nada.

Mijo, de novo. Deveria ser praga de alguma vítima. Juro que não fui eu. Rita não queria saber mais de música. A casa ficou silente por um bom tempo.

Brigada com a música, Rita arrumou uma nova paixão, que respondia pelo nome de Peter Pan. Ela concordava com Sininho, ou seja, ambas achavam que Wendy não estava com nada. Entrou de sola na Terra do Nunca. Vivia mandando mensagens para Peter dizendo que também não queria crescer, que queria ser amiga de Sininho e daria tudo por uma pitada de pó de Pirlimpimpim, para poder voar. Os únicos discos que Rita ouvia eram os compactos coloridos com a história de novo ídolo, além de ficar desenhando sua silhueta em todos os lugares.

Quando ninguém notava, subia no telhado e ficava fazendo sinais, chamando o menino rebelde. Tinha apenas seis anos e já aprontava as suas. Num desses dias, eu estava observando de binóculo. A distância não era possível ouvir o que ela dizia, mas devia estar cantando músicas dos disquinhos de histórias infantis e, como sempre, intimando o menino verde a aparecer. Repentinamente, ela ficou muito agitada e começou a gesticular, como se pedisse para que algo se aproximasse ou se afastasse. Tentei olhar para o lado que ela olhava, mas parecia um ponto atrás do meu prédio. Será que ela estava tendo visões ou, de tanta insistência, o moleque rebelde tinha parado de brigar um pouco com o Capitão Gancho e resolvera aparecer?

Na época, pouco me importei, mas tempos depois quis a morte. Ao ler uma entrevista dela (e, sempre que possível, até hoje ela conta essa história, como se estivesse acontecendo novamente), fiquei sabendo que ela estava vendo seu primeiro disco voador. Tudo que ela pedia, o disco fazia. Mudava de cor, de tamanho, ia para a esquerda, para a direita. Ela ficou tão impressionada que incorporou o disquinho na sua assinatura. E eu, que era doida para ver algo assim, nem imaginaria que tudo acontecia bem atrás de mim. Duas coisas que sempre interferem em minha vida: mijo e discos voadores. Um aparece em horas indesejadas e o outro nunca aparece. No máximo, tinha que me contentar com as adivinhações de Diva, agora uma perita na tábua e no tarô. Até já rendia uma graninha para manter nossa gordura. De brincadeira, eu a chamava de Mãe Diva, acentuando o "a".

Aos poucos, os sons foram voltando ao casarão. Tinha uma hi-fi Telefunken na sala, e o som rolava direto e bem alto, tanto que ouvíamos claramente em casa, principalmente quando Charlie estava trabalhando ou pescando. Tinha até fila de ocupação: sChezinha ouvia Chico Alves; Balu ouvia Orlando Silva; Mary gostava de Cauby; Caru da Emilinha Borba; Vivi adorava Tito Madi; e Charlie, a eterna Inezita Barroso.

Aí pintou o furacão que pôs Rita de volta ao crime. Em dias chuvosos, meninas e meninos do Pasteur tinham que dividir o único espaço coberto, que era o *foyer*. Na verdade, todos gostavam que chovesse, para que as paqueras rolassem adoidadas.

Já que com tempo ruim não dava para fazer educação física, eu aproveitava e ficava por lá. Certa vez, um francesinho colocou um compacto para rodar na vitrolinha que animava o ambiente. Deu um click geral. O som parecia até mais alto, pela energia que saiu dos alto-falantes. Idalina, a inspetora que cuidava do recreio, veio em disparada para tirar aquele sacrilégio do prato da vitrola. Parecia um daqueles filmes da *Sessão da Tarde*, tamanho o alvoroço. Rita teve tempo de pegar o compacto nas mãos. O nome do tornado era Elvis Presley e a música era "Hound Dog". Voou nos calcanhares para casa, largando a desilusão com a música para trás e sentindo a vibração do novo.

— Mary, duvido que você conheça o Elvis — disse ela, toda metida, tentando desbancar a irmã superinformada.

— Ritinha, ele é um pedaço de mau caminho, que está chacoalhando a América. E saiba que ele é de Memphis, Tennessee, a mesma terra da Ku Klux Klan, vizinha do Alabama, berço dos seus bisavôs.

Não era fácil derrubar a baixinha. E quando se mediam, elas falavam bem alto, e eu ficava ouvindo de camarote.

Mas, quando uma prima americana escreveu dizendo que "The Pelvis", como era conhecido, era fã de James Dean, o círculo se fechou. Paixão imediata. E foi o passaporte de volta para a música, mas a metidinha queria algo diferente. Não queria só ouvir, queria participar.

De cara apropriou-se do violão de Mary e ficava enchendo para aprender acordes. Ao menos nisso, eu e Diva não estávamos tão atrás. A Diva tocava um pouco de violão e cantava até bonito seus boleros, tangos e guarânias. Tinha um repertório de Inezita Barroso que eu acho que ela guardava para laçar o Charles um dia.

Mas não era só tocar. Ela já queria estrada. Primeiro foi o trio DGC: Danny (Rita), Chester (um vizinho) e Ginny (Vivi). Por sorte da vizinhança, durou apenas uma apresentação, em um aniversário do quarteirão. Ouvi pela janela e tive problemas estomacais, não sei se por algo que comi ou se foi a música mesmo. Eu nunca era convidada, pelo pouco social que praticávamos. Na verdade, eu e Diva continuávamos apenas observando, sem participar. Tinha se tornado até cômodo.

Com o fracasso do DGC, apareceram as Teenage Singers, formadas no Pasteur, com Rita, Jean e Beatrice duas loirinhas lindinhas e bobinhas, que não cantavam, só encantavam, e mais Suely Chagas, que não era lá uma beldade, mas cantava e tocava muito bem. As Teenage tiveram muitas formações. Saíram as gringuinhas loiras e Rita mais Suely Chagas juntaram-se a um pianista, que cantava muito bem, chamado Túlio. Nascia o Túlio Trio, com Rita no banjo e Suely no violão. As imitações de Ray Charles que Túlio fazia levaram o trio a uma apresentação no auditório da *Folha de S. Paulo*. Claro que não assisti.

Mas o destino cortou a trajetória. Um dia, Túlio estava demorando para chegar ao ensaio. Chegou então a notícia de que ele tinha morrido num desastre automobilístico, a caminho.

Algumas vezes, quando ainda estava no Pasteur, eu ia mais cedo para a aula, para passar pela casa de uns franceses riquinhos que moravam perto da escola, desculpa para vê-los ensaiar, mas era mesmo para ficar vendo aquelas belezinhas, criados a leite de cabra. Eles tinham um bom equipamento.

Em uma dessas vezes, logo que saí, vi Rita entrando, acho que com o mesmo intuito que me levava lá. Depois fiquei sabendo que os rapazes a deixaram tocar bateria em algumas músicas. Ela deve ter gostado, pois comecei a ouvir falar que retomou as Teenage, sem Suely, mas com Rosa, Eliana e Rita na bateria, emprestada pelos francesinhos, que davam uns toques em como se tocava o instrumento.

O grupo tocava em todas as festinhas da escola. No repertório, os instrumentais dos Ventures, Duane Eddy, com bateria e vocais de Bill Haley, Peter, Paul & Mary, Françoise Hardy, Sylvie Vartan, Johnny Hallyday, Celly Campello, Connie Francis e The Shirelles, entre outros. As festas eram à noite, e Diva me proibia terminantemente de sair.

— Bárbara, eu sei o que você está pensando. Estou cansada de ver Rita, Mary e sei lá mais quem pular a janela para sair por aí. Nem pense, pois estamos no terceiro andar. Se cair, nem vou lá embaixo ver o que sobrou.

Droga!

Um dia, a coisa deu errado. As irmãs e Balu sabiam das fugas e Chezinha fingia que não. Era uma festa muito importante e os promotores do evento queriam que o grupo tocasse um pouco para chamar o pessoal. Tocaram um set instrumental para aquecer. Como tinha pouca gente, resolveram fazer um pequeno intervalo.

Passados dez minutos, todo mundo começou a chegar de uma só vez. A promotora chamou Rita, que estava no palco, e pediu para que começassem a tocar. Rita procurou por todos os lados e não achou ninguém. Deviam estar escondidos fumando. Ela não ia, pois odiava cigarro. Não teve jeito. Pegou o violão e cantou um solo pela primeira vez em público. Era "Tous le Garçons", de Françoise Hardy, uma francesinha que ela gostava de imitar no visual. Não sei se pela surpresa, ou pelo bom francês da escola de franceses, foi muito aplaudida. As outras do grupo, enciumadíssimas, já estavam com seus instrumentos quando ela acabou. Acho que foi aí que o vírus da busca ao estrelato mordeu-a de verdade. Ela deve ter sentido, lá no fundo, que ia dar certo de alguma forma, pois quem viu disse que os olhos brilhavam mais que qualquer luz do palco. Incrível como todo mundo gostava de me contar histórias da Rita.

Correu então para a bateria para fazerem mais alguns instrumentais. No meio da primeira música, a perna que toca o bumbo travou. Dizem que ela chegou a gritar de dor. Parece que a coisa era séria. Tiveram que chamar Charles e Chezinha com urgência. Rita não sabia o que seria pior: a dor que sentia ou enfrentar os pais, que iriam descobrir sua vida paralela.

Chegando ao hospital, foi detectada a crise de apendicite e marcada uma operação em caráter de urgência. Dizem as más – ou sábias – línguas que foi nesse dia também, ao tomar anestesia geral, que ela ficou sabendo que existiam substâncias eternas que faziam furor internamente.

Drogas e rock'n'roll. Faltava o sexo.

34. CHACOALHE, SERPENTEIE E ROLE

CLAMOR DO SEXO não era apenas um filme com Natalie Wood e Warren Beatty. Era algo que permeava as paredes daquele casarão devido às diferenças de idade que lá habitavam. Nem tanto. Fui um pouco dramática. Na verdade, aquilo era mesmo um convento. Sacanagens, só algumas coisinhas liberadas por Mary, mas não adianta represar o que está em nosso código genético. De uma forma ou de outra, mais cedo ou mais tarde, somos apresentadas aos chamados fatos da vida. Nós, mulheres, de uma maneira muito mais drástica.

As coisas começaram lá pelos lados do Pasteur, como sempre. Eu e Rita tínhamos problemas, opostos, mas problemas. Eu, gordinha. Aliás, modo de dizer, eu era um saco de batatas, principalmente pelas fitinhas que Diva teimava em amarrar no topo da minha cabeça. Rita era uma tábua. Peitos, se ela tivesse, devia deixar em casa. Bunda, então... Se a axé music viesse antes do rock, estaríamos livres dela, sem nenhum esforço.

Existiam várias escolas estrangeiras, como Porto Seguro (alemã), Dante (italiana), Graded (americana) e Saint Paul's (inglesa). Franceses adoram vencer, por isso sempre estavam competindo com as outras escolas e davam um grande incentivo aos alunos que competissem e fossem bons no que faziam.

Tinha um belo campo no colégio e, nessas de menino ver menina treinar e vice-versa, rolavam as paqueras. Elas também existiam nas aulas de ginástica, onde pedacinhos de corpo que ficavam escondidos pelos uniformes se apresentavam para alegria ou desilusão de muitos. E também no *foyer*, nos dias chuvosos.

Mas festinhas e excursões também eram bem concorridas. Pela minha dureza, eu ia pouco a festas e a nenhuma excursão. Aliás, fui em uma, que eu já conto. Na verdade, eu ouvia as histórias e sempre, lógico, com pitadas de Rita Lee.

Acho que o fogo no rabo dela é que fez com que se tornasse uma atleta, com aquele corpinho de vara para saltos em altura. Se ela fosse a uma competição e ficasse parada ao lado das varas a serem utilizadas na prova, provavelmente alguém a pegaria por engano. Mas a filha da mãe jogava handball muito bem e corria feito uma lebre. No cio. Peguei-me até torcendo. Mas parava logo.

Conforme a importância do alvo a ser conquistado, ela até que tinha peitos. Mas meu binóculo me contava que eram meias de náilon desfiadas, enfiadas no sutiã. Nem adiantava contar para as outras meninas, pois a maioria usava o mesmo truque. Ao invés de encher, eu queria esvaziar. Eu tinha todos aqueles apelidos de gorda: bolo fofo, bola de neve, rolha de poço, balão inflado, elefante... Aliás, a música "O Passo do Elefantinho" era muito assoviada quando eu passava.

Rita não escondia a alegria que era ser carregada pelos meninos quando, nas pistas de atletismo, derrotava as gringas das outras escolas. E ela devia treinar muito, pois ganhava medalhas adoidado. Tenho certeza de que nem tanto pelas medalhas, mas para ficar se esfregando no colo dos franceses riquinhos.

Nas festinhas, ela e Vivi davam o maior escândalo. Era só colocar um Ray Conniff que as duas saíam dançando como galinhas frenéticas, se mostrando para galos, frangos, patos, marrecos e o que estivesse por perto. Depois, quando apareceram o rock e o twist, a festa parava para ver as duas saponas dançarem. Embora eu estivesse dançando bem, não me atrevia, tanto pela gordura, quanto pelas roupas simples e batidas que tinha e, como sempre, ficava de longe observando.

E Rita foi ficando uma bailarina e tanto. Soube pelas meninas do Liceu que uma vez ela foi ao programa do Miguel Vaccaro Neto, na TV Record, que mostrava as novas tendências. Lá ela conheceu um tal David, que estudava no Graded e conhecia Rita de vista, das competições. Exímio dançarino, ensinou os estilos Bird (que parecia um pássaro bêbado dançando) e mashed potato (como uma batata sendo amassada. Só vendo para acreditar). Rita aprendeu na hora, e tão bem que entraram no concurso de dança e ganharam a competição. Parecia aquelas cenas de uma bicha gorda, Divine, uma travesti que adorava fazer filmes escatológicos e cheios de coreografias esquisitas. Se existisse videocassete, eu teria gravado para guardar e mostrar para todo mundo que linguiça também dança.

Por essa época, Charlie comprou um miniapartamento no Guarujá, e é para lá que a sacanagem infantil era transferida no verão das irmãs Jones. Charlie nunca ia, Chezinha não gostava de praia, e quem tomava conta era Caru, que não estava nem aí e ainda contava tudo para minha mãe. Num final de semana, tia Dalva ia cantar no cassino que tinha na praia das Pitangueiras, e e fui com Diva para lá. Como não podíamos entrar, eu e meu primo Pery, filho de tia Dalva, ficávamos andando pela praia.

Chegamos em algum ponto escurinho e resolvemos nos conhecer melhor, além do que, ele era uma coisinha. Estávamos mal começando o nosso esfrega, quando ouvimos gemidos no escurinho ao lado. Quem era? O tal David dançarino, recebendo a recompensa da faminta parceira pelo concurso de dança. Aquilo, então, é que era amassar a batata, de verdade.

Nas outras férias, as pervertidas atacavam em Rio Claro. Ali eu via algumas coisas, quando passava uns dias na casa dos tios Oliveira e Farniente.

O principal era a paquera no cinema e na missa da Matriz. Nada muito diferente dos tempos de Charlie, Cheza, Diva e Claudionor. Eu até ficava sentada nos bancos da praça, imaginando nossas origens.

Os beijinhos de língua eram raros pois uma coisa, ao menos, eu e Rita tínhamos em comum: o ódio do gosto de cigarro que os rapazes tinham, pois todos insistiram em colocar aquelas porcarias na boca. Horrível. Até hoje.

Mas a coisa pegava fogo mesmo quando as Jones se juntavam aos primos italianos. Para quem ouvisse, como eu, escondida atrás do muro, pareceria uma inocente brincadeira de médico e enfermeira, mas um dia subi num toco de madeira para dar uma olhada e era um tal de vestido levantado, mão correndo para todo lado, calças abaixadas.

Diva conhecia alguns Jones e, às vezes, íamos passar as tardes numa área que era conhecida em Rio Claro como "fazenda dos americanos", pois as fazendas dos Jones eram encostadas umas às outras. Eu estava brincando com Evangeline, filha de Meredith, irmã de Charlie. Vimos Bruce, outros primos e algumas meninas brincando e fomos para lá.

Quando estávamos chegando, vi que as meninas eram as Jones paulistanas. Puxei Evangeline para trás de uns arbustos e então vimos qual era a brincadeira. Os meninos pareciam muito tímidos quando estavam todos juntos, mas quando entravam nas folhagens, a coisa pegava fogo. Vange saiu correndo apavorada, após alguns minutos de observação, e eu atrás, tentando convencê-la a não contar nada a ninguém. Só consegui quando disse:

— Sua mãe vai achar que também estava brincando daquilo.

Era uma tonta, mas acabou concordando.

E depois todos eles ainda tinham coragem de se confessar na igreja. Aposto que nem um décimo do que eu tinha visto. E tomavam a hóstia. Para isso existe o Juízo Final.

Não sei se sugestionada por tudo o que via, um dia fui com tia Dalva comprar um sapato, lá mesmo em Rio Claro, e meu príncipe apareceu. O rapaz que nos atendeu era um anjo sem asas e me tratou como uma princesa, perguntando se apertava, se eu estava gostando do modelo, se estava confortável... Eu e meu sorriso idiota só concordávamos com tudo. O nome dele era Lourenço. Fui embora nas nuvens, e só em casa fui perceber que o sapato apertava e não poderia reclamar pois tinha concordado com tudo. Tive que usar até meu pé ficar em carne viva. Besteira minha, pois quando tia Dalva viu aquilo, me mandou na hora trocar o sapato na loja, que aquele não me servia. Fui voando e Lourenço acabou me levando para dar uma volta no quarteirão. Quando passávamos ao lado de uma oficina abandonada, ele me puxou e me deu um beijo na boca. Acho que nesse momento, uni prazer ao cheiro de graxa e gasolina que estava no ar, resto de tantos consertos que ali devem ter sido feitos. Confesso que na época pensei que tinha ficado grávida.

Não parava de ficar passando em frente à loja, mas Lourenço sumiu inexplicavelmente e, logo depois, acabaram as férias. Nunca mais o vi.

Uma outra vez, com uma turma do Liceu, fomos a uma excursão com vários ônibus até a Pedra do Baú, em Campos do Jordão, onde os mórmons tinham um acampamento para jovens. Tudo era separado para homens e mulheres, e o acampamento era muito grande. Era bem provável que desta vez eu fosse cruzar com a Rita, pois ficaríamos no mesmo dormitório. Chegamos de manhã e logo virou a maior paquera com os "padres" que já estavam por lá. Aí veio a grande confusão.

Depois que as luzes se apagaram, começou a invasão. Os meninos, que já deviam conhecer o lugar há mais tempo, foram para o alojamento das meninas, e conversinha daqui, conversinha dali, os parzinhos eram formados e a bolinação comia solta. Nem precisa dizer que a gordinha aqui ficou sem ninguém.

A gemeção era tanta que resolvi dar um passeio perto do lago onde tinham árvores, arbustos e muitos bancos. A lua estava devastadora, parecia dia. Repentinamente notei que, num dos bancos, havia uma pessoa sentada com um chapéu e um sobretudo, tipo daquelas capas de chuva de filme americano. Não tinha como voltar. Devia ser um monitor. Eu ia dizer que tinha perdido o sono e estava dando uma volta. Quando estava a uns três metros dele, aconteceu. Era um homem alto e forte, que ficou em pé repentinamente e abriu com rapidez o sobretudo.

Na minha casa não havia homens. Apenas eu e minha mãe. Eu já tinha visto algumas crianças do sexo masculino sem roupa, mas nada se comparava ao que estava na minha frente. Aquela coisa enorme, apontando para cima, pendendo para o lado esquerdo. Eu sabia que tinha que correr, mas a curiosidade e o espanto me pregaram no chão. Gritei com todas as forças. Muitas luzes se acenderam, foi descoberta a sacanagem nos dormitórios, pegaram o exibido, que era um dos figurões do pedaço, e o acampamento acabou antes da meia-noite. Todos para casa. Todo museu de história natural teria, obrigatoriamente, de ter, logo em sua entrada, um homem em estado de alerta para que as mulheres não tivessem tamanho susto em suas vidas.

Desculpe o linguajar, mas eu tinha certeza de que aquela vaquinha já devia dar para todo mundo, e eu a ver navios. Minha mãe nem tocava no assunto, mas eu sabia que tinha que me virar. Foi aí que aprendi que as mulheres elegem seus caçadores, para que eles tenham essa doce ilusão e satisfaçam nossos desejos.

Em frente ao meu prédio havia uma mecânica e lá trabalhava Dario, um moreninho lindinho que vivia com um macacão sujo de graxa. Minha aventura rio-clarense apontava minha forquilha de achar sexo para ele. Aquele cheiro era (e é até hoje) irresistível. Eu ainda estava gordinha, mas talvez pela dança, começava a tomar um pouco de forma. E vi que ele olhava diferente para o meu lado. Algumas roupinhas mais ousadas e várias passadas em horas estratégicas fizeram a ligação. Sempre que o patrão ia até o banco, ele me chamava, e aprendi a beijar naquele cheiro inebriante de graxa e gasolina me cercando. Mas eu queria mais.

— Essa semana o patrão vai ficar dois dias fora.

Foi o meu sinal. Encurtei minha saia mais curta, aumentei o decote de minha blusa mais decotada e fiquei parada em frente ao prédio.

— Vem cá que eu estou sozinho.

Quando me viu de perto, senti que não era uma chave de fenda que ele tinha no bolso. Colocou-me em um carrinho de rolimã que eles usam para entrar debaixo dos carros e me empurrou justamente para debaixo de um carro que estava trocando o óleo do câmbio.

Minha saia, nem foi preciso levantar, e ele foi rápido no serviço. Eu apenas sentia algo diferente pingando em minhas pernas, mas achei que devia ser assim mesmo. Voltei para casa tonta, mas realizada, com medo novamente de estar grávida e pensando quando iria me casar com Dario. Estava ainda assim quando um berro de minha mãe me chamou para a real.

— O que é isso escorrendo em sua perna?

Devia ser sangue? Eu nem tinha percebido se tinha sangrado ou não. Eu já ia falar que tinha me machucado, quando olhei e vi que estava toda lambuzada de óleo de câmbio.

— Ah, mãe, o carro de uma velhinha encavalou a marcha aqui em frente e ela não sabia o que fazer. Precisei entrar debaixo do carro para desencavalar e acho que me sujei.

Mãe finge que acredita.

Mas agora eu não estava nada atrás da Rita. Se ela dava, eu também dava.

Fiquei da janela do lado da rua observando o Dario ir embora e confesso que nunca tinha visto que ele saía limpinho e penteadinho. Fiquei decepcionada. Queria meu mecânico fedido. Mas eu poderia me acostumar.

No outro dia fui dar uma olhadinha na oficina, sabendo que o patrão ainda estava fora. Quem sabe poderia rolar até mais umazinha, com mais tempo e carinho.

Ele estava embaixo do tal carro.

— Você tem caneta?

Eu queria rabiscar algum poema de amor enquanto ele terminava.

— Está ali no meu armário.

Fui toda contente, pois poderia bisbilhotar as coisas dele. Quase morri. Quando abri a porta, tinha um daqueles calendários de mulher pelada pregado na parte de dentro da porta. Já era uma traição. Eu não era a única. Mas, pior, no lugar do rosto da moça, estava colada uma foto com o rosto da Rita. Saí a um metro do chão e, por mais que insistisse, ele nunca mais relou um dedo em mim. Homens.

33. YEAH, YEAH, YEAH

RITA ESTRANHOU VIVI LIGAR para casa àquela hora. Vivi trabalhava na seção de telex da Swift. Estava aos prantos e não conseguia articular as palavras. Rita ficou apavorada, pensando ser alguma tragédia. E na verdade era. Tinha chegado um telex, na época, o mais rápido meio de comunicação, dizendo que John Kennedy, então presidente dos Estados Unidos, tinha sido baleado e talvez estivesse morto. O ano de 1963 seria tragicamente lembrado para sempre. Ele era uma das paixões de Vivi. Pronto, lá estava ela viúva novamente.

Rita foi correndo fazer uma letra sobre o fato, em cima da melodia de "Five Hundred Miles", que as Teenagers sempre cantavam. Mas, quando viu uma foto de Lee Oswald, rasgou a letra e, para horror de Vivi, passou a idolatrar o suposto assassino. Achou que ele tinha uma atitude rock'n'roll.

Essas coisas devem ter começado quando, no início dos anos 1960, um dia, Charlie chegou com uma caixa enorme. O pacote era da Sears do Paraíso. Dentro dele, a nova invenção. Uma televisão. E lá estava eu, a primeira televizinha que só via imagens e não ouvia o som. De binóculo.

No começo ficou na sala e só era ligada depois do jantar, até às oito horas. Passou o tempo e foi até às dez. Charlie, que continuava dormindo com as galinhas, implicou com o barulho, e foi feita a transferência para o porão, que era ao lado do laboratório do alquimista. Aí liberou geral. Muita pipoca com groselha e batata frita. E lá iam cultuando os novos e velhos ídolos. *Lassie, Zorro, O Homem do Rifle, Rota 66,*

Dr. Kildare, O Fugitivo, Aventuras Submarinas, A Feiticeira, Papai Sabe Tudo, os teatros da Tupi, *Almoço com as Estrelas, Clube dos Artistas, Repórter Esso, O Direito de Nascer*, e o predileto de todas, que era *Twilight Zone* ou *Além da Imaginação*. Às vezes, Mary tinha que explicar esse último para Chezinha, que não entendia muito bem algumas esquisitices do seriado, em que mortos voltavam a viver, alienígenas andavam livremente pela Terra e vozes do além eram moeda corrente.

As Jones nem deram bola para 007. Preferiam Fred Astaire, Doris Day, Jerry Lewis, Audrey Hepburn, Anna Magnani e Sophia Loren. O próprio Elvis, quando começou a fazer aqueles filmes nauseantes, foi abandonado. Imperava a década de 1950. Após compartilhar James Dean com Vivi, Rita começava a trilhar o seu caminho. Aquela do Lee Oswald já mostrava a rebeldia, assim como simpatizar com Cássio Murilo, que tinha jogado Aída Cury de cima de um prédio no Rio de Janeiro, um dos grandes crimes mais famosos da época. Mas Rita gostava de sua imagem com óculos escuros, que eram raros na época. Coisa de cafajeste. Vivi e Rita ficaram de mal uns tempos pelo caso Oswald-Kennedy.

As coisas só serenavam quando iam assistir *I Love Lucy*. Rita se sentia, e até hoje se sente, a filha que Lucy não tinha no seriado. E aprendeu como nunca, com a atriz, a aproveitar o ridículo ao máximo. Tanto adorava ver mulheres palhaças e despudoradas que virou uma delas.

Rita estava torcendo para que a recuperação da crise de apendicite demorasse muito, muito, muito, pois isso adiaria seu confronto com Charles. Mas o dia chegou. Num fim de tarde, Charles entrou no quarto e Rita deixou só a cabeça de fora dos cobertores. Ele puxou a cadeira, sentou ao lado da cama e ficou um pouco em silêncio. Era o estopim da bomba queimando.

— Filha, o ser humano sempre vai alimentando a ilusão de que pode controlar, ou ao menos um dia chegará a controlar, a natureza e os muitos fenômenos que a cercam. Basta ficarmos parados em ventos um pouco mais fortes ou mesmo contemplando um oceano para vermos que isso jamais será possível. Por isso, é sábio que venhamos a aderir à natureza, e não combatê-la. O que mamãe natureza quiser será feito. E isto inclui a natureza humana. Confesso que em minha ignorância, por várias vezes quis confrontar esses fenômenos, mas a vida é cheia de lições e o que estamos passando é uma delas. Em meu laboratório, modestamente, procuro respostas para várias questões, e na verdade acabo levantando outras tantas, que vão se acumulando às velhas.

Rita não piscava os olhos. Nunca tinha visto Charlie alisar antes de bater.

— Acredito na alquimia — continuou o pai — e nos caminhos para chegarmos à Pedra Filosofal. Às vezes, pistas para as quais não damos a mínima são as mais importantes e geralmente aparecem quando conseguimos ajudar os outros em seus caminhos.

Dizendo isso levantou-se e saiu do quarto. Rita estava boquiaberta. Só isso? Ouviu os passos de volta e afundou de novo nas cobertas. Agora vinha chumbo. Charlie adentrou o quarto e, sorridente, entregou-lhe um violão. Del Vecchio. Novinho em folha.

— É o que posso fazer para ajudar em seu caminho de sabedoria. E não se engane, pois você vai entender um dia que nossa história anterior, independentemente do que queiramos ou possamos fazer, às vezes faz com que o caminho seja uma coisa muito difícil de ser manifestada. Mas o caminho é apenas um lado menor do que realmente interessa, que é o amor. Amor é o que interessa. Sempre lute para encontrar e levar esse sentimento em frente. E essa é a arma que vai ajudar você a vencer muitas barreiras. Leve essa alegria para as pessoas.

Charles sabia elegantemente deitar o seu rei quando o adversário era mais forte.

Dizendo isso, levantou-se e, pela única vez na vida, deu um beijo na testa de Rita e saiu. Mesmo sendo uma garotinha, não foi difícil entender que Peter Pan, James Dean e Elvis tinham lá sua importância, mas eram apenas referências. O verdadeiro ídolo tinha acabado de sair de seu quarto e sempre estaria ao seu alcance. Ela tinha acabado de colocar em suas mãos o verdadeiro Pó de Pirlimpimpim, que a levaria para os mais complexos voos, tanto internos quanto externos.

Os olhos umedeceram, mas de alegria, e ficou dedilhando a harmonia de "Five Hundred Miles", sem cantar as palavras. Até eu, no meu cantinho, com meu inseparável binóculo e, já uma *expert* em leitura labial, fiquei emocionada. Olhei para Diva, que engordava e engordava, e vi que, se houvesse amor, ele também estava ali.

O *foyer* igualmente foi testemunha do próximo capítulo. Mais uma vez, através das mãos, e do bolso de algum francesinho rico, um disco pousava no prato da vitrola no intervalo, agora um pouco mais potente que aquele do Elvis.

Não houve o furor das autoridades para tentar apaziguar o tumulto, pois os tempos eram outros. "I Want to Hold Your Hand" ecoava nas paredes do Pasteur e a capa do disco já estava até gasta de ter passado em tantas mãos. Quatro rapazes de cabelos enormes, chegando a cobrir parte das orelhas, olhavam sorridentes para as pessoas incrédulas com o que viam e ouviam. The Beatles. Daí vieram "She Loves You", "Love Me Do", e tantas outras.

Rita conservou os cabelos compridos, mas na mesma hora aderiu à franja, rente às sobrancelhas. E era o que faltava para as Teenagers. Cantavam as novas músicas com alta competência, tirando os vocais, que eram complicados, iguaizinhos, com inglês impecável, já liberto do uga-uga Jones, e isso deixava as pessoas maravilhadas.

Mary havia casado com um inglês e passou a ser a muambeira oficial, já que estava sempre indo a Londres. Tudo dos Beatles, ela trazia em primeira mão. Também foram acionadas as primas americanas, que mandavam longas cartas e muitas fotos, já que elas também estavam infectadas pela febre mundial. Rita passou a ser paparicada não só pelo atletismo, mas também pelos tesouros que possuía.

Mas, ao contrário da esmagadora maioria das garotas, ela não queria casar com nenhum beatle, ou simplesmente dar para um deles.

Ela queria ser um deles. Adorava a atitude, a fantasia, o som, o visual, o sucesso, o discurso, ser de uma banda, ter posições políticas, cantar o amor. Essa era a meta.

Nem tudo era verdade, pois acho que mostrava uma boa queda por Paul McCartney. Começou até a tocar contrabaixo. Em casa não havia televisão, mas já tínhamos uma vitrola Sonata, de braço pesadíssimo, para ouvir nossos discos.

Com pequenas economias, consegui comprar alguns compactos dos garotos de Liverpool e também viajei com o resto do mundo. Novamente, na música brasileira, uma que escutei nos Jones, e acabei comprando o disco para ouvir muitas vezes para entender a simplicidade de sua complexidade, foi "Chega de Saudade", com um tal João Gilberto. Um dia fiquei ouvindo tanto essa música que adiei várias vezes uma ida ao banheiro. Isso desenvolveu um fenômeno estranho: toda vez que ouço a voz de João Gilberto, me dá vontade de mijar.

A beatlemania impregnou a todos. Eram álbuns de figurinhas, bonequinhos, perucas, danças, uma invasão capitalista. Consegui uma aliada, que também estudava no Liceu, a Vânia, que mais tarde, ao casar, ganhou o sobrenome Cavalera e se tornou mãe do Max e do Igor, componentes da primeira grande manifestação de brasileiros no cenário internacional do rock, o Sepultura. Mas isso é outra história. Eu e Vânia ficávamos juntando as nossas quinquilharias Beatles, invejando profundamente Rita, que tinha muito mais. Um dia estreou na cidade *A Hard Day's Night*, o primeiro filme dos rapazes de Liverpool. Todo mundo ia ao máximo de sessões possível, para decorar todos os detalhes. É bom lembrar que não havia videocassetes caseiros.

Tinha de ir ao cinema mesmo e torcer para não sair de cartaz muito cedo.

Não tendo o dinheiro para tal extravagância, comecei a namorar o porteiro do cinema. O preço era ter que dar uns beijinhos e brigar com sua mão boba, na parte final da última sessão, quando ele estava livre.

Quem fazia essa rotina de ir a todas as sessões eram Rita, Vivi, Antonio Peticov, um amigo novo delas, e Jô Soares, amigo de Peticov. Muitas vezes sentei atrás deles, e o jogo era prestar o máximo de atenção e ficar um fazendo perguntas para o outro sobre detalhes do filme nos intervalos das sessões: quem falou o quê, quem estava olhando para onde, até erros de continuidade. E eu ficava invejando os lanches que eles levavam para passar o dia lá. O de Jô era dez vezes maior que o dos outros. E ele não dividia nem a pau. Acho que foi aí que comecei o meu regime. Passava o dia praticamente sem comer.

No Pasteur, todas as garotas paqueravam os professores, mas o "mais mais" era o de matemática, Aquiles. Não sei se por estar emagrecendo, tomando formas, sentia que ele me olhava diferente. Ou deveria ser o instinto do macho, pois, ao pensar que todo mundo já tinha praticado os fatos da vida, e tendo sido iniciada pelo mecânico, depois vim a saber que, na verdade, era só fogo no rabo geral. Eram todas virgens.

Será que, quando damos, passamos a ter uma postura diferente? Só sei dizer que Aquiles olhava insistentemente e eu, que já não era tão bobinha, até ficava na classe no final da aula, "para tirar alguma dúvida". Numa dessas, ganhei meu primeiro beijo. Dele, claro. E a coisa era meio complicada, pois ele namorava a queridinha dos meninos, professora de francês, Ivette, que mal falava português.

Eu já estava usando minissaia, o que deixava os homens de pescoço torto nas ruas. A única que usava, dos Jones, era Rita. Vivi era muito magrela e não encarava e Mary já não tinha idade ou mesmo vontade. E os professores sempre mandavam as de minissaia irem até a lousa resolver algum problema. Em resposta, sentávamos nas primeiras fileiras e púnhamos a alma para fora.

Estava chegando a formatura do ginásio e Rita ia aprontar uma daquelas. Ela planejava ir com um vestido preto, no melhor estilo Mortícia Addams, para horror dos franceses. Talvez isso tenha ajudado numa negociação caseira. Cheza e Charlie não estavam gostando muito da ideia do vestido e acabaram concordando, sem muita negociata, com a proposta feita por Rita. Em vez de vestido, uma bateria nova, pois ela só tocava na emprestada dos francesinhos.

Era dezembro de 1963, e o pão-duro do Charlies voltou sorridente. Uma bateria Caramuru tinha custado 29 cruzeiros, muito mais barato que um vestido. E todos ficaram felizes. Até que ela começou a praticar em casa, que isso seja dito.

32. SANTO ANTONIO

A MÚSICA NÃO ERA PRIVILÉGIO daqueles lados do Pasteur. Na Pompeia também tinha alguma coisa acontecendo e essa coisa se chamava Os Wooden Faces. Eles eram os irmãos Cláudio e Arnaldo, mais Rafael e Tobé. A diferença é que só tocavam músicas instrumentais. Ninguém cantava. Os irmãos eram da família Dias Baptista, filhos de Clarisse, uma concertista de piano, e de dr. César, secretário do poderoso Adhemar de Barros, governador do estado de São Paulo.

Cláudio era o mentor intelectual do grupo, além de ser quem construía os instrumentos que usavam, arte que aprendeu com Vitório, o mago dos instrumentos da Pompeia. O grupo tocava em festas pelo bairro, em escolas, igrejas, onde pintasse.

E como eu fiquei sabendo desses caras? Tinha o novo rapazinho das sessões do filme dos Beatles, e acabei conhecendo a enciclopédia ambulante que se chamava Antonio Peticov. Ele era daqueles que queria ver a coisa acontecendo, o que hoje chamariam de "agitador cultural". Talvez por não ter saco de aprender um instrumento, e assim entrar na cena, passou a promover vários eventos para que as bandas pudessem tocar e, logicamente, para conseguir dinheiro. Para não dizer que não tocava nada, arranhava um pouco de gaita, mas se dava muito bem nas artes plásticas. Sua base era no Colégio Mackenzie, onde estudava, e onde começou a fazer os encontros musicais. Numa dessas apresentações, ele convidou as Teenagers, pois uns amigos do Pasteur tinham falado delas para ele.

Ficou encantado. Não com as Teenagers em si, mas por uma delas, Jean, uma das gringuinhas da primeira formação, que era mesmo muito bonita. E foi assim que começamos a conversar, quando ele ficava em frente ao Pasteur esperando a garota sair e eu ia entrando para a aula. Peticov chamava atenção por seu visual superavançado para a época: roupas justas, óculos redondos, bigode de Frank Zappa, do qual era quase um clone, e uma sacola enorme. Querendo na verdade puxar papo, cheguei perto dele e perguntei o que ele levava naquela sacola.

— Necessidades básicas.

— Comida, roupa?

— Exato. Só que para a mente.

Confesso que foi irresistível. Muitas vezes eu saí mais cedo de casa para ficar conversando com ele, antes da saída do pessoal da manhã. E ele adorava conversar. Ao ver que Rita estava sempre com ele, senti que poderia ser mais uma fonte para que eu soubesse o que estava acontecendo.

Fiquei sabendo que o pai dele era pastor da Igreja Batista, que ficava na rua dos Jones, e a mãe era professora. Os pais eram imigrantes russos. Pegou uma grande amizade com Rita, sempre que ia para a escola dominical da igreja do pai, parava para bater um papo. No início, Charlie não deixava homem nenhum entrar na casa. Certo ele. Imagina um pintinho solto no meio daquela pererecada?

Mas Peticov era charmoso e ganhou o velho pelo gosto no xadrez. Passaram a acontecer grandes confrontos, e Charlie passou a perguntar para Rita se o esquisitinho não ia passar por lá. Até pensei em dar para ele, mas senti que perderia o amigo e a fonte, por isso fiquei quietinha, tirando minhas casquinhas com o professor Aquiles sem que ninguém desconfiasse. Acho que, na verdade, o lado guru cultural fazia com que as garotas quisessem mais é ter amizade com ele do que qualquer outra coisa. Sempre falava da Rita com muito carinho, pois tinham vários pontos em comum, começando por Elvis e James Dean, caindo nos Beatles e passando por várias manifestações artísticas. Sabia todos os filmes que estavam passando, os que interessavam, as exposições, as peças de teatro, museus, e o que era melhor, com opiniões muito interessantes, além de ser um artista de mão cheia. Rita colou tanto nele que todo mundo dizia que ali tinha, mas acho que ninguém comeu ninguém. Acho que ele foi o padrinho cultural dela no sentido global e a relação seria incestuosa. Informar era o grande prazer dele. Além da grande "virtude" de jamais fazer fofocas, embora soubesse de várias. Que ódio.

Em casa, as coisas deram uma melhoradinha por conta do crescente número de consulentes que mamãe, sempre engordando, foi conseguindo por conta de suas adivinhações. Quando eu olhava meio pidona para ela, já vinha dizendo:

— Nem adianta. Não posso prever nada para você. Videntes enxergam para os outros e não para os próximos. É o preço do dom.

Tia Dalva tinha se separado de tio Herivelto e isso deu uma alavancada financeira muito grande para todos. Os dois descobriram uma forma genial de ganhar dinheiro em suas carreiras: fazer músicas um atacando o outro, por conta da separação. Às escondidas, se reuniam e combinavam o que iam falar, para que o povo ficasse mais curioso sobre a sequência dos ataques. Aprendi como artistas gostam de mentir para a mídia. Assim sendo, com a generosidade de tia Dalva, pudemos ter televisão, som, roupas, e até um dinheiro para começar a dar umas saídas. E continuar no Pasteur e na dança, eu estava me deixando magrinha e firme. Eu sentia os efeitos na rapaziada.

Peticov ia me emprestando várias coisas, e fui elaborando minha cultura com todas aquelas dicas que só ele mesmo tinha para dar.

Foi ele quem apresentou Túlio para as Teenagers, o que resultou no Túlio Trio. E era também ele quem produzia as *jam sessions* no auditório da *Folha*, e com isso o Trio sempre se apresentava por lá, já que ele gostava muito do jeitão Ray Charles de tocar e cantar que Túlio tinha.

Tempos depois, acabou de dar o toque em seu charme, comprando uma moto e abrindo em sociedade a Hi-Fi Discos na rua Augusta. Era a fome a e vontade de comer. Passou a morar nos fundos da loja, onde tinha um quartinho cheio de *posters* e com vários quadros pintados por ele. Passei muitas tardes ouvindo as últimas novidades importadas que ele recebia. Volto a dizer que não dei para ele, não adianta insistir. Por que ninguém acredita em amizade entre sexos opostos?

E sempre dei um jeitinho para não cruzar com Rita. Já existia, mas eu ainda não tinha detectado, o vício de observá-la, o que era muito melhor sem conhecê-la.

Certo dia encontrei com Peticov, que parou a moto e me deu um panfleto sobre uma apresentação de bandas no Mackenzie. Ele estava promovendo os shows e disse que deveria ir bastante gente do Pasteur, pois as Teenagers iam tocar, assim com os Wooden Faces, a melhor banda instrumental do momento. Eu já não o via tanto, pois ele não ia mais ao Pasteur, já que o lance com Jean não tinha ido adiante.

Fiquei pensando que afinal iria ver a tal Rita tocar. Mas sempre acontecia alguma coisa. Era um sábado, peguei o ônibus para chegar no horário. Andamos alguns quarteirões e o ônibus parou. Problemas no motor. O motorista ia tentar dar um jeito ou daqui a meia hora tinha outro. Nem esquentei. Cheguei ao Mackenzie e fui vendo que estava cheio do pessoal do Pasteur.

— Você chegou agora? Que pena, as Teenagers acabaram de cantar.

Contei para o Peticov o problema do ônibus e contabilizei mais uma vez sem ver a branquela tocar.

Encontrei minha turma e disseram que as Teenagers tinham cantado legal, mas não foram muito aplaudidas. Bem feito.

Eu estava de minissaia e senti muitos moleques cabisbaixos, quando por eles passava. Isso é poder. E lá estava Aquiles com aquela megera da namorada dele, a Ivette. Até o nome era chato. Ivette Canivete. Mas com a olhada que ele me deu, quase tropecei.

Chegou a hora dos Wooden Faces. Cláudio estava todo de preto. Parecia um pouco James Dean. Arnaldo, cara de molecão, parecia Sal Mineo, outro ator da turma dos rebeldes. Rafael e Tobé não chamavam muito a atenção. Tocaram várias instrumentais e tentaram cantar, mal, na verdade, mas foram bem aplaudidos.

Assim que acabaram, fui dar uma espiada nos bastidores. Havia uma grande confraternização entre as Teenagers e os Wooden Faces. Cláudio estava um pouco afastado, parece que não gostando muito do que estava rolando. Fui lá fora para conversar com as garotas, logo depois Peticov passou.

— Fica por aí que vai acontecer uma surpresa. As Teenagers e os Wooden Faces estão combinando uma aparição surpresa no intervalo, para tocar alguma coisa juntos. Acho que vai ser bom.

Os toques do Peti. Eu não ia embora mesmo, então ia ver a branquela ao vivo.

O palco era de madeira, quase da altura de uma pessoa, provavelmente desenhado pelo Peticov, e as laterais eram abertas e ficavam no escuro.

Sem avisar nada, os dois grupos subiram no palco e começaram a ligar seus instrumentos. O povo estava conversando e não prestou muita atenção, e eu pensando que tudo acaba tendo uma primeira vez.

Levei o maior susto quando alguém pegou firme no meu braço e me puxou, não com força, mas com rapidez. O grito parou no meio da garganta quando vi que era Aquiles. Ele colocou o dedo na boca, em sinal de silêncio, e me levou para a lateral do palco.

— Vamos, que tenho pouco tempo.

O professor lindinho ficou olhando de um lado para o outro, depois decidiu entrar debaixo do palco, praticamente me arrastando. Acho que o efeito minissaia foi fulminante. Ele ofegava e falava coisas que nunca tinha dito antes em aula. Quando levantou minha saia, ouvi os primeiros acordes, meio titubeantes, que acabaram virando "Five Hundred Miles".

Uma minissaia é muito prática nessas situações. Saia para cima, calcinha para baixo e *voilá*. A luz vazava um pouco pelas frestas das madeiras do chão do palco, e eu pude ver alguma coisa naquela escuridão. Preferia não ter visto. Eu pensava que todos deviam ser mais ou menos do mesmo tamanho, mas aquilo era uma anomalia. Meu mecânico Dario, o cara do camping e aquelas coisinhas mais eram minha pouca experiência. Quando vi aquela coisa dura, confesso que assustei. Era uma miniatura. Ridículo. Um cara tão bonito, que desperdício.

Ele achou o caminho das Índias, mas se mantinha lá a duras penas. Escapava mais que sabonete quando está no fim. Bufava como um iogue fazendo meditação. E suava. Acho que foi a única vez em que não temi ficar grávida. Nenhum deles ia ter força para chegar lá, saindo de tão minúscula base de lançamentos.

Fiquei quieta, pois ainda não sabia nem fingir, arte que toda mulher acaba aprendendo. A decepção deixou espaço para pensar em outras coisas. Fiquei imaginando a tal Ivette vendo a fusão que acontecia em cima do palco, sem jamais imaginar a fusão que ocorria embaixo do palco. Parecia um espetáculo ensaiado, pois terminamos juntinhos, eu, Aquiles, as Teenagers e os Wooden Faces. Duração de uma música. E garanto que os aplausos que ouvi não eram para meu parceiro. Também aprendi que homens, pós-coito, bestializam-se. Aquiles praticamente me deixou lá embaixo e foi embora.

Saí tentando ser a mais natural possível e encontrei pelo caminho Peticov, que me perguntava todo entusiasmado:

— Gostou, gostou? Acho que vai virar alguma coisa. Elas cantam bem, eles tocam bem, vai ficar bom.

Fiz algum comentário sobre a apresentação ter sido muito pequena, na verdade pensando na minha aventura, e recusei ir conversar com eles nos bastidores, dizendo que ia falar com as meninas. Perdi a oportunidade de ver a besta nascendo. Mas senti o cheiro do enxofre.

— Nossa, sua saia está toda amassada e cheia de serragem. Você está bêbada, caiu no chão?

Inventei que tinha encostado em alguma coisa no banheiro. Ao longe, vi Ivette gesticulando e Aquiles tentando explicar aquele suor todo numa noite um tanto friazinha. Quando veio tentar conversar comigo no Pasteur, ameacei contar o assédio de menores para a diretoria e ele se afastou apavorado. E ninguém entendia por que eu passei a chamá-lo de Aquiles Akira.

31. MUTATIS MUTANDIS

RESUMINDO O QUE PETICOV ME CONTAVA, a necessidade era mesmo a mãe da fusão. Toda nave quando vai partir com potência máxima rompe elos que já estariam fracos. Cláudio, que não tinha visto com muito bons olhos a aproximação de Rita para o lado de Arnaldo, com uma esfarrapada desculpa de ter aulas de contrabaixo, percebeu logo as décimas intenções da branquela. Ali tinha pólvora.

No resultado final do acoplamento, dos Wooden Faces ficaram Arnaldo, Raphael e entrou Pastura, um baterista; e, das Teenagers, vieram Rita e Suely Chagas. E começaram a ensaiar. Cláudio não tinha gostado muito da febre beatlemaníaca e Rita, fanática e apoiada por Peticov, ficava instigando todos e convertendo-os à nova religião mundial. Adivinhem a base do repertório que ensaiavam?

Por isso o tempo é sábio. Será que hoje em dia Rita ainda daria tudo para se esfregar em Paul McCartney? Deve ser a mesma sensação de pular em uma gôndola de supermercado cheia de uvas passas. Imagine como deve ser abraçar uma uva passa gigante.

Matando vários pentelhos em uma só guitarrada, Cláudio resolveu pular para o lado técnico, tanto de artesão – fazendo instrumentos – como na eletrônica, pois ele pressentia ter o futuro nas mãos. Abrira mão da música para entrar de cabeça nas pesquisas. Só não conseguiu se livrar do irmão, Sérgio, que tinha feito uma grande ousadia. Abandonara os estudos aos treze anos para ser guitarrista e ficava o dia inteiro perturbando na oficina do irmão mais velho.

Cláudio sugeriu o irmão para Raphael, que o aceitou logo, pois o moleque, apesar da infantilidade, era um gênio da guitarra. Estava formado o Six Sided Rockers. Rita teria que se acostumar com o garoto chamando-a de Banana Pintadinha, mas, como resposta, contra-atacou com Gordinho Babão. E com conhecimento de causa, pois dizem os fofoqueiros, não Peticov, claro, que os Dias Baptista herdaram de Clarisse um pequeno acúmulo de saliva no canto da boca quando conversavam. Quando se empolgavam, então, nem diga. Aproveitando essa passagem pelas más e sempre reveladoras línguas, eles também não eram muito chegados em sabonetes e escovas de dentes. Tenho certeza de que Rita estalava o chicote, toda fresquinha que sempre foi.

Peti e Rita passavam boa parte do tempo tentando convencer os outros de que Elvis era da maior importância, que James Dean tinha toda uma atitude e, principalmente, no caso de Cláudio, de que os Beatles não eram um bando de cabeludos viados. Acabaram achando o caminho. Era só duvidar que um Dias Baptista fosse capaz de fazer alguma coisa, e lá iam eles tentar prova em contrário. Assim desafiados, sob dúvida de jamais conseguirem algo melhor que os cabeludos, caíram de boca e, por uma boa causa, entenderam e abriram novos horizontes. Cláudio, em pesquisar novos sons e equipamentos; Arnaldo e Sérgio, em novas ousadias musicais. E, vamos convir, eram muito competentes. Mas nunca aceitaram a viadagem musical.

Se tinha uma pequena suspeita de água fora da bacia, não estava com nada, por melhor que fosse a vítima. Mick Jagger era uma delas. Mas ao menos já estavam com cabelos e roupas imitando a rapaziada de Liverpool.

Peticov, muito entusiasmado com os novos caminhos, tornou-se o empresário do novo ato, fazendo-os constantes nas apresentações no auditório da *Folha*. Houve uma pequena mudança, já que Suely partiu para a América do Norte com a família, entrando em seu lugar Mogguy, uma garota bonitinha e desafinadinha, se comparada à boa voz de Suely.

Sempre fazendo *covers* de músicas internacionais, começaram a aparecer em vários programas de TV, como *Sábado Parade*, de um tal

Randal Juliano. Lá conheceram, através de Peticov, um gordinho que gostava de falar em inglês e tinha um vozeirão de tremer as paredes. Tinha acabado de cumprir pena nos Estados Unidos, onde morava, e de onde havia sido deportado. Tim Maia. Também fizeram *Show em Simonal*, *Show do Dia 7*, *Papai Sabe Nada*, *Almoço com as Estrelas*. No *Quadrado e Redondo*, da TV Bandeirantes, voltaram a cruzar com Tim e começaram a fazer alguns backing vocals em seus shows e gravações demos.

Ficando conhecidos pelas aparições televisivas, começaram a fazer alguns shows, e até um dinheirinho sobrava. Já eram requisitados para algumas cidades do interior. Nos camarins dos clubes, sem banheiro, Rita deixava sua marca: uma mijada ou no cesto de lixo ou em algum canto do camarim. Prática essa que chega aos nossos dias, se não houver banheiro por perto.

Rita e Raphael começaram a pressionar os outros a fazerem músicas próprias, mas enfrentavam alguma resistência, pois ninguém queria arriscar sair da vida fácil dos *covers*, um sucesso garantido. Raphael trouxe uma música de Tobé, guitarrista dos Wooden Faces originais, e fez uma outra com Rita. As músicas eram "Suicida" e "Apocalipse". Gravaram um compacto, de resultado duvidoso, e ainda trocaram de nome, já que todos concordavam que um nome nacional soaria melhor. Agora eram O'Seis.

Logicamente, o compacto não virou nada e acabou sobrando para Peticov. Arnaldo achava que ele tinha chegado aonde dava com seus conhecimentos do meio. E Peticov, embora chateado, concordava, pois não tinha planos de se tornar um grande empresário. Queria apenas participar.

E veio o agente profissional. Passaram a se apresentar com grupos de maior peso, representados pelo novo empresário. Como estratégia, foi montado um show em que tocariam as músicas do compacto e algumas adaptações de músicas clássicas para o rock, algo novo, que ninguém fazia, aproveitando a habilidade de Serginho. Os shows foram marcados na cervejaria Urso Branco e tiveram uma boa aceitação. Mas a estrada do sucesso é esburacada.

Em breve o grupo O'Seis estava dividido em dois. Rita, Sérgio e Arnaldo queriam aceitar uma proposta de seu representante para que assinassem um contrato, dando-lhe plenos poderes sobre o que o grupo viria a fazer. Eles estavam cansados de amadorismo e viam aí a possibilidade de entrarem na esfera verdadeiramente profissional.

A outra divisão, com Raphael e Mogguy, que já namoravam, mais Pastura, achava que o sujeito só queria a parte do leão e não oferecia nada prático em troca. Estavam prestes a conhecer o melhor Arnaldo Baptista.

O baixista chamou Raphael e lhe disse que ele estava nos planos, mas que Mogguy e Pastura, por defasagem técnica e ideológica, não mais interessavam. Raphael ficou com a namorada e o amigo, deixando o grupo.

Restou o primeiro subgrupo, com os babões e a banana, que passaram a ensaiar na casa de Clarisse e dr. César, na rua Venâncio Aires. Por partilharem naquele momento um mesmo ideal, ficaram unidos como nunca. Os problemas eram: uma guitarra a menos, uma voz a menos e uma bateria, que era o crucial. E nem o nome servia mais.

Na verdade, eu estava meio afastada e fiquei sabendo tudo isso de uma vez, sentada numa tarde na Urso Branco, tudo — menos as fofocas — contado por Peticov, que eu não via havia um bom tempo. De quebra fui apresentada a Jorge Mautner, que falou bastante sobre magos e gurus, como Maytrea e Aleister Crowley. Maytrea era um guia espiritual com muitos seguidores e Crowley, um bruxo maldito que viraria a cabeça de muitos astros da música e do cinema. Era um mundo novo para mim, mas muito interessante. À noite, iria tocar O Konjunto, que nada mais era que uma nova encarnação do recém-formado trio, mais Cláudio cobrindo as vezes de baterista numa rápida volta ao mundo musical, mas que não durou muito. Peticov queria que eu assistisse, mas tinha algumas pendências que precisavam ser resolvidas naquela noite.

Enquanto a cena musical ia evoluindo, passei esse tempo andando pela vida e descobrindo o poder e a força que tinha no meio das pernas. E não era o joelho, engraçadinhos.

Após a frustração com Aquiles, resolvi aprofundar-me nas pesquisas de outras amostras, como se fosse algo muito importante para meu desenvolvimento futuro. E na verdade foi, pois os homens quando pensam com a cabeça de baixo são extremamente domináveis. Tão idiotas quanto mulheres apaixonadas. E pude ver que os calibres iam de oito a oitenta, assim como cores, texturas, inclinações, diâmetros e outras características que só vendo. E pegando. Mas, calma. Muitas coisas foram fotos, conversas e enciclopédias e revistinhas de Carlos Zéfiro, que rolavam soltas em meio a livros seríssimos nos corredores do Pasteur.

O pior era se livrar das cobaias, quando já estavam se achando reis da cocada. Era uma pegação de pé total, bilhetinhos, pedrinhas na janela, estratégias para sair escondida, pois tinha um esperando numa esquina e outro em outra. Sentia-me poderosa, na verdade.

Mas acidentes de percurso eram inevitáveis. O cara era até que bonitão e bom de serviço, mas queria de qualquer maneira conhecer minha família. Ou seja, o tal de namorar em casa. Tentei até dissuadi-lo de todas as maneiras, mas não tinha jeito, pois sabia que o tiro iria sair bem diferente do que ele planejava. E como já estava de saco cheio de tanta insistência, resolvi que seria naquela noite que acertaríamos os ponteiros. Concordei em levá-lo até minha casa, mas confesso que fui cruel. Preparei o ambiente como se fosse um dos grandes rituais de Diva para suas consulentes, com iluminação indireta, incensos e música lúgubre.

O cara chegou, todo animado e cheirosinho, com um buquê de flores.

— Nem pense em entrar com flores aqui, minha mãe odeia. Tem alergia a pólen.

A confiança já ficou abalada. Muitos tabus ainda não haviam sido quebrados naquela época e, assim que ele entrou, sapequei:

— Minha mãe é desquitada, fomos abandonadas por meu pai e ela fica fula se você tocar em algum assunto que envolva a lembrança daquele homem.

O rapaz já estava medindo a metade da altura que tinha normalmente. Um pouco antes de entrarmos na sala em que Diva estava, sussurrei:

– Cuidado com o que diz, pois, se minha mãe não gostar, vai rogar uma praga da qual você não irá se recuperar jamais – e o empurrei para dentro da sala.

Precisei morder os lábios para não rir. A luz avermelhada, bem suave, o cheiro forte do incenso, minha mãe sentada com os olhos fechados, apoiada em uma mesa com cartas de tarô espalhadas e uma bola de cristal, e seu turbante mais brilhante. Se houvesse uma janela aberta, ele pulava, principalmente quando viu a massa de gordura que era Diva, quase impossibilitada de se mexer. Homens gostam de ver as mães para ter uma base de como as filhas vão ficar um dia.

Com os olhos ainda fechados, mamãe disparou:

– Você ainda virá a ser um cantor de sucesso.

O cara saiu literalmente correndo, tão tonto que errou a porta e entrou no banheiro. Na velocidade em que estava, enrolou-se na cortina de plástico da banheira e começou a chorar e pedir por tudo que era mais sagrado para sair dali. Eu ria tanto que mal conseguia ajudá-lo. Nunca mais apareceu.

Tive um toque de prazer tardio, ao ver com meu velho binóculo, tempos após, que a rainha das novas tendências, nossa engajada e modernosa Rita Lee, escondidinha, gostava de Renato e Seus Blue Caps e outros menos votados da tal Jovem Guarda. Nutria uma paixão secreta por um tal Malcolm Forrest, um daqueles cantores que se fingiam americanos gravando em inglês, que não era nada mais que o bobinho que saíra todo mijado de minha casa.

Era uma sensação indescritível saber que o que estava em seu altar de devoção era um caroço de manga meu. Êxtase secreto, difícil de explicar a não ser a nós mesmos.

E o tal O Konjunto acabou naquela noite mesmo, voltando a ser um trio, já que Cláudio não queria mais ser músico realmente.

30. O NOME DA BESTA

AGORA ERAM SÓ RITA, Arnaldo e Serginho cantando músicas internacionais, principalmente Beatles, em alguns shows e nos muitos programas de televisão que aumentavam dia a dia. A TV Record tinha a hegemonia dos musicais e dos humorísticos. *Papai Sabe Nada* e *Família Trapo* faziam a alegria de todos, enquanto Elis brilhava em *O Fino da Bossa*, dominado pela bossa nova e pela ainda sem nome MPB.

 A Jovem Guarda nasceu de uma briga entre a Record e a Federação Paulista de Futebol. O resultado foi um buraco na programação dos domingos à tarde, quando eram transmitidos os jogos. O "tampax" foi um programa que teria como sustentação um movimento que a produção jamais colocaria no horário nobre, por achar bobinho demais. Primeiro, sustentado por adolescentes que não se identificavam com as músicas sérias dos outros programas. Depois, adotado por outras faixas de idade, tanto pelo fato de ocupar o dia e o horário de menores opções da semana, como pelo charme de seus apresentadores. Iniciado em 22 de agosto de 1965, o monstro foi crescendo e destruindo o que estava à sua volta.

 Embora muitos não admitissem, a ruas ficavam mais desertas que o normal a partir das 17 horas dos domingos. Os ingressos para assistir ao programa ao vivo eram disputados a tapas, unhadas e puxões de cabelo. Eu não gostava muito, pois, comparando com o que acontecia no cenário internacional, tomando os britânicos como referência, era tudo muito fraco e inofensivo. Mas, inexplicavelmente, lá estava eu pregada na TV todo domingo. O aval do sucesso veio em forma de proibição: quem cantasse no *Jovem Guarda* não cantaria nos musicais ditos mais sérios. Notei isso por causa de Jorge Ben, um cara que cantava um samba superdiferente, mas que só podia aparecer no programa de domingo. Não estava em nenhum outro.

Cada dia o nome era diferente, mas parecia que Os Bruxos foi o que firmou. Arnaldo no baixo, Serginho na guitarra e Rita nas percussões e violão, todos cantando. Rita, prestes a entrar na faculdade; Arnaldo, fazendo bicos em várias bandas; Serginho, dando aulas de guitarra; todos esperando pela grande oportunidade. E o tal empresário profissional resolveu dar a grande tacada, que era uma apresentação no *Jovem Guarda*. Como já havia acontecido com muitos outros, se eles se dessem bem, ficavam efetivados no programa de maior audiência do momento, um pulo para chegar ao mercado fonográfico.

Eu ficava sabendo dessas coisas nas voltinhas pela Urso Branco, onde nada era segredo. Inclusive qual o domingo em que Os Bruxos iriam se apresentar. Naquele dia, eu estava em casa, no *dolce far niente*, que era meu apelido para os mais chegados. La Dolce Farniente, esperando a hora de ver como seria a feitiçaria dos Bruxos, quando veio o impulso que já me perseguia havia algum tempo. Ir até o teatro ver aquilo ao vivo. Sabia que seria difícil brigar com o batalhão de domésticas e burgueses disfarçados por um lugar ao sol.

O improvável me botou na rua. Quando cheguei, senti a impossibilidade, tamanha a aglomeração. Tentei me aproximar, mas era impossível. Fiquei apreciando o movimento da bestialidade humana, pensando em tomar um sorvete e voltar para casa, para assistir como sempre. Estava passando por uma rua lateral ao teatro com meu sorvete de casquinha, quando parou um carro e desceu um cara enorme. Estava distraída com meus botões e quase morri de susto quando ele disse:

— Posso dar uma lambidinha?

Já ia mandando lamber a mãe, mas perdi a voz. Era Erasmo Carlos.

— Vai assistir ao programa?

— Está superlotado. É impossível entrar.

— Você promete ficar quietinha, não arrumar confusão, nem ficar atazanando ninguém?

Incrédula, apenas balancei a cabeça afirmativamente. Eu nem imaginava que estava em frente a uma entrada alternativa, para os artistas escaparem do assédio quando chegassem. Erasmo pôs a mão em meu ombro e o segurança abriu a porta sem perguntar nada.

— Qualquer problema, você é assessora do Tremendão. Depois você me deixa dar aquela lambidinha?

Não achei que fosse má ideia.

Lá estava eu nos corredores do acontecimento. Nunca tinha visto tanta celebridade em carne e osso. Aprendi que a televisão disfarçava muito bem o tamanho das pessoas e imperfeições inimagináveis. Jerry Adriani, Wanderley Cardoso, aqueles que cantavam sempre resfriados, Renato e Seus Blue Caps. Também estavam Tim Maia, Jorge Ben, que me deu uma piscadinha, e que resolveríamos tempos depois, Martinha, Leno & Lilian, Waldirene, Ed Wilson, Demétrius, Deny e Dino, Trio Esperança, Golden Boys. Eu pagaria muito dinheiro por uma máquina fotográfica especial. Fiquei procurando um banheiro para lavar as mãos do sorvete e fui abrindo umas portas. Em uma delas que era bem escondidinha, sem querer, vi algo que foi mais uma ducha fria na ingenuidade. Por estar na penumbra, jamais poderei afirmar com certeza, mas acho que dois do alto escalão estavam resolvendo suas tensões em cima de uma mesa. Fechei rapidinho, para que o corredor não ouvisse os gemidos.

E lá estavam os Bruxos. Estava rolando o maior bate-boca entre eles e a produção do programa, pois queriam de qualquer forma colocar amplificadores no palco, mas o cenógrafo queria que tudo ficasse oculto, como sempre foi a linha do programa. Mesmo ameaçados de não tocar, acabaram vencendo pela teimosia e fizeram sua participação com os amplificadores. Para variar, não consegui ver ao vivo, pois ninguém podia ficar nas beiradas do palco. Assisti em um monitor, nos corredores. Outro susto. Quem estava assistindo ao meu lado era nada mais nada menos que o Rei em pessoa. Muito sério. E acabei testemunhando o seguinte diálogo dele com a produção:

— Bicho, não sei, não. Acho que esses caras não vão funcionar por aqui. Só cantam em inglês, acho que vai forçar muito a barra, pois eles têm o mesmo visual nosso: dois caras e uma garota. Vai confundir nosso formato. E eles têm carisma. Não vale o risco.

Cortem-lhes a cabeça, era a mensagem.

Foram aplaudidos como qualquer coisa que subisse ao palco seria, mas não com muito entusiasmo. O empresário foi ao produtor e perguntou quando haveria uma próxima.

— Olha, bicho, não posso dizer nada. O lance dos amplificadores deixou o homem meio assim. Depois a gente se fala.

Um outro cara chamou o empresário de lado e abriu o jogo:

— Cara, esquece. O Robertão ficou superenciumado. Vão enrolar vocês e não chamam mais. Tem um cara que também está causando o maior ciúme e foi posto de lado por aqui, mas vai ganhar um programa só dele aos sábados. Ronnie Von. Vocês não querem ficar fixos no programa, que acho que vai ser bem mais a cara do grupo?

Enquanto isso, Serginho dava em cima de Lilian, Arnaldo, de Waldirene, e muitos outros, inclusive o ciumento, em cima de Rita Lee. Eu reveria essa cena, com personagens diferentes, por muitas vezes. E eu, bem quieta no meu canto. Erasmo esqueceu a lambidinha e Jorge Ben piscou de novo. Naquele dia, rejeitando os Bruxos, a Jovem Guarda caiu definitivamente no inconsciente coletivo, pois estavam descartando a ousadia. Uma grande jogada do capitão, que afundaria o navio, mas não iria junto.

Em 1966, acabou-se o sonho do Pasteur. Jamais saberíamos naquela hora que era o fim da inocência. Turmas unidas por anos foram pulverizadas em inícios de carreira acadêmica, abrindo os caminhos da insegurança adulta, já que ninguém saberia quais as perspectivas. Pelo bom nível de nossa formação, a maioria acabou na USP. Eu fui para Psicologia e Rita, para Comunicações. De novo proximamente distantes. Cada uma em busca de sua resposta, eu acho. Conheci uma pessoa totalmente diferente, que estava terminando o curso de Ciências Sociais, usava sombra preta nos olhos, raspava as sobrancelhas e pintava o resto como se fosse do teatro kabuki. Nada tinha a ver com os padrões de beleza vigentes, mas tinha um senso de humor excelente. Nos divertíamos muito. Ela se chamava Aretuza e me disse ser empresária do Ronnie Von.

— Você não quer ir na casa dele hoje? Temos uma reunião com várias pessoas para acertar coisas do programa de TV.

Fiquei encantada com Ronnie, com aquele cabelo sedoso, teimando em cair em seu rosto. Muito educado e culto. Pensei na possibilidade, mas acho que dei tanto na vista que Aretuza me chamou de lado e segredou:

— Que isso fique entre nós, pois confio muito em você, embora nos conheçamos pouco. Eu e Ronnie somos casados e temos um filho, mas concordamos que, para uma pessoa que está começando, dizer que já é casado talvez acabe com sua carreira precocemente.

Quando fiquei sabendo que um dos convidados eram os Bruxos, fiz um pedido que, pela esquisitice da situação deles, não iria soar anormal. Gostaria de ouvir a reunião, mas não participar dela.

— Tenho algumas diferenças com a cantora do grupo e não gostaria de resolvê-las hoje.

Nenhum dos dois fez comentário algum. Arrumaram um lugar confortável numa salinha que ficava ao lado do ambiente onde fariam a reunião. Havia na sala uma tela de madeira perfurada que permitiria que eu visse sem ser vista.

Chegaram os convidados. Os Bruxos estavam vestidos de Beatles, já na fase psicodélica, e os outros eram uma garota que iria ler as cartas durante o programa e um amigo deles, o então corredor de Fórmula 5, Emerson Fittipaldi.

Fittipaldi e Rita logo entabularam uma conversa longa, pois o piloto tinha a maioria dos parentes em Rio Claro e eram todos amigos dos Padula, de Chezinha. Logicamente, no papo vai, papo vem, logo rolou uma cantadinha do velocista. Mas os irmãos perdigueiros trataram de rechaçar, nos intervalos que se revezavam nas cantadas na garota das cartas, que era muito bonita e de corpo escultural, embora baixinha.

Rita ficou tão encantada com ela que chegou a convidá-la para entrar no grupo, já que sentiam falta do velho formato com vozes feminina. Ela acabou recusando, dizendo que gostava muito de teatro, mas sem esconder que estava era na captura de Ronnie, sem imaginar que Aretuza ocupava o posto, mesmo na moita. A garota se chamava Sônia Braga e dizem, até hoje, que quando ela e Rita se encontram, brincam que a branquela poderia ter se tornado a primeira-dama da Fórmula 1 e que Sônia, em vez de ficar famosa como Gabriela, poderia ter sido uma cantora de rock.

Ficaram acertando os detalhes do programa, como fariam, o espaço que teriam... A certa altura, com a classe e a educação que lhe eram peculiares, Ronnie disse:

— Espero não estar interferindo em planos, mas gostaria de dar uma pequena opinião. Acho que o nome Bruxos não retrata a força do potencial de vocês. E já que estamos fazendo um programa de oposição, com novas propostas, o nome é muito Jovem Guarda.

Os três trocaram olhares, mas perguntaram o que ele tinha de sugestão, já que, na verdade, não gostavam tanto assim do nome que tinham no momento.

Ronnie ausentou-se por alguns momentos e voltou com um livro nas mãos, chamado *O Planeta dos Mutantes*.

— Já leram? É uma ficção científica muito interessante.

Com um resumo rápido do que era a história, os três gostaram do que ouviram e aceitaram a sugestão de se chamarem Mutantes. Na verdade, quem se manifestou foi Gungun, uma garotinha que era personagem de Rita:

— Eu góto.

Ninguém, em sã consciência, iria contradizer aquela garotinha, pois as consequências seriam desastrosas.

Inexplicavelmente, tempos depois, Ronnie pegou o nome Bruxos para o grupo que o acompanharia. Nessa banda estava Dinho, o baterista, e em um outro grupo, apadrinhado pelo cantor, estava Arnolpho Lima Filho, um tal Liminha. Esses dois mal sabiam o que aconteceria em suas vidas.

Assim como eu não saberia o que seria de minha vida se logo após a saída de todos, Aretuza não tivesse vindo me socorrer naquele quartinho com temperatura infernal, assustada com a poça de suor que se formara à minha volta.

29. AOS LEÕES

A URSO BRANCO já não era mais a mesma e os melhores shows começaram a ser apresentados no Beco, uma casa noturna que passou a ser frequentada pela alta sociedade e artistas em geral. Fui com Peticov para conhecer a casa e também uma nova banda de argentinos que tocava rock e blues, considerada muito boa. Chamava-se The Beat Boys. Estávamos sentados em dois, com dois lugares vagos à mesa. A casa estava lotada.

— Desculpem o incômodo. Estou aqui com mais uma pessoa, por motivos profissionais, para ver o grupo tocar, e como vimos que vocês têm dois lugares vagos, haveria algum incômodo se nos sentássemos por alguns instantes?

Claro que não haveria e, embora não tivéssemos ouvido falar de Guilherme Araújo, é claro que tanto eu quanto Peticov já tínhamos ouvido falar e visto várias vezes na TV Caetano Veloso, a outra pessoa. E Guilherme, simpático e falante, nos contou várias coisas. Caetano tinha uma música classificada para o festival, e Guilherme estava pensando em colocar um grupo de rock para acompanhá-lo, seguindo um conselho de Gilberto Gil, outro dos que ele empresariava. Caetano prestava atenção ao grupo e a tudo ao redor, nada falando.

Aquilo era parte de uma estratégia para fazer algo diferente do que estava acontecendo na música popular brasileira, preenchendo o espaço entre a música tradicional do país e a força da Jovem Guarda e suas guitarras. Sabiam que haveria controvérsias, mas também chamaria muita atenção. Nesse ponto, os três ficaram elaborando muitas teses, com grande empolgação de Peticov e monossílabos de Caetano. E eu apenas estudando o terreno, ganhando olhares marotos de Caetano, que me disse bem pertinho, por causa da altura do som:

— Gosto muito da deselegância discreta de vocês, meninas paulistanas.

Isso era um elogio?

Na verdade, nos sentimos em casa quando Guilherme nos falou que Gil estava trabalhando em uma canção chamada "Domingo no Parque", junto com um maestro totalmente pirado, chamado Rogério Duprat. O maestro tinha arrumado um grupo de rock competente e divertido, com o estranho nome de Mutantes. Os componentes eram uma garota muito simpática e dois irmãos de musicalidade refinada, todos abertos ao experimentalismo proposto. Confidenciou que Rita havia aceitado a ideia logo de cara, mas os outros dois não haviam ficado muito animados, por não gostarem de música brasileira, só rock. Mas acabaram topando, mais pelo ultraje que poderia provocar. Os três jovens davam nome de *blitzkrieg* a essas ações malucas. Disse que os Mutantes queriam fazer algo diferente, pois tinham perdido muito espaço no programa de Ronnie Von — haviam mudado totalmente a proposta inicial, por isso eles estavam tocando bem pouco por lá. Queriam na verdade era sair. Peticov aproveitou a deixa e contou todo o passado do tal grupo, enquanto eu me deliciava com o delicado flerte com Caetano, que devia achar que eu era caso de Peticov. Logicamente não desmenti nada, porque a situação era engraçada.

Quando as bebidas tinham baixado por completo o nível de inibição, Guilherme contou que estavam usando *Cannabis* nos ensaios para deixar a criatividade solta e que, por ser a primeira vez, os meninos ficavam muito engraçados, na euforia que toma conta dos marinheiros de primeira viagem. Só Serginho, talvez pelos medos da pouca idade, não entrava na dança. Ai se o Charlie soubesse o que dona Rita estava aprontando.

Peticov já havia me falado dos tais cigarrinhos e até oferecido, mas não me achei preparada para a viagem. E assim colocou seus préstimos a Guilherme, caso ele não encontrasse o produto no mercado, pois ele tinha conexões. A noite terminou com Guilherme me dizendo que, se cantasse, poderia procurá-lo no Hotel Danúbio, onde estavam hospedados. Peguei seu cartão, sabendo que não era uma cantada, pois ele havia deixado bem claro quais eram as suas preferências, desde o início da noitada. Ao menos era mais um informante, ou confidente, usando o termo que ele gostava, para que eu continuasse sabendo o que acontecia com a sardenta.

Embora já uma universitária, eu não dispensava minhas observações da casa dos Jones, com meu velho binóculo. E foi assim que vi Rita chegando toda alegrinha, acompanhada de Gilberto Gil. E Gil, com sua eterna conversa cativante, que é o quê que o baiano tem, ganhou Charlie, logicamente em meio a uma partidinha de xadrez. Mostrou tudo o que estava para acontecer, a possibilidades de se fazer uma carreira artística com respaldo, o campo inexplorado da nova música popular, o lado financeiro, e que comunicação não se aprende na escola, mas no trato com o público. E Rita ao lado, só olhando com cara de Mona Lisa.

Com o aval de Charlie, Rita ficou tão convencida que no outro dia foi até a escola e anulou sua matrícula, sem nem pensar na possibilidade de trancá-la para ver no que poderia dar. Louca, mas, admito, corajosa.

Passei a conversar sempre que possível com Guilherme Araújo que, ao contrário de Peticov, adorava uma fofoca. Eu sabia tudo, desde passos artísticos até quem comia quem. Adorava. De Caetano, não consegui chegar mais perto, pois sempre tinha uma mulher ciumenta na área. Os Mutantes tinham começado a fazer shows acompanhando Gil, tanto para ganhar algum dinheiro como para aquecimento para o festival.

As eliminatórias iam começar e o ateliê de Chezinha foi ativado. Rita mostrava revistas com fotos do florescente movimento hippie, todo colorido, e a mãe dava asas à imaginação, com retalhos, restos de novelos de lã, panos de cortinas e tudo que houvesse à frente. Riu toda feliz quando viu uma bata feita por ela, usada por Caetano, em uma das eliminatórias do festival, empréstimo de Rita. Diva estava toda empolgada com a disputa e seus búzios diziam que não ia ser fácil, mas eles iriam conseguir.

Aconteceu o previsto. A maior estranheza quando Caetano e Gil ficavam cercados de guitarras nas eliminatórias. O público ficava totalmente surpreso com letras nunca apresentadas daquela forma e com melodias na melhor tradição das marchinhas e das cantigas de roda de capoeira do Nordeste. Aplaudir ou vaiar? Os dois.

Eu assistia às eliminatórias pela TV e no outro dia corria para o telefone, para fofocar com Guilherme. A mais quente era que, sentindo muito as pressões, Gil havia pensado, na tarde da eliminatória, em desistir e retirar a música da competição. Caetano o dissuadiu. Nos bastidores, parecia que quem estava com os baianos estava com lepra. Ficavam isolados em seus camarins, ouvindo os rumores das manobras de Sérgio Ricardo e Geraldo Vandré, que odiavam com todas as suas forças a inovação, pois achavam ser uma traição em tempos de resistência. E eles tinham uma agente infiltrada na plateia, uma tal de Telé Cardin, que liderava os aplausos e as vaias quando bem lhe aprouvesse. E conseguia levar o público na onda. E os baseados eram consumidos no caminho, porque, se fossem pegos fazendo isso dentro do teatro, certamente ia dar toda chance ao inimigo. Menos Caetano, que havia experimentado uma vez, odiado e continuado careta para todo o sempre.

Os Jones também não iam às eliminatórias. Charlie não assistia, pois já estava dormindo. Chezinha colocava a imagem de Nossa Senhora Aparecida em cima do aparelho com uma velinha branca queimando e o terço enrolado nas mãos, dizendo palavras ininteligíveis. As irmãs, mais Balu e Caru, ficavam acendendo cigarros imaginários um atrás do outro, já que ninguém fumava.

Diva fazia todos os seus rituais, incensos e rezas cabalísticas, e engordava mais um pouco. Tanto Gil quanto Caetano foram classificados para a final. As comemorações no casarão eram feito final de Copa do Mundo. O coraçãozinho no rosto de Rita tinha sido feito por ela, com a ajuda charmosa de Nara Leão, em nome da amizade que havia nascido nos bastidores, informações de Guilherme.

— Por que você não vai à final? Precisamos de vozes a nosso favor.

O argumento de Guilherme era irrefutável. Os jornais e programas de TV colocavam o maior fogo na polêmica das guitarras e da verdadeira música brasileira. Eu tinha mesmo que estar lá.

Quando estava saindo, Diva disse:

— E não se preocupe com a tal Telé, que eu cuido dela. Os outros são Sérgio Ricardo e Geraldo Vandré? Não vou me esquecer.

Cheguei ao teatro Record Centro e senti a barra. Uma fila e uma aglomeração sem tamanho. E desconfiei que não iria aparecer nenhum Erasmo Carlos para quebrar o meu galho. Tentei ligar para o Guilherme, mas ele já havia saído do hotel. Tentei seduzir, passar mal, entrar na cara de pau, mas nada deu certo. Era dia 21 de outubro de 1967 e, impreterivelmente, as cortinas se abririam às 21h45. Desisti e fui procurar um lugar que tivesse TV para assistir.

Fiquei perambulando pelas cercanias do teatro, quando vi o brilho de um aparelho vindo de um boteco com uma só porta. Era imundo, só com três mesas, com uns caras tomando cerveja. Não tinha jeito. Sentei à mesa vaga, chamei uma cerveja e pedi para aumentar o volume.

Foi memorável Gil e Caetano aos gritos de "já ganhou", os Mutantes com suas roupas extravagantes, a vaquinha da Rita com as pernas de fora. Vandré nem classificado, e quando Sérgio Ricardo quebrou o violão e jogou na plateia, pensei: "Diva, não é bom brincar com você, não".

As câmeras não pegaram direito, mas vi claramente Telé e sua turma incitando a plateia a vaiar e jogar tomates em Caetano e Gil. Aquilo era demais.

A classificação não foi exatamente o que eu queria, mas Caetano ficou com o quarto lugar, só não aplaudido por Telé e cia. O terceiro lugar foi para Chico Buarque, que Guilherme dizia ficar fazendo média com os baianos e a outra corrente. O segundo foi para Gil, muito festejado, e o primeiro, para aquele sem graça do Edu Lobo, que, segundo também Guilherme, comia todo mundo na maior moita. Por que será? Não parecia ter o menor sal. Será que a arma escondida era a responsável? Mas a bronca que ele tinha dos baianos teria seu troco dado pelos Mutantes mais à frente.

Eu estava tão eufórica, acho que mais pelas cervejas que tomei sem perceber do que pelo resultado, que nem prestava atenção ao lugar em que estava. Ainda estavam dando os resultados, quando ouvi o barulho brusco da porta de ferro sendo baixada. Fechando com fregueses ainda ali?

Aí me toquei. Eu estava com uma minissaia curtíssima, sozinha, tomando cerveja numa quebrada sem lei. Não precisava ser muito inteligente para entender a intenção dos quatro caras que estavam lá dentro, levantando-se para vir em minha direção. Uma palavra começou a martelar dentro de minha cabeça. Fodeu.

Mas uma das vantagens de quem sempre teve que se virar sozinha é jamais ficar esperando por ajuda. E baixou Jane Calamidade. No melhor estilo Velho Oeste, peguei duas garrafas pelo gargalo e as quebrei na borda da mesa, ao mesmo tempo em que chutava a cadeira onde estava para o lado. Dois já estavam esfregando seus paus imundos por cima da calça.

— Olha aqui, não vão ser dois ou três babacas que irão aumentar minha ficha, que vira o quarteirão — e dei uma golpeada que quase pegou no rosto de um deles.

Percebendo o susto que levaram, já emendei:

— Abre essa porra dessa porta ou vão ter que lutar jiu-jitsu muito bem.

Na verdade, dei um passo de dança, fazendo um giro com a perna e atingindo o estômago do mais próximo. Por sorte, eles não deviam estar armados e deviam ser mesmo uns babacas, pois abriram a porta bem rapidinho e correram para o balcão. Sentindo-me dona da situação, passei pela porta, andei um pouco e ameacei voltar. Deu até vontade de rir da rapidez com que baixaram a porta e se trancaram lá dentro.

A raiva era tanta que nem percebi o perigo. Estava próxima do teatro e as pessoas saindo para ir embora. Fiquei tão passada pela situação que ainda continuava com as garrafas nas mãos. Nisso apareceu na minha frente nada mais nada menos que a Telé. Acho que foi por pura intuição que comecei a correr atrás dela, brandindo as garrafas e xingando todos os impropérios possíveis, em nome da raiva que tinha passado. As pessoas na rua pararam e aplaudiram com vontade. Depois de um quarteirão, desisti, pois não queria fazer nada mesmo e comecei a pensar seriamente em fazer um curso de defesa pessoal.

Os Mutantes, com todos os outros, deviam estar festejando no Hotel Danúbio o ingresso irreversível no mundo dos espetáculos, enquanto continuava a maldição de não conseguir ver a branquela ao vivo. Agachei e dei uma mijada.

28. PRESENTE DOS DEUSES

NADA MELHOR que minha aliança com Guilherme Araújo, pois agora eu tinha notícias do quartel-general, revistas e comentadas pelo próprio catalisador. Era ele quem reunia baianos e simpatizantes no Hotel Danúbio, tanto para festejar as conquistas como para criar os novos passos. Caetano já estava gravando seu disco e Gil pegara os Mutantes para também gravar o seu, todos regados a Rogério Duprat e suas orquestrações desconcertantes.

Bastava uma perguntinha estratégica e eu ouviria uma dissertação de horas sobre o tema.

— Gui, e como ficam os Mutantes no meio disso tudo?

— Queridinha — era assim que ele começava —, Caetano e Gil são extremamente intelectualizados, mas com uma certa formalidade, e isso dá a eles muita inquietação. Eles querem derrubar barreiras, abrir o horizonte, romper com a turma do whisky. A *Cannabis* é um símbolo emblemático de tudo isso, pois traz outro tipo de percepção, de quebra de costumes e rotinas. Não sei por que tanta paranoia por uma coisinha tão leve. Todos fingem ser uma ameaça, mas a usam.

E me contou o que esperavam do trio:

— Os Mutantes têm o frescor e o desprendimento da juventude, sendo bem mais novos que os baianos, além do que sabem exatamente o que está acontecendo no mundo neste momento, e não apenas no Brasil. Eles nem imaginam que está ocorrendo uma queda de braço dentro da música popular. Quebram os padrões de roupas e exercitam um novo humor tanto no relacionamento quando nos sons e maneiras que tocam seus instrumentos. Só as ideias deles e mais Duprat para perverter o que está no ar há muito tempo. Tudo isso e mais Torquato Neto, Tom Zé, Capinan e as vozes de Gal e Nara Leão, que andava meio cansada de ficar do outro lado da cerca. Abaixo a cerca!

E Guilherme continuava:

— O encontro é muito benéfico para os garotos, pois senão provavelmente seriam mais uma cópia de algum grupo internacional. Eles têm certa fobia ao que se faz em português, mas já estão começando a entender que em português é que serão entendidas suas mensagens e que se pode contar histórias muito além de barquinhos e carangos. Rita ainda chegou a uma universidade, embora não a tenha completado, lê bastante, vem de uma família criativa, está sempre atrás do novo, tem um traço bonito nas artes plásticas, ou seja, prendada culturalmente. Arnaldo chegou ao clássico, sem terminar, e Serginho mal acabou o primário. Isso não quer dizer nada. Quer dizer que é uma grande oportunidade para que exercitem a criatividade e a intuição, que independem do nível cultural que conseguiram.

Conversa de boteco. Brinquei com Guilherme e disse que ele acabaria sendo crítico musical e não empresário, falando daquele jeito.

— E uma coisa muito forte é o carinho que Gil tem por Rita. Ele foi até pedir a mão dela ao pai, que ela se casasse com a música. E o que é mais importante, conseguiu. Gil quer os Mutantes em seu disco e vai dar total liberdade para as maiores loucuras que puderem aprontar. E você verá no disco dos meninos como Gil mostrou que o Brasil existe. Além disso, ele e Caetano contribuem com composições e os incentivam para que tenham material próprio. E eles estão tentando. Não são as melhores canções do mundo, mas vão conseguir. Por que você não aparece para dar uma olhada?

Eu sempre dava uma desculpinha, que a universidade estava apertada, mas o que eu não queria mesmo era ter que ficar aguentando todo mundo me cantando, mais cedo ou mais tarde. Guilherme era sábio. Olhou bem para mim e disse:

— Queridinha, vão acabar comendo você em qualquer lugar que vá, acredite.

Corei.

Fui fazer uma visita para Peticov na Hi-Fi. Sempre dava uma passadinha para saber o que estava acontecendo na música do mundo, pois lá era o antro da novidade. Achei que ele estava meio catatônico. Todo mundo fica falando horrores de bem dessa tal de maconha e olha no que dá, pensei comigo: "Barbarella, o mundo não é mais o mesmo. Pronto, pirou total. Entrou em parafuso, vou ter que falar com a família".

— É verdade que presenciamos um festival que vai mudar os rumos de muita coisa por aqui, mas, ao mesmo tempo, olha só o que estava acontecendo lá fora — foi o que ele disse.

E me mostrou um disco de alguém totalmente inclassificável. Jimi Hendrix, tocando num tal Festival de Monterey. Na capa, ele estava pondo fogo na guitarra. O som que começou a rolar nas caixas, confesso que jamais imaginaria ser possível. Peticov fazia o seu melhor, ou seja, informava.

— O cara é americano, mas precisou se mudar para Londres, pois a caretaiada americana não acreditava no que ele fazia. Só a loucura dos britânicos mesmo. Isso aí é a volta dele para a América, tocando para alguns poucos mil, todos boquiabertos, tanto músicos como plateia.

Realmente era impressionante que apenas três caras, o Jimi Hendrix Experience, estivessem fazendo todo aquele som, e ainda ao vivo.

— Por pouco você não cruza com a Rita. Ela acabou de sair daqui, não deve estar longe, pois saiu de quatro ao ouvir o que você está ouvindo. Deve estar chegando na Pompeia para contar para o Serginho, que também vai ficar louco. E sabe o que mais? O cara é descendente de índios cherokees. Um guerreiro feiticeiro. Até onde será que vai chegar?

Santa caceta. Outro da dinastia dos Jones? Será que ela já sabe?

Conversamos um pouco, juntando o que eu sabia e o que ele sabia, sobre os novos rumos da música brasileira. Os Mutantes estavam fazendo muitos shows com Gil e tinham incorporado Dirceu, o cara que tinha tocado com eles no "Domingo no Parque", como baterista. Peticov achavam que logo colocariam outro, pois o cara, além de mais velho, era mais para o samba.

O que impressionava era que eles haviam mudado bastante o discurso. Já começavam a dizer que nem tudo em português era uma bosta. Rita até confessou que tinha gostado de "Chega de Saudade", do João Gilberto, o que já me deu mijaneira só de comentar. Pouco tempo atrás ela jamais admitiria isso publicamente. Talvez até estivesse a ponto de confessar que gostava secretamente de "Por Quem Chora Ana Maria", de Juca Chaves, ou mesmo do rádio do Charlie ligado em Inezita Barroso de madrugada. Começaram até a tentar convencer Tim Maia a cantar e compor em português.

Quem diria? Mas, segundo Peticov, que conhecia muito bem os Dias Baptista, eles continuariam a achar tudo uma bosta, dando uma chancezinha aos baianos e achando que só o que fizessem é que seria bom em português.

Pensei, mas não falei. Rita jamais iria admitir seus gostos Jovem Guarda e outros pecadinhos culturais que cometia escondida, tenho certeza.

Também fiquei sabendo que Cláudio já estava admitido na roda, criando mais e mais parafernálias para que fossem usadas nos discos que estavam gravando. Deixava os técnicos de som totalmente loucos, pois quebrava regras atrás de regras. Não pode? Então vamos fazer. A principal culpada também era Rita, que pegava os discos que a irmã trazia de Londres, sobretudo dos Beatles, levava no laboratório de Cláudio e dizia:

— Duvido que você faça algo parecido, que consiga tirar esse som.

Isso é coisa para se dizer a um Dias Baptista? O desafio era tamanho para Cláudio. Ele consertava a maioria dos equipamentos importados de São Paulo e passou a, digamos, trocar alguns componentes dos equipamentos com problemas por semelhantes nacionais, ficando assim com os originais, bem mais modernos, sem que ninguém percebesse a troca. Tudo pela arte.

E assim caminhava o movimento, com sua obsessão pelo novo, pelo diferente. Nada poderia ser como era, das roupas ao som, passando pelas atitudes, tudo com muita maconha, que só Serginho e Caetano continuavam não encarando. E existida novidade, sempre nas mãos do Peticov. O ácido lisérgico. O LSD.

Ao ouvir as descrições dos efeitos pelo entusiasta agitador cultural, todos ficaram com o pé atrás. Era algo muito forte, muito novo, poderiam pirar para sempre. Todos moravam com os pais, então, como agir sob o efeito de algo que durava horas, às vezes, dias? O único que encarou foi Cláudio. Sabendo das experiências dirigidas por Timothy Leary – um professor universitário que largara tudo para ser o profeta do LSD –, decidiu fazer algo parecido, tomando ao lado de Peticov, anotando tudo para tentar entender depois o mecanismo e quem sabe até criar algo eletrônico que desse o mesmo efeito e pudesse ser ligado e desligado quando o freguês quisesse. Embora muito formalmente, fez a viagem, recomendou a todos, mas não foi seguido. Nem continuou nos experimentos.

O máximo de concessão que fizeram foi tomar chá de ayahuasca, hoje conhecido como Santo Daime, e ficaram viajando dias.

Jorge Ben tinha me agradado muito desde a primeira vez que o tinha visto. Simpático, com uma música diferente, difícil de classificar. Por ter ido uma vez no *Jovem Guarda*, havia sido banido dos então importantes programas de música brasileira da Record. Mas ele não estava nem aí. Tem espaço no *Jovem Guarda*? Então vamos lá.

Um dia nos encontramos no beco, e ele se chegou.

— Acho que vi você um dia lá no *Jovem Guarda*, não foi não?

Que memória sexual, Jorginho. Eu não tinha esquecido aquelas piscadelas.

Como boa mulher, me fiz de desentendida, tentando lembrar, mas sabendo muito bem do que se tratava. E, na verdade, o que eu queria era uma experiência com uma pele mais escura, que ainda não constava no meu currículo. E quem tinha passado por esse portal dizia que valia muito a pena.

Contou-me o que estava fazendo e que até precisava ir embora mais cedo para compor uma música prometida para os Mutantes. O grupo estava terminando um disco, e se ele não entregasse no outro dia, ficaria fora. Talvez essa preguiça carioca o tenha deixado fora do disco coletivo do movimento, o *Tropicália ou Panis Et Circencis*. Vai saber.

Mas quando um quer e o outro também, não há quem possa. Ele morava num apartamento pequenino na praça da República, e para lá fomos "ouvir algumas músicas novas". Pressenti que seria minha primeira noite fora de casa e, confiante, liguei para Diva, dizendo que dormiria na casa de uma amiga, que, logicamente, não tinha telefone, para "fazer um trabalho da faculdade". Adorável trabalho.

Foi inenarrável ter um show particular de Jorge Ben. Aliás, dois. Um com violão, outro sem. Nem sei dizer qual foi o melhor. Ah, não fosse a nega chamada Tereza.

De manhãzinha, acordei assustada com batidas na porta. Em tempos de repressão desvairada, acordar assim era o pico da paranoia.

— Nada a temer, princesa.

Jorge pôs uma sunga e foi dar uma espiada no olho mágico.

— Fique boazinha, que é o pessoal dos Mutantes. Preciso cuidar da encomenda deles, preservo sua identidade.

Lá estavam os três. Fiquei ouvindo Jorge dizer que tinha tentado várias melodias, mas nenhuma tinha ficado "bidu", mas poderiam tentar algo ali. Pediu delicadamente que não abrissem a porta do quarto, que tinha uma aluna aprendendo alguns acordes, que todo mundo entendeu quais, presumo, e em cinco minutos fez "Minha Menina". Será que foi para mim?

Tempos depois, Guilherme me contou que, na gravação, Jorge tocou violão e, quando foi começar a introdução, teve um acesso de tosse e incentivou todos:

— Tosse, todo mundo tossindo!

E assim ficaria no disco.

Tempos depois, ele mudou o nome para Jorge Benjor, uns dizendo que era para fugir de George Benson, na carreira internacional, outros que era por numerologia. Mas pelo que vi naquele dia, na prática, o melhor nome para ele seria Jorge Bengala. E das maiores. Do jeito que ele gostava de dar piscadinhas, será que Ritinha não tomou desse chá, só para experimentar, como eu fiz?

27. CANTANDO NA TUMBA

CLÁUDIO NÃO IA ERRAR SEU PROGNÓSTICO. Aquele negócio de pedir aulas de contrabaixo, que aconteceu no dia da fusão dos Wooden Faces com as Teenagers, ia muito além. E de ambas as partes. Rita ficou com cara de apaixonada pelo visual de filme em branco e preto sobre jovens rebeldes que Arnaldo ostentava sem saber, e o baixista adorou a inteligência e a maneira moleque de ser da sardenta, algo impossível de ser encontrado em uma garota. Ficaram apaixonados. Um pela loucura do outro, eu acho.

Arnaldo ia esperar Rita no Pasteur, iam a cinemas, não se desgrudavam, e o moleque até foi aceito por Charlie, talvez pela semelhança na personalidade dominadora de ambos. Até podia ir ao casarão, mas Charlie nem imaginava a "passassão" de mão que era no portão e no escurinho de ruas desertas. Mas ficava só nisso. Enquanto os jovens Jones Baptista se davam muito bem, a coisa não era assim com os mais velhos.

Charlie, de cara, já achava que tinha alguma coisa errada em ser um secretário de Adhemar de Barros, profissão do pai de Arnaldo. E, para deixá-lo mais emputecido, Chezinha gostava muito da voz do dr. César, algo que o desafinado Charlie jamais suplantaria. E a admiração era recíproca, pois César adorava Chezinha, para desprezo de dona Clarisse, que era pianista clássica, compositora, com séculos de estudos, preterida por umazinha que tocava modinhas popularescas ao piano. Sempre perdia o duelo, que Chezinha nem notava que existia. Das poucas vezes que se cruzaram socialmente, saíam faíscas ocultas entre os casais. Diva rolava de rir, assistindo com o velho binóculo e me contando, acho que com uma boa dose de exagero.

Charlie não poupava cutucões no ademarista e exultou quando dr. César levou uma grande rasteira:

— Eu não disse que aquele ladrão do Adhemar só pensava no próprio bolso? Aí está a prova.

Adhemar entrou numa confusão tremenda, envolvendo caixas paralelos e prostituição. Para não perder prestígio político, pediu a César que assumisse em seu nome o que estava acontecendo. Seria recompensado financeira e moralmente quando a poeira baixasse. Pura conversa. Virou as costas para o dr. César, que acabou arruinado, abandonado e com uma diabete fortíssima, que debilitou muito a sua saúde.

Mas alguma coisa aconteceu entre Rita e Arnaldo. Parece que o caldeirão ficou bastante no fogo, mas acabou desligado antes da fervura. Perguntei para Guilherme como era o relacionamento dos dois no meio dos baianos, já que conviviam mais, e Gui foi taxativo:

— Ali não tem muito sexo, não. Acho que há uma amizade e um respeito grande, mas os dois atiram para todo lado, principalmente o Arnaldinho. Garanhão ao extremo. Rita fica mais na dela. Ela já foi para o brejo? Todo mundo pensa que é seladinha, pois nem atacam.

Fiquei na minha e disse que não sabia. E ele aproveitou e cutucou:

— Por que, você é interessada nela?

— Gui, querido, sou como machado. Eu quero é cabo.

E ele morreu de rir.

— Ah, como somos parecidos...

Logicamente, tanta exposição em TVs, jornais, revistas e rádios fez com que os shows começassem a aparecer. Gil rodava o Brasil com os Mutantes, Caetano com os Beat Boys, e Gal e Jorge Bengala também se viravam em vários sentidos. Todos sob a batuta de Guilherme, que era um grande negociador.

Mas o melhor ocorreu quando foram convidados pela Rhodia para fazer um misto de show com desfile de modas. O dinheiro era muito bom, todas as mordomias, sem muito esforço. E, segundo Gui, os rapazes quase morriam de tanto comer as modelos. E muita *Cannabis*. Era incrível que, no auge da repressão, existisse um grupo se divertindo daquela maneira. As esquerdas cobravam participação política de todos os artistas ou os jogavam na vala dos alienados.

Para os Mutantes já havia a máxima de que tudo valeria e pena, desde que houvesse sexo, drogas e rock'n'roll. Eu perguntava se Rita tinha liberado a santa, mas Gui achava que não.

— Ela só anda com as bichas do espetáculo e fica fazendo vista grossa para as investidas do Arnaldo. É a rainha do jererê.

E, como sempre, morria de rir ao dizer que jererê era o apelido da *Cannabis*.

Nunca tive muita curiosidade em assistir a um desses shows, embora Guilherme sempre insistisse que eu deveria entrar na carreira de modelo, que dava muito dinheiro e para qual eu tinha a beleza necessária. Mas eu sabia que para chegar lá teria que dar muito mais que isso. O que não seria problema, na verdade.

Eu estava começando a gostar do curso de Psicologia e levando a sério, tentando os primeiros passos de como entender a complicada alma humana. Estava muito interessada em Jung e seu mundo alucinado, para ficar perdendo tempo em ver aquele circo musical. Logicamente, era uma fase que duraria pouquíssimas semanas, eu me conhecia muito bem.

Nessas de começar a entender os diversos tipos de relacionamento, resolvi matar uma curiosidade que me acompanhava desde a infância.

Existia um ritual que acontecia todos os anos em Americana, cidade próxima a Rio Claro, em um verdadeiro cemitério particular dos Jones. Era algo que deixava, na verdade, toda a cidade curiosa, pois só era permitida a entrada de parentes e alguns poucos convidados. Vinha muita gente dos Estados Unidos e, muitas vezes, até equipes internacionais de jornalismo lá estavam para investigar o acontecimento.

Confederados fanáticos que eram, faziam com que aquele pequeno território fincado no interior de São Paulo virasse um território sulista durante um final de semana, com direito a muita festa, rituais, música e comilança.

Tudo começou quando os católicos proibiram os primeiros imigrantes gringos de enterrar seus mortos nos cemitérios existentes, pois eram protestantes e maçons. Não se fizeram de rogados. Compraram uma área para ser usada e com o tempo criaram até um museu e uma igrejinha, tudo muito bem cuidado.

A coisa é tão levada a sério que nem mesmo no Sul dos Estados Unidos existem tradições tão rígidas, com os costumes intactos.

No dia da festa, os homens se vestem com uniformes confederados, farda cinza e quepe com a bandeira sulista, colocam barbas postiças, e as mulheres ficam com seus vestidões comportados e aventais, e competem fazendo iguarias típicas da cozinha sulista. Balu aprendeu as receitas nessas festas, e era a única área em que se acertava com Charlie, embora ele, para manter a fama de mau, sempre dissesse que a receita estava errada. Balu nem ligava, pois sabia com quem estava lidando.

Fazem um culto protestante, uma visita ao museu e depois enchem a cara e a barriga numa imensa mesa com todos os quitutes. Uns loucos perdidos na história.

Disso tudo, eu só ouvia as lendas. Agora queria ver de qualquer forma. Cheguei a Americana um dia antes da festa e já senti a barra. Só estavam convidados os Jones e alguns Padulas, já que a junção não era mais tabu. E não havia chance de incluir nenhum Farniente na lista.

Fiquei entabulando o que fazer. Poderia até pular o muro, mas e a roupa? Não daria tempo para fazer nada, além de serem muito caras. E Diva tinha feito troça de mim: "Como você vai conseguir entrar no ritual satânico? Quer que eu faça um trabalhinho para você?" Levantei o dedo médio sem que ela visse, claro, e saí.

Fiquei perambulando pela praça, quando apareceu a ajuda divina na figura de um gringuinho Jones. Ele falava português bem pior que eu falava inglês, mas conseguimos nos entender. Estava hospedado no Hotel Central e tinha vindo especialmente para a festa. Conseguimos burlar a vigilância na recepção e subimos para o quarto dele, depois de dizer que estava com muita vontade de conhecer o uniforme que ele ia usar na festa. O idiota devia estar se achando o máximo, o rei dos conquistadores. Mal sabia.

Já quis pular em cima de mim, mas consegui controlar. Negociando que se eu ficasse de calcinha e sutiã poderia provar o uniforme, que acabou ficando só um pouquinho grande. Eu até poderia ter provado o quitute antes de completar o meu plano, mas odiava crianças. Eles praticamente se masturbam em cima da gente. Por isso propus um drinquezinho antes, para relaxar. Fiquei com medo de ter exagerado na dose de sonífero. Não queria que o cemitério tivesse de ser usado em plena festa. Acho que ele dormiria o dia inteiro, o suficiente para que eu desse uma voltinha na cápsula do tempo.

Troquei-me, coloquei a barba e fui firme para o ritual. Outro mundo. Todo mundo falando inglês, quase todos. E o visual era fantástico, com tudo muito bem cuidado e todas aquelas roupas. Era só gritar "luz, câmera, ação" e estávamos em Hollywood.

Lá estavam Charlie e Chezinha. Aproveitei o disfarce e andei um pouco ao lado deles. Tenho certeza de que Charlie ia a essas festas só para ficar exibindo a beleza da mulher. Todo mundo virava a cabeça para olhar. E Charlie estava no melhor de seus humores.

— Essa galinha está uma bosta. Não era assim que minha mãe fazia.

E Chezinha, só sorrisos, tentando dizer que não era tanto assim.

— E essa torta de maçã? Está com gosto de terra.

Aquele descontentamento que Diva adorava.

Repentinamente, me lembrei de algo que eu sempre via, mas para o qual nunca tive explicação. Em algumas das minhas observações no casarão, eu vi mais de uma vez Rita fazer um ritual estranho, que consistia em pegar uma bota de cano longo de Charlie e mijar dentro dela. Depois Charlie gritava muito, pensando que era um gato que sempre esteve por lá. Me deu uma vontade de perguntar se era aquela bota que ele estava usando. Claro que me contive.

Mas senti cheiro de confusão. Lá estavam, não só Rita, como os outros dois Mutantes. E com violões. Provavelmente eles iriam tocar e, como sempre, iria acontecer alguma coisa que me impediria de vê-la ao vivo. Será que hoje seria diferente? Os mortos provavelmente levantariam de suas tumbas.

Duas pessoas seguraram cada uma em cada um dos meus braços, e o moleque, com a maior cara de ressaca, materializou-se à minha frente. Como me acharam no meio de tantos uniformes? A idiota aqui não tinha notado que o nome de cada um estava bordado no peito, para identificação. Sumariamente expulsa. Não disse que ia dar bode?

Guilherme depois me contou que eles cantaram "Ol'man River", a canção-símbolo dos sulistas, que levou todo mundo às lágrimas. Deve ter sido coisa de Charlie, que arrumou a letra, no mínimo. Depois, como não deveria deixar de ser, no campo das obviedades, "Five Hundred Miles". E, para subverter a tradição, muitas dos Beatles. De qualquer forma, minha curiosidade estava satisfeita e a maldição se cumprira mais uma vez. Não tinha visto a branquela cantar, já nem ligo mais.

Mas o pior estava por vir. Peticov havia sido preso. Eu já esperava isso havia algum tempo, pois ele estava se achando acima da lei, por não estar envolvido com política, terrorismo, nada demais. Ledo engano. Um cara que sempre estava agitando culturalmente e que para sobreviver começara a vender passagens alucinógenas aos amigos, mesmo não tendo intenções de ser um traficante, e ainda mais filho de imigrantes russos, tinha que se cuidar em tempos de trevas.

E agora o que fazer, a quem recorrer?

26. O ANO MAIS COMPRIDO DO SÉCULO

CHARLIE, INSTIGADO POR RITA, tentou todos os seus contatos para conseguir fazer algo por Peticov, mas os tempos eram mesmo difíceis. Fui consultar Diva, para ver se tinha alguma coisa no Além para nos ajudar e com total desdém, ela disse:

— No Além, não sei, mas talvez quem sabe na bagunça da sua bolsa exista a tal coisa.

Conhecendo minha mãe, nem liguei para a ironia e corri para meu reduto feminino. Parece ficção, mas ao enfiar a mão na cumbuca apareceu um cartão de visitas. Coronel Palhares. Qual seria a pista? Não demorou muito e lembrei do coroa chato que pegou no meu pé, numa noitada de bebedeira no Beco.

Era mais uma das cantadas da noite das quais sempre saí fora, mas aquela foi meio diferente. O velho me comeu a noite inteira com os olhos, sem me dirigir a palavra. Ao sair, passou ao meu lado e colocou um cartão no meu decote, sem me dirigir o olhar, dizendo apenas:

— Em tempos de trevas, não despreze um abrigo a preços módicos.

Na hora, apenas fiquei aliviada de não ter levado um bote mais feroz. E agora lá estava. Coronel Palhares. DOI-Codi. Tremi na base. Era a central da repressão política e o provável paradeiro de Peticov.

Senti o clima e me vesti fatal. Seria uma jogada certeira ou nada. O prédio era sombrio, de meter medo. Para segurar a onda, só com alguns amuletos recomendados por Diva. O cartão era a verdadeira chave do inferno. Fui passando de sala para sala, sem qualquer impedimento, e parecia haver um olhar cúmplice por onde passava, até chegar ao último portal, a mesa da secretária do coronel. Olhou-me de cima a baixo, como se avaliando a mercadoria. O que não se faz pelos amigos.

— Serei objetiva com você. Se ele lhe deu esse cartão, você é bem cotada. Jamais colida comigo e seja prática. Peça o que quiser que o preço é pouco. Ele não põe a mão. Só quer ficar olhando. Capriche na roupa de baixo, não seja vulgar e finja não ver o que ele faz por baixo da mesa.

Era a voz da experiência. Ela já devia fazer há muito essa rotina e queria passar a bola. No outro dia, eu já tinha minha sala, um bom salário e a preocupação de achar algo para fazer.

Estávamos em pleno 1968. As mudanças que estavam em gestação desde o início da década agora iam para as ruas. Uma revolução total de ideias, posturas e costumes. A semente plantada pelos tropicalistas iria germinar. Guilherme Araújo me contava tudo. No início do ano, mais ou menos ao mesmo tempo, foram gravados o disco coletivo da Tropicália e o primeiro dos Mutantes. Eu sabia, mas não podia dizer a ninguém as origens da "Minha Menina", que estaria no disco, com participação de Jorge Ben. Os discos saíram quase juntos no meio do ano. Foram o maior sucesso, ao menos no casarão dos fundos de minha casa. Ninguém acreditava estar ouvindo a voz da branquela saindo da vitrola da família. Charlie fingia que nem ligava e Chezinha se derretia.

Diva, com sua tábua, previu que a coisa iria ferver. E me deixou intrigada, ao dizer, olhando fixamente em meus olhos:

— Isso vai durar muito tempo, mas só na memória.

O que seria aquilo?

Em agosto, pela primeira vez, os Mutantes colocavam uma música em um festival. Chamava-se "Mágica" e acabou em quarto lugar. Nem me dei ao trabalho de ir assistir. Muito menos um outro festival, este estudantil, no Rio de Janeiro, onde concorreram com "Glória ao Rei dos Confins do Além", que não era composição deles e só saiu num disco do festival. Ninguém soube, ninguém viu. Acho que, se perguntar a qualquer um deles, não será lembrada. Todas informações de Gui.

Em setembro, pegou mais fogo ainda. Participaram de um filme de um cara bem complicado, chamado Walter Hugo Khoury, onde apareciam tocando em uma boate. O filme era *As Amorosas*. E mais uma música deles entrava em festival, agora no terceiro internacional da canção. Era "Caminhante Noturno". Gui me contou o alvoroço. A Globo tinha liberado o guarda-roupa usado nas novelas e a Rita foi correndo para lá, junto com Leila Diniz, aquela que foi para a praia com barrigão de grávida aparecendo pela primeira vez em público, sem pudores. Era mesmo o tempo de revoluções. As duas davam muitas risadas, contando as traquinagens que faziam, uma na música, outra nas atuações. Leila chamou Rita:

— Sabe este vestido de noiva? Eu usava numa novela, sem que o diretor soubesse que eu estava de tênis. Se ele soubesse, teria um ataque de nervos.

Rita já se encheu de ideias.

— Então vamos aproveitá-lo para mais um ultraje.

No outro dia, após a apresentação no festival, estava a foto em todos os jornais. Arnaldo estava de arlequim, Sérgio de toureiro e Rita de noiva. Grávida. E com um gravador portátil que, quando acionado, reproduzia o grito de uma plateia dizendo "bicha, bicha", fruto de algum festival passado. Acabou sendo a foto da capa do segundo disco deles. E a amizade das duas ficou mais sólida que nunca, em nome do deboche. Gui quase se desmanchava de rir ao contar.

Neste mesmo setembro estrearia, depois de muita protelação, o ultraje do ultraje. O programa de TV da Tropicália, *Divino, Maravilhoso*, na Tupi. As coisas mais estranhas aconteciam no palco, com um visual diferente a cada semana. As pessoas ficavam assustadas com o que viam. Diva assistia e continuava com aquela cara de que algo iria dar errado.

Ainda naquele ano os Mutantes iriam defender "Dom Quixote", deles mesmos, e "2001", de Rita e Tom Zé, em mais um festival. Conseguiram um quarto lugar, com a segunda. A única dissonância na festa toda foi a notícia da prisão de Peticov, que sempre arrumava o combustível para tirar todo mundo do sério. Houve um mal-estar, pois, quando interrogados, os Mutantes em geral disseram que nem conheciam Peticov. Ele ficou muito chateado quando soube, mas, pensando bem, foi o melhor a fazer, para não envolver mais pessoas. Essa mágoa só foi resolvida tempos depois, em Paris. Mas ainda tem chão.

Lá estava eu embrenhada no temível DOI-Codi. Nunca vi diretamente, mas ouvia histórias terríveis sobre tortura de quem lá caía. E pela primeira vez alertei Guilherme Araújo que talvez estivessem de olho nas atividades malucas dos tropicalistas. Gui não quis acreditar. Que mal eles fariam? Não tinham ligações políticas, não participavam de movimentos clandestinos. Apenas defendiam uma nova ordem musical. O discurso era bonito, mas a inteligência militar não achava bem isso. E Gui dizia:

— Queridinha, quem sou eu para dizer a eles que devem pensar melhor no que fazem e dizem? Estarei expulso em segundos.

Eu sabia que Charlie estava temeroso e mexia seus pauzinhos para que a filha e os amigos não se metessem em encrencas. E também sabia que, se caíssem nos subterrâneos da ditadura, o preço seria alto. Enquanto isso, eu caprichava cada vez mais nas minissaias e abaixava muito para pegar coisas que caíam no chão, na sala do coronel Palhares. Às vezes, tinha até câimbras de tanto que ficava de pernas cruzadas copiando memorandos que o velho ditava lentamente. Senti até a gosma do olhar dele me lambendo. E ia sabendo de segredinhos aqui e ali. Nas poucas festas em que fui, vi os defensores da moral e dos bons costumes se entupindo de maconha, whisky, anfetaminas e aí que conheci a tal cocaína, que nem moda era. Diziam que eles cheiravam muito para dar coragem nas diligências, quando massacravam o inimigo, na maioria adolescentes de classe média que mal sabiam o que era violência.

A coisa já estava me pegando. Diva me dava banho de sal grosso, quando chegava em casa, para tirar a carga negativa. Mas tinha que aguentar, para fazer algo por Peticov. Não sei se foram as simpatias de minha mãe, mas um dia peguei o dossiê de Peticov. Tremia como vara verde. Enchi-me de coragem e fui até a sala do Palhares. Parecia um sinal de sorte, pois eu estava além da minissaia, com meu maior decote. Debrucei-me sobre a mesa e perguntei o que ele sabia sobre aquela pessoa. Dava para ver os movimentos da mão do milico sob a mesa. Demorou a responder.

— Acho que não tem nada a ver. Um bobalhão qualquer que vai apodrecer lá embaixo.

Daí fiz uma cara que misturava tristeza e malícia:

— Sabe coronel, Peticov é um primo distante meu e minha tia está quase à morte, pois imagina que ele possa até estar morto. Acho que eu seria muito, mas muito grata, se soubesse como ele está.

O milico até bufou. Tenho certeza de que tinha acabado de manchar as calças. Nos dias posteriores, caprichei muito mais no comprimento das saias e na altura dos decotes. O velhote já estava até ficando com olheiras.

No começo de outubro, Gil, Caetano e os Mutantes estrearam um espetáculo na boate Sucata, no Rio de Janeiro. Guilherme, que já estava por lá, não pôde me contar como era o show, mas acabei sabendo de uma versão totalmente assustadora. Ao dar uma de minhas voltinhas no gabinete do Palhares, pude ouvir o trecho de uma ligação. Ele deveria estar se reportando a algum superior:

— Desta vez acho que temos razão para botar as mãos neles. Estão fazendo uma orgia musical lá no Rio, onde tem elogio a bandidos, rasgam a bandeira nacional e fazem brincadeiras com o "Hino Nacional". Uma pessoa assistiu e me contou detalhadamente. Sim, sim, é gente do meio deles que me mantém informado, pois tem medo de passar uma temporada aqui no porão. O senhor sabe que temos muitos infiltrados em qualquer atividade. É só o senhor dizer quando e recolheremos todos.

Saí correndo apavorada, mas o único com o qual tinha contato era o Guilherme e não sabia como encontrá-lo. Consegui falar com Mônica Lisboa, que era assistente do empresário, e ela disse que tentaria achá-lo no Rio. As comunicações, além de precárias, foram prejudicadas pela falta de interesse pelo perigo que os baianos nem imaginavam que estavam passando. Falar pessoalmente com Gui só foi acontecer quase em dezembro. Ele riu muito da história que contei:

— Querida, se eles foram lá mesmo, devem ter esquecido a história, pois não aconteceu nada de extraordinário. Era só música e nada mais.

Tentei retrucar:

— Lembra do Peticov? Pegaram ele por pegar. Com uma acusação dessas, vão recolher todo mundo. Eles torturam, matam. Ouço histórias terríveis naquele antro.

Mas acho que Gui não levou muito a sério. Nem quando eu disse que o presidente iria aprovar um tal Ato Institucional Número 5, que iria legalizar tudo o que se fazia de barbaridades. Mesmo assim, parecia que nada iria atrapalhar a festa reinante.

Uma manhã, Palhares mandou me chamar. Parei em frente à mesa e fiquei esperando as ordens.

— Venha aqui.

Isso queria dizer dar a volta e ficar ao lado dele. Senti aquela mão imunda pegando minha coxa esquerda por trás. Antes que eu pudesse esboçar alguma reação, ele disse:

— Amanhã o teu priminho vai para rua. Diga a ele para sumir, de preferência, para fora do país.

Não tive reação, mas pude ver claramente o que ele fazia com a outra mão, por baixo da mesa.

Alegando doença de Diva, pedi dispensa e nunca mais passei nem por aquela rua.

25. MIDEM MUITO MAIS

A ALEGRIA DA LIBERDADE de Peticov não durou muito, pois 1968 não queria acabar nunca. Apesar dos alertas para Guilherme Araújo, para que Caetano e Gil soubessem que estavam na mira, o AI-5 pegou todo mundo de surpresa. No dia 27 de dezembro, os dois foram presos em suas respectivas casas.

Os tempos eram tão paranoicos que uma bandeira feita por Hélio Oiticica, com o rosto do bandido Cara de Cavalo, que fazia parte do cenário do show na Sucata, foi tomada como bandeira nacional; e uma dedilhada no hino francês, que Sérgio fez em homenagem ao cantor Antoine, que estava no Rio para o Festival da Canção e todas as noites comparecia ao show dos tropicalistas, virou "deboche ao Hino Nacional". Tudo isso, com mais uma empurradinha do apresentador Randal Juliano, que afirmou que os deboches eram verdadeiros, sem jamais ter assistido a nenhum dos shows, deram no que deram.

Charlie redobrou os seus contatos com os milicos que viviam de boca aberta em seu consultório odontológico, para garantir que sua filha não seguisse o mesmo caminho e tivesse uma passagem naquele lugar fétido onde tive que trabalhar – onde uma mulher saberia pelo que iria passar inevitavelmente. Com isso, os outros Mutantes também tiveram suas liberdades preservadas. E como o vento não estava mais para árvores de folhas fracas, a branquela e os manos foram estrategicamente para Paris, para um evento do mercado de discos chamado Midem.

Os três patetas fizeram as malas rapidinho, após conselho de um diplomata americano, amigo de Charlie, e se mandaram para a França.

Fizeram shows no palco principal da feira e deixaram alguns gringos impressionados pelo exotismo de sua proposta, mas nada que mudasse a vida de ninguém.

A viagem continuou até Portugal, onde fizeram alguns shows, passaram pela Inglaterra e, depois, Estados Unidos. Não fizeram shows, mas sim levaram um show de Primeiro Mundo. O que ficavam imaginando nos velhos tempos era pura realidade. O Primeiro Mundo era fascinante. Tão fascinante que foi o começo do descarrilamento. Viram que São Paulo não era a Swinging London. Rita passou horas em frente ao estúdio Abbey Road para ver os Beatles. Viu, mas não conseguiu agarrar Paul, pois se o tivesse feito, jamais a veríamos novamente. Seria a Feia McCartney. Apenas o que conseguiu foi dar uma lambida na maçaneta da porta de entrada do estúdio, segundos após a saída dos quatro. Depois de uma correria atrás de uma limusine ao lado das *apple scruffs*, as garotas que montavam plantão diário na esperança de ver seus ídolos, ganhou um aceno e um sorriso de John. Quase destruí minhas unhas ao ouvir essa história.

Seguiram para Nova York e, na Rua 46, na Manny's, a mais famosa loja de instrumentos, ficaram babando nas fotos autografadas pelos grandes ídolos que só viam em discos. Passavam horas perambulando lá dentro e, volta e meia, algum desses ídolos estava em carne e osso, comprando cordas de guitarra como um mortal qualquer.

Chegaram em São Paulo com uma bagagem enorme e disseram, na então ingênua alfândega, que eram os instrumentos que tinham levado para se apresentar em Paris.

Estavam tão nas nuvens que nem puderam curtir o lançamento de *Mutantes*, o segundo disco. Na capa, Rita aparecia de noiva com o vestido de Leila Diniz e Sérgio estava com a famosa Guitarra de Ouro, que tinha uma maldição escrita na parte traseira, para o caso de uma apropriação indébita. Coisa do Cláudio, o terceiro irmão.

Mas o cenário estava mudado. Muita gente tinha sido presa. Ou mesmo morta. Na nossa faixa etária havia duas opções: ou pegava em armas e se mandava para a clandestinidade, ou caía na farra total, com tudo que fosse possível enfiar corpo adentro, para ficar anestesiado e esquecer o caos que nos cercava – o que não deixava de ser também clandestinidade. Sexo era moeda vigente e, para que não houvesse sentimento de culpa, um pouco de espiritualismo, pois ninguém era de ferro.

Diva, minha mãe, continuava com suas consultas esotéricas e agora também com sua coluna na revista do Omar Cardoso, um astrólogo muito conhecido. Nunca ganhou tanto dinheiro quanto nessa época de dúvidas. Quando ia gente muito importante, ela me deixava fora de casa, para não constranger os clientes, mas, escondida nas frestas, vi muitos famosos e até generais da hora pedirem novos caminhos e patuás para fecharem o corpo.

Guilherme Araújo ia tentando manter os seus pupilos que não tinham sido presos, mas o programa de TV *Divino, Maravilhoso* não aguentou muito tempo sem Caetano e Gil, que, logo após o Carnaval, foram deportados para Londres, onde, após caminhos tortuosos, estava Peticov.

Os Mutantes não eram diferentes de ninguém. De um pote de maconha, anfetaminas, bebida e muita farra, sorviam sofregamente, numa alienação salvadora. Nem sabiam em qual cidade estavam para fazer seus shows.

Tinham sido classificados para o Festival Internacional da Canção, o FIC, com "Ando Meio Desligado", um retrato musicado da chapação do momento. Para dar continuidade aos trabalhos e para suprir a ausência dos mestres Caetano e Gil, os tropicalistas se uniam para levar adiante o movimento.

Com a direção de José Agripino, um dos gurus de Caetano; coreografia de Maria Esther Stockler, bailarina do Living Theatre de Julian Beck, a maior vanguarda teatral da época; e trilha sonora e papéis principais dos Mutantes; mais cinco bailarinos; e cenários comunitários, estreava no Rio de Janeiro, no Teatro Casa Grande, o *Planeta dos Mutantes*.

Bárbara Farniente, esta que vos fala, também não viu esse show. Continuava a maldição de jamais ter visto Rita tocar ao vivo. Diva talvez soubesse o porquê disso, mas nunca me contou. Quem viu disse que foi a melhor coisa que os Mutantes fizeram em sua vida artística. Era para rodar todo o país, mas acabou de modo patético.

Na trilha sonora estavam músicas dos dois álbuns já lançados e também algumas do disco que estavam gravando, dentre elas, "Meu Refrigerador Não Funciona", em que Rita se esgoelava para parecer Janis Joplin, e que já era fruto do contato com o Primeiro Mundo. Também tinha "Preciso Urgentemente Encontrar um Amigo", de Erasmo e Roberto Carlos. Talvez uma tentativa de se tornarem populares, vai saber. Mas o problema foi "Ando Meio Desligado". Era uma canção praticamente feita por Arnaldo, mas que, como sempre, saía assinada pelos três. A música estaria no FIC, no mês seguinte, julho de 1969. Um belo dia, os irmãos Marcos e Paulo Sérgio Valle foram assistir ao show e, ao ouvirem "Desligado", correram até os ouvidos dos diretores do festival para contar que uma música inscrita estava sendo exibida ao público. Isso era proibido pelas regras do concurso. As músicas tinham que ser inéditas.

Imediatamente, os Mutantes foram ameaçados de expulsão do festival. Isso e mais alguns probleminhas, como trabalhar em grande número de pessoas e ter que dividir o dinheiro em várias partes numa produção de alto custo, acabaram com o espetáculo.

Durante muito tempo, após minha saída estratégica do serviço nos porões da ditadura, continuei a estudar e, após ver mamãe Diva engordar a cada segundo, me mantive a batalhar nos regimes e atividades físicas para não virar um mamute como ela. Sem falsa modéstia, fiquei altamente apreciável ao imaginário masculino. Algo do tipo que meu velho caso mecânico gostaria de ter no calendário pendurado na parede. Na verdade, estou reproduzindo um dos vários gracejos que passei a ouvir, na nova fase de gostosura.

Resolvi desfrutar dos resultados e fui encarar uma entrevista na Rhodia, a empresa que fazia os maiores desfiles de moda da época e provavelmente os mais bem pagos, o que me interessava. Quase desisti na sala de recepção, ao ver o número de mulheres que tiveram a mesma ideia. Mas a dureza em que eu estava fez com que ao menos ficasse para o café com bolachas, que era grátis.

Algo estranho aconteceu. Nem bem havia chegado e nem falado com a garota que anotava os nomes das candidatadas, uma senhora muito elegante chegou perto de mim e disse:

— Venha comigo, querida.

Ela devia ter sido modelo anteriormente, pela beleza e tipo físico, e agora devia exercer alguma função administrativa. Levou-me até uma sala ampla e pediu para que eu sentasse num lindo sofá de couro preto.

— Querida, para quem entende bem da própria profissão, uma batida de olhos basta. Você é o tipo que o italiano está querendo.

Perguntou se eu já havia desfilado e eu disse que nunca.

— É simples: coloque um pé na frente do outro ao andar e finja que balança, mas não cai com a bunda, sem mexer os ombros. É muito provável que você esteja aqui porque precisa do dinheiro e tem toda chance de ser escolhida, mas... — eu sabia que vinha chumbo — ... muito provavelmente ele vai fazer um pedido especial, que não vai requerer muito esforço, mas que vai determinar sua contratação.

O italiano, cujo nome não direi por problemas posteriores, era o chefão dos desfiles. E aquela era a sala dele. Abriu a porta discretamente, vestindo um terno muito elegante, e parou na minha frente, fazendo um exame minucioso em todo o meu corpo, que ficou com dez centímetros. A mulher de meia-idade saiu discretamente, enquanto ele, cavalheiristicamente, beijava a minha mão.

Abriu a conversa contando sobre um evento que tinha feito, chamado *Moda Mutantes*, na UD. Havia durado três semanas. Nele, Rita e os "Irmãos Metralha" tinham roubado a cena, numa mistura de música, desfile de modelos e grandes nomes da TV. Guilherme Araújo tinha me contado tudo isso, mas fingi não saber de nada e demonstrei surpresa e admiração, coisas que mulheres fazem muito bem.

Durante um bom tempo o italiano ficou contando vantagens e desvantagens do mundo da moda, olhando direto em meus olhos. Senti-me um tanto hipnotizada, mas pensando exatamente no que fazer na hora em que ele pedisse o teste do sofá – o que eu imaginava ser o tal pedido especial. Até que o cara não era de se jogar fora, mas ter que dar assim, à queima-roupa, era algo que não me agradava muito.

Ficou me elogiando muito, dizendo que eu teria uma carreira fulminante se soubesse fazer a coisa certa. Ele ia pedir alguma coisa naquele momento, eu sabia.

— Minha cara Bárbara – disse pausadamente –, apenas preciso de um pequeno detalhe para que possamos fechar nosso contrato. Algo que talvez você ache um pouco fora de sua realidade, mas que no nosso mundo profissional não é lá grande coisa.

Dou um tapa na cara dele, viro as coisas e vou embora ou relaxo e gozo?

Com voz baixa e grave, ele disse pertinho do meu ouvido:

— Vou entrar naquela outra sala e me preparar. Eu gostaria que você mijasse em mim.

24. PISANDO NO SOLO

OS MUTANTES acabaram ficando só no décimo lugar no FIC, mas, como sempre, mais valia o alvoroço causado do que a classificação. E tudo o que acontecia não bastava para estabilizar os sentimentos, pois, uma vez ao mês, pelo menos, brigavam de todas as formas possíveis e davam um fim à banda. Depois de um tempo sem ter nada o que fazer e, logicamente, sem dinheiro, voltavam como se nada houvesse acontecido.

Mas, no final de 1969, estava um pouco diferente. Apesar de haver saído o terceiro disco da banda, *A Divina Comédia*, o primeiro sem a sombra dos tropicalistas, mais uma das brigas trouxe uma nova dissolução do grupo. Arnaldo partiu para a estrada com sua moto, Sérgio ficou bundando, sem nada demais a fazer e Rita foi sozinha para Londres, onde deve ter conhecido novos alucinógenos e novos "amigos" para afogar a separação do grupo e do namorado, se é que aquilo era namoro. E aí o tigre deu o bote. O produtor da Rhodia, assim como André Midani, chefão da gravadora dos Mutantes, achava que Rita merecia ter uma carreira solo. Já não era mais uma adolescente, ia fazer 22 anos, e aquelas brincadeiras todas não poderiam durar para sempre.

Sem saber exatamente se a banda tinha terminado nem onde estavam os outros dois e, principalmente, sem dinheiro, Rita aceitou fazer um show solo, misturado com moda, chamado *Nhô Look*. Uma soma de música pop com sertaneja, com Rita desfilando e cantando.

Nessas alturas, após alguns acertos, desisti das passarelas, mas aceitei um cargo executivo na Rhodia. Ficava sabendo de tudo o que acontecia sem ter que bisbilhotar demais, pois mãe Diva queria sempre o relatório que me perseguia eternamente. Sempre tentei manter segredo o estranho pedido do chefão, quando fui admitida, mas um dia a inocência terminou, quando uma das garotas chegou perto do meu ouvido na hora do café e disse:

— Sabe que rola uma aposta para saber o quanto você mijou para conseguir este cargo tão rapidinho?

Olhei para a cara de todas que estavam na sala, coloquei as mãos na cintura e disse:

— Suas mijonas!

A gargalhada foi geral.

Com o dinheiro ganho nos shows, Rita deu uma outra esticada para Londres, para tomar uma bênção de Caetano e Gil e muitos outros, que agora estavam autoexilados no lugar que ela mais tinha gostado, a ferveção londrina. E lá reencontrou Peticov que, após perambular por vários países, cumpria suas velhas funções de agitador cultural e descobridor dos mais novos combustíveis para a mente, além de fã incondicional de *Além da Imaginação* e decifrador de quebra-cabeças. Nem bem havia chegado e Peti já convidou:

— Ritinha, vamos para a Ilha de Wight, onde vai ter um festival enorme, com os maiores nomes do rock.

Rita nem titubeou. Para quem não conseguira ir a Woodstock, principalmente porque ninguém iria imaginar a importância histórica que o festival teria no futuro, aquilo era a pedida certa. Além do que seria muito bom para matar de inveja Lindinha e Dircinha Baptista — apelidos dados por Rita aos irmãos que a haviam abandonado. Ela sabia que seria o tempo exato de ver o festival e voltar rapidinho para o Brasil, onde estrearia seu novo show da Rhodia. Ainda não disse, mas incumbida pelo italiano, que não queria que nada acontecesse à sua nova musa, lá fui eu pela primeira vez numa viagem internacional, para ficar na cola da magrela, para que nada acontecesse. Eu sabia que isso seria impossível, porque ela pulava de encrenca em encrenca, acho que só para ter material de vingança por conta do abandono dos parceiros. Mas eu queria viajar, por isso disse que tudo faria para que nada saísse dos trilhos.

Acabei sendo ciceroneada por Mônica Lisboa, a assistente de Guilherme Araújo, que ficava em Londres cuidando dos baianos. E lá pegamos um barco para a ilha do festival, já que Mônica sabia tudo o que estava acontecendo. Assim, conheci de perto o frio e chuvoso verão inglês.

Nem precisa dizer que, mesmo escoltada por Peticov, Rita fez tudo e muito mais. Não sei como ela ficava em pé. Eu sempre observava de uma distância segura, mas mesmo que ela me visse, jamais iria lembrar, tamanho o transe. Fiquei assustada com o número de ícones que subiam ao palco, embora todos estivessem praticamente começando suas carreiras, e com o número de vezes que tive que recusar aquilo que alguém me oferecia. Tá bom, dei alguns tapinhas que ninguém é de ferro, mas foi só. E também não dei para ninguém, apesar de certos olhares de Mônica me deixarem meio nua. Mas fiquei na minha.

A coisa estava tão livre que teve até uma canja dos baianos no palco principal, numa das tardes. Senti-me brasileira para caramba. Dá um orgulho.

Chegar aos bastidores era a coisa mais fácil, pois não havia paranoia de seguranças e os ídolos ainda não eram tão ídolos. Andavam no meio do público na maior naturalidade. Seguindo Rita numa das noites, cheguei até bem próximo da entrada do palco. Sério, compenetrado e cabisbaixo, bem ao pé da escada, estava um cara enorme, com uma guitarra preta reluzente. Pronto para entrar em cena, lá estava Jimi Hendrix.

Mônica me contou que Rita tinha visto Hendrix no final do ano passado, no Marquee, a mais importante casa de shows de Londres, e ficara totalmente alucinada. Foi um presente de Natal de Peticov, que havia mostrado o som de Hendrix em discos, ainda em São Paulo, e agora a colocara frente a frente com a lenda. Mas ela estava sempre tão chapada que fico me perguntando o que ela lembraria disso tudo.

A cena que vi foi Rita parada bem à frente do guitarrista. Ele levantou a cabeça lentamente e ficou olhando bem nos olhos daquela coisinha miúda, como se estivessem os dois hipnotizados. Rita levantou a mão direita com o dedo indicador apontado e a palma virada para cima. Hendrix fez o mesmo com a mão esquerda e tocou o dedo estendido com o seu. Em câmera lenta, levou o dedo até a boca e lambeu. Ficaram se olhando ainda por algum tempo, mas nenhuma palavra foi dita. Minutos após, ouvia a maior experiência musical da minha vida, movida a ácido fornecido por uma brasileira.

Nossas influências na música internacional ultrapassam a barreira do som. E Hendrix deixaria o planeta pouco tempo depois.

Foi o tempo de chegar a Londres e pegar as malas. Naquela semana estrearia *Build Up*, na esteira do sucesso de *Nhô Look*. Mas agora para rodar o Brasil inteiro e com Rita gravando seu primeiro disco solo, com o mesmo nome, mas acompanhada pelos irmãos Baptista, que tinham voltado rapidinho para não perderem o assento. O que foi pior: a versão de Nara Leão para uma música francesa, chamada "Joseph", fez mais sucesso popular que qualquer música da banda. Isso ainda iria custar caro, pensei.

No elenco do show não estavam os Mutantes, mas Juca Chaves, Jorge Ben e Tim Maia. Tim já tinha cruzado várias vezes com Rita e os irmãos, que faziam backing vocals em suas apresentações, no começo da carreira de todos. Onde Tim estivesse tinha muita maconha e risos. Uma vez, tocando na cidade de Bauru, em São Paulo, com os Mutantes, perguntou se alguém tinha um "baurets" na plateia e ninguém entendeu o novo apelido da erva. Mas isso acabou entrando em um dos álbuns da banda, em homenagem ao amigo.

Sem que o italiano imaginasse, nos bastidores o jererê corria solto, até que um dia, Juca Chaves dedou todo mundo, e o resultado foi o cancelamento do cachê dos envolvidos. Dizem que foi dor de cotovelo, porque Juca não conseguiu nada com nenhuma modelo, inclusive a Rita, num ambiente em que quase todo mundo comia quase todo mundo. Tim Maia diariamente pedia Rita em casamento, mas as más línguas dizem que Jorge Bengala, que eu saudosamente conhecia muito bem, ganhava mais do que carona no Jeep que Rita tinha comprado do pai, e apelidado de Charlie. Tanto que Benjor gravou uma música chamada Rita Jeep, em que fica interminavelmente dizendo "eu quero ela, eu quero ela...". Mas não posso dizer nada. Credibilidade era moeda rara no ambiente. E também sempre achei a branquela querendo mais diversão para a cabeça do que para outros lugares.

Agora empresariados por Marcos Lázaro e transformados num quinteto, com a incorporação do baterista Dinho e do baixista Liminha, apareceu para os Mutantes uma oportunidade para qual eles jamais diriam não. Tocar em Paris. E depois de tanto tempo parados, esperando Rita viver seu momento, tinham que correr atrás.

Quem iria, na verdade, era Elis Regina, mas uma súbita doença a tirou da jogada, e o agora quinteto iria tocar durante um mês no famoso Olympia de Paris. O tempo da caretice. Já era outubro de 1970, Guilherme Araújo, juntamente com Caetano e Gil, estava exilado em Londres.

Nessa altura, eu tinha cansado das manias do italiano da Rhodia. Pedi demissão e preferi as manias mais normais do francês da Philips, que me deu um emprego e outras cositas más. E lá estava eu trabalhando na parte executiva da gravadora dos tropicalistas em geral.

Fui com Midani para Paris, para encontrar com um produtor inglês, Carl Holmes. Ele tinha visto o grupo no Midem e partilhava a ideia de que seriam os novos Beatles, se cantassem em inglês. Os Mutantes nem imaginavam que estávamos por lá.

Enquanto eu visitava os melhores restaurantes, tomava os melhores champanhes e, digamos, vivia a vida, eles ralaram durante um mês, travestidos de Carmen Miranda, tocando para a caretada do Olympia. Nas horas vagas, gravavam o disco que eu já sabia que jamais iria sair, pois estragaria os planos para a carreira solo que Midani queria de qualquer maneira para Rita.

Novamente não os vi tocando ao vivo, por estar incógnita. Também um dia ganhei uma piscada de Alain Delon, num teatro, mas a duras penas respeitei Midani.

Quem apareceu, vindo de Londres para encontrá-los, foi Antonio Peticov, junto com Lenny Dale, e com os bolsos cheios de LSD para todos.

Na verdade, Peticov tinha ido mais para acertar as contas com os irmãos, pois achava ter sido abandonado quando foi preso. Mas a chapação e a velha amizade prevaleceram, e acabaram se acertando de vez. Serginho e Dinho não aderiram ao movimento, mas Arnaldo e Liminha descobriram o caminho para o infinito, que Rita já conhecia desde o festival de Wight. Muito melhor que qualquer daquelas pílulas de nome esquisito ou aqueles xaropes enjoativos.

A partir daí, foi uma enxurrada daqueles pontinhos de nomes estranhos. *green steam, purple haze, california sunshine*. E começaram a aparecer discos voadores com frequência, que Rita dizia ser pontos coloridos que a seguiam. Às vezes, ela dizia se transformar em algo, como uma viagem que fizeram para Gales de trem, onde tomou umas pedrinhas, foi para um bosque e acabou se transformando numa folha. Ficou durante doze horas fazendo fotossíntese, vendo as formigas passando por ela, balançando com o vento, se alimentando do sol, sentindo-se Deus e acreditando que isso era real. Só desceu, muito a contragosto, da árvore quando avisaram que o trem estava partindo.

Ela dizia para quem quisesse ouvir que ácidos tinham que ser tomados em contato com a natureza. Era o melhor lugar para perder o ego e virar Deus. Na cidade, nem pensar. E como companheira, a flauta transversal recém-comprada, que sempre estava presente. Rita dizia que, nas viagens, o instrumento é quem ensinava onde era o ponto de equilíbrio para não ficar torcendo a cabeça para tocar, para melhor aproveitar a respiração, onde colocar os dedos... Ficavam amigas.

Essas eram as histórias ouvidas dentro da gravadora e que as fontes sempre diziam ser realíssimas. Mas a mais impressionante e que me deixa em dúvidas até hoje, pois não sei se realmente presenciei, era ficar invisível. Dizem os aficionados que, nas viagens, se houver concentração, tudo que se imagina pode realmente acontecer. Uma das coisas que a cantora de rock mais gostava de fazer era desaparecer por alguns instantes. Costumava fazer isso principalmente nas alfândegas, por onde passava com todas as suas muambas. Por maiores ou ilegais que fossem os volumes, ninguém percebia. Para não quebrar a cronologia dos fatos, logo mais conto uma situação que presenciei e não consigo explicar até hoje. E olha que eu só tomo vinho e dou uns tapinhas vez ou outra, coisas que aprendi andando pelo *show business* e quando trabalhei no DOI-Codi.

23. OS TRÊS PATETAS

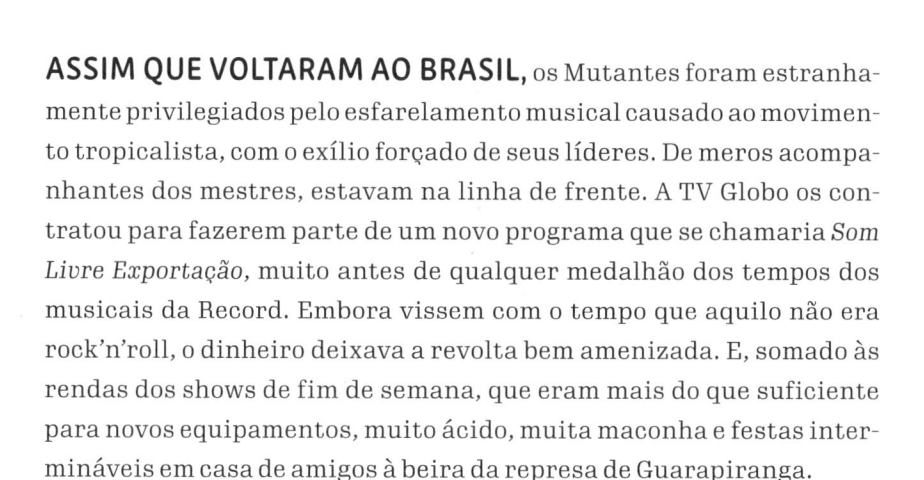

ASSIM QUE VOLTARAM AO BRASIL, os Mutantes foram estranhamente privilegiados pelo esfarelamento musical causado ao movimento tropicalista, com o exílio forçado de seus líderes. De meros acompanhantes dos mestres, estavam na linha de frente. A TV Globo os contratou para fazerem parte de um novo programa que se chamaria *Som Livre Exportação*, muito antes de qualquer medalhão dos tempos dos musicais da Record. Embora vissem com o tempo que aquilo não era rock'n'roll, o dinheiro deixava a revolta bem amenizada. E, somado às rendas dos shows de fim de semana, que eram mais do que suficiente para novos equipamentos, muito ácido, muita maconha e festas intermináveis em casa de amigos à beira da represa de Guarapiranga.

Nesse ambiente foi reforçada a ideia de morarem fora da cidade, onde a criatividade fluiria melhor e a repressão aos hábitos alternativos não apareceria de forma alguma. Afinal, a ditadura não estava nada branda e ser pego de bode expiatório com um simples baseadinho era coisa de otário. Chefiados por Cláudio, o terceiro irmão, compraram um grande terreno na Serra da Cantareira, onde fariam sua comunidade nos moldes hippies da época.

Já sentindo que o disco gravado em Paris não iria para as ruas tão cedo, colocaram letras em português nas músicas que tinham sido gravadas por lá, juntaram com mais algumas novas e estava feito o *Jardim Elétrico*, ainda com deboche, mas muito mais rock. Ouvindo as reuniões feitas na gravadora, fiquei sabendo que Midani não escondia sua satisfação ao ver que aquela guinada iria afastar a banda do grande público. O dinheiro iria diminuir e, em questão de pouco tempo, Rita seria uma presa fácil para os velhos planos do executivo de transformá-la em estrela solitária. A máfia não é só coisa de filmes.

Alheios a todos os acontecimentos, o que movia mesmo o trio era um humor que pegava pesado. Eu sempre ouvia histórias terríveis, as aprontadas de Rita, Arnaldo e Sérgio.

Dona Clarisse, mãe dos Baptista, era uma excelente concertista e vivia num mundo particular. Um dia os três gravaram uma fita com a voz alterada de Rita, em francês, dizendo "Clarisse, você é minha melhor intérprete". Uma tarde, quando a pianista estudava algumas das serenatas de Chopin, eles soltavam a gravação. A velha achou que era uma voz do além e passou dias falando só em francês e se achando iluminada, até que os filhos contaram a verdade.

Às vezes, no melhor estilo dos desenhos animados do Pica-Pau, saíam com latas de óleo de máquina de costura e jogavam nas pessoas em filas de ônibus e bondes. Nas festas juninas, compravam bombas e rojões e atiravam dentro de farmácias, padarias e bancas de jornal. Nas viagens internacionais, compraram uniformes da Gestapo, a polícia de Hitler, e iam passear em carro conversível, na 25 de março, reduto dos judeus em São Paulo. As pessoas desmaiavam. Às vezes, nas entrevistas, a um sinal combinado, todos espirravam em cima do apresentador, que não sabia o que fazer, todo respingado.

Num show em Portugal, ficaram sabendo que Edu Lobo, frequentador assíduo dos festivais, havia criticado duramente o estilo de música que os Mutantes faziam. Resultado: Edu entraria depois deles no show, mas após saírem do palco, eles cortaram o cabo principal do som e Edu não pôde se apresentar.

Geralmente essas aventuras eram anunciadas com a palavra *blitzkrieg*. Uma vez, Arnaldo passou de moto na casa de Rita e apenas disse essa palavra. Rita foi correndo para a garupa, pois sabia que lá vinha diversão. Desta vez foi o piano de Clarisse que foi regado a gasolina e incendiado, resultado de uma discussão mal resolvida entre mãe e filho. A casa estava vazia, pois os Baptista estavam de mudança e a culpa caiu nuns vizinhos mal-encarados.

Também viviam pichando muros e paredes com palavrões. Passavam de madrugada em frente à casa de conhecidos e gritavam que o pai era viado, que a mãe era puta, que a irmã era biscate. Nos bastidores dos festivais, quando descobriam abaixo-assinados para que fossem banidos, virava uma verdadeira guerra. O maestro Rogério Duprat sempre era gozado por sua surdez. Os três ficavam apenas mexendo os lábios e o músico achava que estava ficando cada vez pior. Seções inteiras de instrumentos de sopro das orquestras vinham ao chão, com os pés de suas cadeiras previamente amolecidos. Calcinhas eram enfiadas nos bolsos dos apresentadores junto com as fichas que teriam que ler ao vivo.

Mas houve uma aprontada que está nas paradas de sucesso até hoje. Um dos grandes desafetos, tanto da Tropicália, quanto do lado rock'n'roll dos Mutantes era Geraldo Vandré, cada dia mais messiânico. Um dia, Rita e Arnaldo estavam à busca de ideias para as músicas do novo disco, quando Arnaldo disse:

— E se a gente fizesse uma música para o Vandré? É lógico que ele não gravaria nunca, mas seria muito legal vê-lo puto mais uma vez com a gente.

Os olhos de Rita brilharam.

— Melhor. Em vez de uma música para o Vandré, vamos fazer uma música sobre o Vandré.

E escreveu de uma só tacada a letra de "Balada do Louco".

Mas quem apronta também se ferra, mesmo sem saber. Uma vez fui, digamos, discutir novas diretrizes artísticas, numa noitada com Raulzito, um baiano que estava fazendo várias produções na gravadora e que, em breve, seria lançado cantando suas próprias músicas como Raul Seixas. Acho que ele gostou tanto da "discussão" que, ao me deixar em casa, virou a esquina e, vendo o maior muro da vizinhança, que era o da casa de Rita, foi logo pichando: "Para você, o brilho da estrela e a agilidade do gato". No outro dia, a pobre Rita estava toda orgulhosa, tirando uma foto em frente ao muro, para guardar de lembrança, achando que era alguma fã que prestara uma homenagem, enquanto Charlie impaciente aguardava com a brocha na mão, esperando para apagar aquele descalabro.

Durante todo esse tempo, uma coisa não mudara. Eu continuava morando com minha mãe Diva e Rita, embora sempre na estrada, ainda morava com os pais. Charlie e Chezinha, conservadores que eram, não gostavam nada daquela situação. Rita não era namorada do Arnaldo? Então por que não legalizavam a relação?

Ainda mais depois do susto que os velhos levaram, quando um dia dona Clarisse, mãe dos irmãos, ligou apavorada para Cheza, dizendo que Rita estava na cama de casal dela, pelada, com Arnaldo e Sérgio, também pelados, e uma pessoa estranha, vestida de preto, parada ao lado. Para esclarecer que aquilo era uma sessão de fotos para a capa de um disco e que o homem de preto era Dinho, o baterista, foi um deus nos acuda.

O anúncio de que iriam todos morar na Serra da Cantareira desagradou muito a Charlie, que tentou fazer com que Rita não fosse. O pai achava que aquilo poderia não acabar bem, embora gostasse muito de Arnaldo, com o qual ficava durante horas conversando sobre as teses mais mirabolantes.

Rita achou que a solução para muitos dos problemas seria casar com Arnaldo. Mas, mesmo após tantos anos vividos em comum, as coisas eram muito complicadas.

Tudo havia começado na maior inocência. Rita tinha o amor fraternal. Vivia fazendo com que os dois tomassem banho, prática que não apreciavam muito. Por ser filha de dentista, odiava ver aqueles dentes verdes, por não serem escovados. Após árdua batalha para provar que os Beatles não eram viados, mas bons músicos, viu que não conseguira fazer o mesmo com os Rolling Stones. Aliás, jamais conseguiria acabar com a homofobia explícita dos irmãos.

Sérgio, ela conheceu muito novinho, e por isso sempre o teve como o molequinho chato, mas prodígio, necessário. Com Arnaldo era diferente. Adorava suas loucuras, suas ideias inovadoras, seu humor cáustico. Para o amor faltava muito pouco. No início, Arnaldo também era assim, muito parecido com Rita, mas o sexo, drogas e rock'n'roll não o deixaram escapar. As drogas, que eram recreativas para Rita, pegaram o lado sombrio de Arnaldo. Ele começou a perder parte de seu bom humor e de sua criatividade. Os dois irmãos eram sexomaníacos e não deixavam escapar nada que se movesse e tivesse algum tipo de buraco.

O que era um namoro virou um relacionamento aberto e parecia tudo muito natural, numa época em que todo mundo queria a liberdade total. Arnaldo caiu de boca, mas Rita, filha de dois conservadores militantes, no fundo sentia que não devia ser bem assim. E isso refletiu muito no sexo. Na verdade, o prazer vinha muito mais das substâncias que tomava do que das relações que tinha. Se o companheiro era livre, leve e solto, o troco vinha na mesma moeda. E a névoa alucinógena era tanta que nem dava para saber direito o que, quando e com quem. Era o final dos anos 1960, começo da nova década, em que tudo era válido como experiência para novos caminhos, a procura do fim da hipocrisia do mundo dos pais.

Mas fosse qual fosse a situação, não se perdia a chance para boas risadas. Arnaldo fez uma proposta inusitada para Rita. Queria que ela ficasse escondida em um armário para que visse sua performance sexual. Rita aceitou com uma condição. Ela escolheria a parceira. Arnaldo fechou na hora.

Uma certa noite, Rita disse:

— É aquela.

Arnaldo sentiu o desafio. Era uma morena lindíssima, e achou que Rita queria ver se ele tinha cacife. Até que não foi tão difícil. Momentos depois, estava armado o circo. Rita no armário e Arnaldo com a morena na cama, caprichando nas preliminares.

Passados dez minutos, Rita pulou fora do armário e gritou:

— *Blitzkrieg!*

E acendeu a luz. Só aí Arnaldo viu o tremendo saco que a morena tinha. Saiu pelado de casa, correndo atrás de Rita e xingando com todos os nomes que sabia.

Mas, situações como essa, pelo teor da proposta, e muitas outras mais sérias iam matando alguma coisa que os unia.

Rita apegou-se à ideia de que um casamento formal talvez desse início a uma nova fase, e quem sabe eles fizessem uma família?

Reuniram-se apenas os Jones e os Dias Baptista no casarão de Charlie e Chezinha, no dia 30 de dezembro de 1971, véspera do meu aniversário e da branquela. Foi feito um altar e, com a presença do mesmo padre que fizera o batismo e a primeira comunhão de Rita, foi sacramentada a união. Sérgio e Vivi eram os padrinhos. Chezinha não se cabia de tão alegre.

Assisti à cerimônia de minha janela, junto com minha mãe, que chorava copiosamente. Fiquei totalmente indiferente, enxugando disfarçadamente com a cortina algumas gotículas de água que teimavam em aparecer em meus olhos, talvez por culpa de algum cisco.

A lua de mel já não foi lá essas coisas, pois Sérgio foi junto. Logo ao voltarem, não resistiram a uma *blitzkrieg*. Estávamos eu e mamãe assistindo ao programa da Hebe Camargo, que Diva não perdia de maneira alguma, quando a apresentadora chamou o casal mais "grôcinha", Rita e Arnaldo. Hebe passou o tempo inteiro dizendo como gostava deles, perguntando quais os planos para o futuro e outras amenidades.

— Mas vocês casaram de verdade ou só juntaram os trapinhos? — perguntou a loura sorridente.

Arnaldo enfiou a mão no bolso e mostrou para as câmeras a certidão de casamento. Aplausos no auditório.

Dizendo isso, Arnaldo rasgou a certidão em dois e deu metade para a plateia e metade para a apresentadora, de olhos tão arregalados quanto minha mãe. Corri para a janela para ver outro par de olhos arregalados, os de Chezinha.

Logo pela manhã Chezinha correu até o cartório e tirou uma segunda via, mas isso não iria salvar o Titanic.

22. SEM MATO NEM CACHORRO

NO COMEÇO DE 1972, os Mutantes puderam realizar um velho sonho, que era montar um caminhão de som, com palco e tudo, e chegar de surpresa em uma cidade para um show, tudo movido a muita droga e muito sexo. Midani observava de longe, sabendo que o grupo cada vez mais se afastava do grande público.

Em seguida, saiu *Mutantes e Seus Cometas no País do Baurets*, título do novo álbum, em homenagem a Tim Maia. Estavam totalmente longe da Tropicália e, fora os malucos de sempre, ninguém estava prestando muita atenção ao som que estavam fazendo. A censura fez com que modificassem várias letras, e as críticas para as letras de humor infantojuvenil eram várias. Mas eles não estavam nem aí.

Arnaldo construiu uma casa sofisticada, com dois andares e até abrigo antiatômico, toda de madeira. Serginho construiu uma casa térrea e Cláudio, que era o que mais lá ficava, ainda estava construindo uma casa mais modesta. Rita ficou com um terreno que dava de frente para um barranco e não estava muito animada a construir nada. Esse era o cenário nos Alpes da Cantareira.

Todas as atividades da banda foram transferidas para lá, inclusive os embalos onde até pessoas que ninguém conhecia comiam e tomavam das mais variadas substâncias, ao alcance de quem quisesse.

Logo após o casamento, com a desculpa de que as casas ainda não estavam prontas, Rita continuou morando na casa dos pais, mas já sabia que seu plano não dera certo. Ela e Arnaldo continuavam mantendo vidas conjugais separadas.

Depois das casas prontas, Rita dormia mais por lá, embora em casa dissesse que a construção não estava de todo terminada. Muitas vezes chegava para dormir e achava algumazinha em sua cama, com sua camiseta e com seu marido. Dormia na casa de Sérgio para não ter que voltar para a casa dos pais e ruminar a humilhação íntima, para a qual fingia total indiferença.

Leila, a namorada de Liminha, fazia alguns bicos na gravadora como divulgadora e acabava me contando todas essas coisinhas. Foi ela quem acabou me levando para conhecer a comunidade na Cantareira. Sempre íamos em horas estratégicas, quando ninguém da banda estava por lá. Só o Cláudio.

Lúcia Turnbull era uma fã de carteirinha que não perdia um show dos Mutantes e acabou se tornando amiga de Rita. Ela tocava violão e cantava, e Rita, que achava que a banda precisava de novos caminhos, chegou a propor a entrada de Turnbull, para que tivesse um apoio mais feminino naquele universo só de homens. Mas Lúcia nunca passou de algumas brincadeiras nas passagens de som. Rita mal imaginava o que estava por vir. Em uma de suas viagens a Londres, fora a um show do Yes, grupo de rock progressivo, e acabara dando uma namoradinha no baterista da banda. Assim, ganhou todos os álbuns que eles haviam gravado. Não tinha gostado muito do som, que era composto de músicas enormes, letras incompreensíveis e solos instrumentais quilométricos.

Os discos caíram nas mãos de Sérgio e Arnaldo, que acabaram vendo o Yes ao vivo em uma viagem aos Estados Unidos e ficaram maravilhados.

Não aguentando mais a vida amorosa livre de Arnaldo, Rita resolveu ir com Liminha e Leila visitar Lúcia Turnbull, que estava então morando na Inglaterra.

Rita tinha muita simpatia por Lúcia e sentia muito não ter conseguido fazer com que ela entrasse nos Mutantes. Lúcia cantava muito bem e também tocava guitarra. Quem sabe um dia fariam algo juntas?

Turnbull era filha de uma socialite, separada de seu pai, que morava na Inglaterra com os filhos do primeiro casamento. A irmã de Lúcia, Lilian, era namorada de Dinho, o baterista dos Mutantes, e as duas gostavam de chocar a mãe, morando na maior bagunça, com pedaços de pizza de cinco dias, roupas e discos espalhados pelo chão. Num arranca-rabo com a mãe, Lúcia rachou fio e acabou ganhando uma passagem do pai para ficar uns tempos na Inglaterra.

Rita conseguiu dar uma relaxada, enquanto assistia aos ensaios da banda que Lúcia tinha formado, maravilhada com um loirinho de olhos azuis que tocava flauta, chamado Ritchie. Tanto que o convidou para vir para o Brasil, e tempos depois ele estava por aqui. Um dia compôs "Menina Veneno" e fez muito sucesso, mas isso é uma outra história. A relaxada só não foi total porque aprendeu o que era heroína. E adorou. Apenas não se viciou de vez porque a droga era muito cara para uma hippie que ganhava dinheiro brasileiro.

Ela e Liminha compraram muito equipamento, mas Rita tinha um plano: não confiava nos ácidos brasileiros e estava cansada de receber tabletinhos escondidos em cartas enviadas pelos amigos espalhados pelo mundo. O negócio era levar uma grande quantidade de *green steams*, tanto para vender e pagar a viagem quanto para consumo próprio.

Lúcia não era da turma da chapação. Das poucas vezes que experimentara, tinha caído no sono. Era a única que cheirava cocaína e dormia. Mas seu grande trunfo era não ter sido traçada por nenhum dos irmãos Baptista, por mais insistentes que eles tenham sido.

Midani pediu que eu fosse até o Aeroporto de Congonhas receber Leila, que estaria chegando naquela tarde. Eu sabia que junto estariam Liminha e Rita. O voo atrasou um pouco, mas logo vi Leila aparecendo pela porta da alfândega pedindo que eu fosse até lá. Com um jeitinho brasileiro, consegui entrar e vi Rita e Liminha no fundo do salão. Leila disse para eu segurar alguns colares que estavam com ela. O que fazer com aquilo? Pendurei tudo no pescoço.

Daí aconteceu algo que não sei explicar. Rita estava com vários carrinhos carregados de equipamento e tinha que passar por mim para sair, não havia outra passagem. Eu estava pensando no quanto ela teria que pagar de impostos para passar com aquilo tudo. De repente, não a vi mais. Talvez tivesse ido ao banheiro, algo assim. Como começou a demorar e eu não tinha nada a declarar, saí com aquele monte de colares pendurados no pescoço. Quando cheguei lá fora, Rita estava com toda a bagagem, sem ter declarado nada, entrando numa perua, para ir embora. Seria verdade o "ficar invisível" quando se toma ácido? Ou seria coisa de Don Juan, o bruxo criado por Carlos Castañeda em seus livros sobre cogumelos alucinógenos? Não sei como explicar. E assim que saí, Leila pegou os colares e falou obrigada.

Só depois é que fiquei sabendo o que as cadelas haviam aprontado comigo. Trançados naqueles colares estavam 1500 *green steams* cuidadosamente colados por Rita, Ritchie e Leila, e que iriam abastecer aqueles malucos por um bom tempo, enquanto eu poderia estar apodrecendo na cadeia até hoje.

Nem bem chegou, Rita gravou seu segundo disco solo, mas agora com todos os Mutantes, e nos moldes da nova sonoridade da banda, totalmente calcada no rock progressivo inglês. Não era bem o que ela queria, mas fazia tudo para conseguir um bom clima entre todos. E assim nascia *O Primeiro Dia do Resto da Sua Vida*, cheio de toques lisérgicos, coisa de malucos que achavam que os caretas não sabiam de nada e precisavam ser avisados das energias. Midani ficou bem quieto, pois sabia que aquilo era a pá de cal naquela loucura que não levaria a nada e, em breve, teria Rita para a carreira solo. O disco era um desfile dos novos equipamentos que haviam comprado. Um som totalmente diferente do que se fazia por aqui, mas sucesso que é bom, nada.

Alguns desentendimentos musicais começaram a acontecer entre Rita e o restante da banda, que começou a valorizar mais a parte instrumental do que a voz fraquinha da vocalista.

A coisa entornou mesmo quando foram classificados para o sétimo Festival Internacional da Canção, com um deboche chamado "Mande um Abraço pra Velha". Na verdade, os rapazes da banda usavam a música para exibir todos os seus instrumentos e habilidades musicais, enquanto Rita queria mais era farra. Tanto que sugeriu que o refrão da música fosse um sambão rasgado. A música acabou sendo desclassificada e todos colocaram a culpa naquele refrão.

Leila vinha insistindo para que eu fosse até a Cantareira, para ver as casas e, quem sabe, até pegar um ensaio. Naquele dia não houve como escapar. Ela estava sem condução e tinha prometido encontrar com Liminha. Já que estavam meio brigados, não queria deixar de ir, para não ser mal interpretada. Parece que eu veria a branquela tocando ao vivo pela primeira vez. Chegamos na hora do almoço e só o Cláudio estava na casa dele. Conversamos um pouco. Depois Leila foi me mostrar as outras casas. Rita tinha um quarto só dela na casa de Arnaldo, para não precisar achar ninguém deitada em seu lugar. Parece que entre eles já não havia mais nada. Rita nem dormia toda noite por lá. Ou ficava na casa dos pais, ou nos embalos que apareciam.

Conversei um pouco com Liminha no jardim e vi os outros à distância. Senti que os irmãos tiravam minha roupa com os olhos. Será que eu teria que escapar de alguma cantada logo mais? Mas se interessavam muito em saber quem eu era ou o que fazia. Os instrumentos estavam montados na sala da casa de Arnaldo, que era bem grande, já planejada para isso. Nem precisei comentar nada, pois Leila também havia sentido que o clima estava meio estranho. Ficamos bem afastadas para não constranger ninguém, pois algum tipo de reunião, sei lá com qual teor, iria acontecer.

Rita chegou no final da tarde com seu Jeep, pronta para o ensaio. Encontrou Dinho, Liminha, Sérgio e Arnaldo, acompanhado da garota do dia, que ela nunca tinha visto na vida, e sentiu um certo clima de enterro. Subiu até seu quarto e conversas sorrateiras aconteceram enquanto ela lá estava.

Desceu e foi se instalar no lugar de sempre, com seus teclados e instrumentos de percussão. Arnaldo olhou direto para ela e tomou a palavra:

— Rita, é o seguinte: tivemos uma reunião antes de você chegar e ficou decidido que a partir de hoje você está fora dos Mutantes. Nós queremos fazer um som progressivo e, como você não tem técnica suficiente em nenhum instrumento e nem uma voz poderosa, não há espaço para você continuar com a gente.

Rita teve a primeira impressão de que aquilo era mais uma das velhas brincadeiras, mas quando olhou para o Liminha, ele estava sério, porém desconfortável, e desviou o olhar. Sérgio também. Dinho estava afundado atrás dos bumbos da bateria. Ela nem tentou argumentar nada.

Levantou-se e subiu até o quarto para arrumar suas tralhas e dar o fora o quanto antes. Todos permaneceram em silêncio. Demorou o mínimo possível pois deveria estar querendo sair voando. Desceu a escada e não disse uma palavra. Pegou o Jeep e se mandou. Não era daquela vez que eu a veria tocando ao vivo.

O jeito que ela saiu me deixou bem preocupada. Leila iria ficar por lá para dar um apoio ao Liminha e para entender melhor a situação. Senti que minha presença não era nada necessária e tentei ir atrás de Rita para evitar algum tipo de loucura, sei lá o quê.

Alguns quilômetros depois, já entrando na cidade, avistei Charlie, o Jeep, enfiado em uma sarjeta próximo a um poste. Pensei no pior, que fosse um acidente, mas quando me aproximei vi que estava só estacionado de qualquer jeito. Emparelhei meu carro com o Jeep para ver se podia ajudar em alguma coisa. Rita estava debruçada sobre a direção, chorando muito.

— Filhos da puta, filhos da puta, filhos da puta! — dizia com os dentes cerrados, dando socos no painel.

Eu não serviria de nada naquela hora. Esperei um pouco e segui em frente, sentindo, pela primeira vez, pena daquela que tanto perturbara minha vida.

PARTE DOIS

DEPOIS DOS MUTANTES – O NOVO TESTAMENTO

21. TUDO IGUAL, MAS DIFERENTE

— **IMAGINE, RITINHA.** Isto é mais uma daquelas brincadeiras do Arnaldo – disse Chezinha, entre consoladora e triste. – Amanhã ele liga para você morrendo de dar risadas.

Mas ele não ligou. E mesmo que ligasse, Rita não atenderia, pois sei exatamente o que nosso signo acha de uma situação de desprezo como essa. Charlie achou ótimo, pois sempre dizia que os Baptista eram uma família chata e arrogante.

Diva, minha mãe, não se perturbou nem um pouco, pois tinha plena certeza de que, embora um tanto dificultosa no início, agora a coisa iria acontecer. Eu estava temerosa por Diva, porque ficou muito abalada com a morte de tia Dalva, que além de muito amiga, sempre nos deu o suplemento financeiro para o qual meu pai tinha virado as costas. Só aí fiquei sabendo que a grande Dalva de Oliveira era na verdade Vicentina de Paula Oliveira. Será que minha mãe teria outro nome? Mas, nessa altura, eu já ganhava bem na gravadora e as consultas de mamãe já estavam nas altas esferas de famosos que pagavam bem por um pequeno conforto. Acho que até ajudou ter a volta de Rita para ser espiada pela janela novamente. Mas ela não ficou por lá muito tempo. Estava de mudança para outras paradas.

Foi aí que começaram as pequenas vendetas, a vingança dos mafiosos. E o objeto utilizado chamava-se Mick Killingbeck. Ele chefiava uma comunidade de malucos que se estabeleceu em uma casa na represa de Guarapiranga. O inglês estava com a corda toda, pois tinha conseguido emplacar editorialmente uma versão da famosa revista americana *Rolling Stone*. Era a única publicação que falava abertamente da vida alternativa da época, tudo regado a muito rock'n'roll. E, dentre outras coisas, Killingbeck era empresários dos Mutantes e era quem ditava as cartas para o novo trabalho que o atual quarteto masculino estava elaborando. Mestre da chapação, era dele o conceito "uma pessoa só", o tema central das músicas do disco com as novas composições.

Se é que conhecemos Rita Lee, o que foi que ela fez? Foi não só namorar com Killingbeck, mas morar com ele. A primeira ferroada nos irmãos, seduzindo seu novo guru. E para ela estava de bom tamanho. Desiludida das cobiças carnais do mundo masculino e de seu velho parceiro em particular, na nova função não teria lá muito trabalho além de cheirar cocaína o dia inteiro, coisa que abaixava a moral de qualquer homem, se é que me entendem. Mick tinha um namoradinho na comunidade para satisfazer o seu lado mulher.

Assim, Rita continuava sua árdua tarefa de tomar todos os ácidos que tinha trazido naquele colar maldito, pois a história de vender para pagar a viagem foi coisa para boi dormir. Também havia a sobra das coisinhas do inglês e muito cogumelo de zebu espalhado pelas margens da represa. Eu tinha que ficar informada, pois Midani queria saber tudo que estava acontecendo com sua nova futura estrela.

Mas Rita era gregária e só queria fazer parte dos backing vocals. Por isso apegou-se à velha amiga Lúcia Turnbull, já de volta ao Brasil, para fazer um novo trabalho. Pegou algumas composições que os Mutantes haviam rejeitado nos últimos tempos, um sinal do qual ela não havia se apercebido e que daria no que deu. Estava formada a dupla As Cilibrinas do Éden. Cilibrinas eram as fadinhas da Terra do Nunca, moradia do moleque que não queria crescer, Peter Pan. E o Éden? Bem, o Éden só podia ser Guarapiranga, o paraíso do embalo.

Turnbull cantava muito bem. As duas eram fãs de carteirinha de David Bowie, Stones, Iggy Pop, Lou Reed e adjacências, o tal rock andrógino que faria os Mutantes vomitar à menor menção, pela ligação com a viadagem. Elas iriam atacar de rock transgressivo.

Killingbeck ouvia os ensaios e gostava do que estava nascendo. Chamou as duas e disse:

— Voçais voum estrear abrindou um show dous Miutentis.

A relação entre Rita e os Mutantes estava no seguinte pé: por orgulho, eles jamais a chamariam de volta, e por mais orgulho ainda, ela jamais aceitaria voltar. Mas ela foi a alguns shows do novo trabalho, *O A e o Z, O Princípio e o Fim*. Talvez mais fim que princípio, no entender de Midani. Rita chegou a fazer a iluminação de algumas apresentações.

O que iria acontecer era a *Phono 73*, um grande show durante um final de semana com vários artistas da Phonogram, a maior gravadora da época. Esses artistas, na maioria sofrendo uma perseguição impiedosa da censura, iriam fazer pequenas aparições cantando algumas músicas próprias e fazendo uma dupla com a próxima atração. Tudo seria gravado para ser lançado em vários álbuns ao vivo.

A abertura seria na quinta-feira, com um show dos Mutantes, os únicos que teriam uma noite só deles. E, na abertura, as tais Cilibrinas do Éden.

Cuidando do emaranhado de estrelas que já estava nos hotéis de São Paulo, não pude ver a branquela mais uma vez ao vivo. Ou ao morto, pois ela quase desistiu na entrada do palco. O show era ela e Lúcia cantando, acompanhadas apenas de violões, a flauta de Rita e a percussão involuntária de joelhos e dentes que tremiam sem parar. Segundo relatos de pessoas que assistiram, a recepção foi respeitosa. Rita, a catastrófica, achou que foi um desastre.

A noitada acabou na casa de Guarapirana, aonde Lúcia foi para pegar seu cachê. Foi avisada que sua parte estava em cima da mesa. Não ficou surpresa, pois em comunidades daquele tipo, o dinheiro fica mesmo em cima da mesa. Mas só encontrou um belo monte de pó.

Guarapiranga havia sido escolhida não só pela tranquilidade e pela beleza natural, mas também por estar distante de todas as rondas policiais. Mas, numa noitada, um doidão chamado Belonzi pirou de tal forma, por ter levado o fora de um namorado, que cortou os pulsos. O escândalo foi tanto que a vizinhança pediu ajuda à cavalaria. E assim acabou a festa, quando a polícia realmente viu do que se tratava. A comunidade de Guarapiranga estava desfeita.

Ritinha enfiou a viola no saco e voltou correndo para debaixo das asas da galinha mãe Chezinha.

Logo após o show *Phono 73*, no Anhembi, ela havia dito para Midani que precisava da pancada no peito. O francês ficou assustado, pensando que ela poderia estar com algum problema cardíaco, mas não era nada disso. Ela queria formar uma banda. Como dizer não ao bibelô? Ela e Lúcia tinham até considerado colocar um pianista chamado Bartô, mas o cara enfiava LSD pelos olhos. O único maluco que Rita tolerava era ela própria. Midani tentou convencê-la então a fazer uma banda só de mulheres, mas ela não queria voltar ao tempo das Teenagers. O projeto tinha até um nome. Rita Lee e as Frenéticas, que ele já tinha me confidenciado. Mas nem ousou dizer a ela, com a recusa de voltar ao passado.

Rita ainda estava com a bunda doendo do pontapé dos Mutantes e isso influenciava muito no que ela iria fazer. Tinha conhecido uma bruxa chamada Emmy, casada com outro bruxo chamado Bola, que fazia previsões das mais elaboradas para todo mundo do meio artístico. Emmy havia previsto que ela seria uma cantora famosa e, no entanto, agora estava ela na rua da amargura. Ela até reencontrou Bola, que é um grande consultor de estrelas até hoje, nos dias de Guarapiranga. E ele reafirmou que a previsão se realizaria, mas ela não se animou muito. Mas lembrou de outro bruxo de sua vida: Peticov.

— Ritinha, você precisa conhecer Antonio Bivar. Ele sabe mais de James Dean do que nós dois e o resto do mundo juntos. Ele precisa dirigir um show seu.

Peticov disse isso numa das viagens de Rita a Londres, e aquilo deve ter ficado numa das gavetinhas daquela cabeça doentia.

Bivar morava com um bando de hippies nas redondezas das pedras misteriosas de Stonehenge, na ilha britânica, o que já contava muito para Rita. Mônica Lisboa, que ainda trabalhava com Guilherme Araújo e também estava de olho na nova carreira da branquela, já havia me falado de Bivar. Particularmente, chamar-se Antonio me agradava muito. Marco Antônio, Anthony Perkins, Anthony Hopkins, Antonio Peticov e milhares de outros. Antônios são fortes, empreendedores, não fogem do perigo. Os que não têm esse nome tentam denegrir, chamando de Tonho, Tonico, Nico, mas acaba ficando mais carinhoso ainda. Se eu tiver um filho, ele se chamará Antônio.

Um belo dia, estávamos eu e mamãe Diva na nossa janela indiscreta, vendo o teste de mais uma banda para acompanhar as Cilibrinas. A banda chamava-se Lisergia, muito provavelmente baseada no nome do guitarrista, que se chamava Luis Sérgio, de sobrenome Carlini. Tinha também Lee Marcucci, Emilson e Rufino. Mal estavam começando a audição quando Mônica chegou, acompanhada por um magrão elegante, tímido, mas de olhar rapidíssimo.

— Oi, pessoal, este é o Bivar.

Imediatamente, Lúcia Turnbull começou a fazer o ritual da dança do acasalamento em torno do vexado rapaz.

A banda era muito boa, mas Rufino não tinha lá o visual para ser fotografado e depois colocado nas paredes por aí. Foi o primeiro serviço sujo que Rita delegou a Bivar. Com toda a classe, o já integrado Bivar explicou aos rapazes que Rita e Lúcia tocavam guitarra, e mais Carlini. Quatro guitarras em uma banda seria um pouco demais. Numa reunião rápida, Rufino de guitarrista virou *roadie*, um auxiliar de palco. Emilson na bateria e Lee Marcucci no baixo completavam o time. Bivar mostrou seu poder de conciliação e objetividade, e Rita Lee tinha uma nova banda.

Em pouco tempo já estavam ensaiando nos porões do Teatro Ruth Escobar, na região central de São Paulo, na rua dos Ingleses, por sinal. O cheiro de esgoto do lugar era suavizado com muito incenso. E maconha também, claro. Mônica, desligada de Guilherme Araújo, que continuou com os baianos, agora era a empresária exclusiva do empreendimento. Estava maravilhada com Bivar.

Ele parecia ser da turma havia muito tempo. Como Rita, Bivar adorava Bowie, Stones, Elvis, Iggy Pop, Lou Reed e muito mais. Não faria parte dos Mutantes jamais. Criou com esses ícones a trilha sonora de abertura do show, deu palpite nos figurinos, na luz, no repertório, além de entrar em algumas parcerias nas novas músicas que iam sendo criadas. Fez também um filme em super 8 – um formato barato, já que ainda não existia o videoteipe –, com Rita comendo uma maçã, que depois era passado ao contrário, ou seja, Rita começava com uma maçã comida e ia aos poucos devolvendo os pedaços com a boca. Era a cilibrina recompondo o caminho de volta para o Éden.

Mônica, que queria fazer bonito para Midani, me contava tintim por tintim, para que eu contasse tudo ao poderoso. E, embora ela estivesse maravilhada com o trabalho de Bivar, eu sabia muito bem que ela estava de olho em outra maçã daquela árvore.

A única mancada de Bivar foi ter chamado Zé Rodrix para fazer a produção musical. Rodrix mostrou-se desafinado com o propósito da empreitada e, dessa vez, foi Rita quem veio salvar o novo amigo:

— Sabe, Zé, você é um excelente dedetizador musical, mas nós queremos as coisas mais sujinhas por aqui.

E quem veio para a vaga recém-criada foi ninguém menos que Liminha, que faria seu primeiro trabalho como produtor. Parecia um pouco descontente com os novos rumos dos Mutantes.

Finalmente, foi Bivar que colocou o nome na criança. Tutti Frutti. Mais rock'n'roll impossível.

20. NEM TUDO É FRUTA

MESMO SEM NUNCA ter saído direito de casa, Rita estava de volta ao casarão, depois dos fiascos da Cantareira e de Guarapiranga. Um belo dia, ouvi uma conversa bem embaixo da minha janela, que dava nos fundos da casa dos Jones. Eu conhecia bem a voz de Charlie.

— Filha, sei que você conhece a *Cannabis*. Uma vez plantei umas sementes na horta, mas a Luiza (que era como ele chamava a Balu) arrancou pensando que era praga.

Fazendo um atalho na história: em um dia que todas as mulheres tinham saído, pai e filha se enfurnaram no quarto do velho e foi enrolado um fino. Com a janela aberta, e aquele cheiro que só maconheiro acha que ninguém sente, foi engraçado ver Charlie segurando a fumaça até o quanto podia. Logo após, cada um foi para o seu lado. Uma hora depois, Charlie desceu até a sala para encontrar Rita.

— Filha, estou enxergando melhor, meu olfato está mais apurado, mas estou com uma fome dos diabos.

A mulherada quando chegou não achou muito estranho encontrar a geladeira praticamente vazia.

Tempos depois, Chezinha começou a achar muito estranho aquele cheiro que volta e meia infestava a sala. Rita imediatamente ensinou ao pai como borrifar perfume para diminuir um pouco o impacto da bandeira. Mas, mesmo assim, Chezinha tinha que fazer muita vista grossa para engolir o engodo.

A temporada no Teatro Ruth Escobar acabou rendendo espaço para lançar a nova banda. O inesperado esperado era Arnaldo, que foi a várias apresentações e sentava bem na frente, fazendo expressões de desaprovação durante todo o tempo, além de ir ao camarim tecer os piores comentários possíveis. Por sermos do mesmo signo, eu sabia que para Rita isso era combustível para seguir em frente com mais força ainda. Capricornianas baixam a cabeça e abrem caminho a chifradas. Também não assisti a nenhum dos shows.

Midani, apoiado no sucesso da temporada, queria logo um disco, se possível para o final do ano. Foi então gravado o álbum *Tutti Frutti*, a primeira produção de Liminha. Nome da banda e nome do disco, sem nenhuma menção a Rita Lee. Ao ouvir o produto final, Midani me chamou e soltou a bomba:

— Diga a Mônica Lisboa para comunicar aos Tutti Frutti (usou um tom bem desdenhoso) que esse disco não sai nem sobre o meu cadáver.

No afã de vingança de Rita contra os Mutantes, a sonoridade das músicas gravadas era lisérgica e progressiva. Parecia muito com o que os Mutantes estavam querendo fazer, mas sem muito virtuosismo, embora Carlini fosse um bom guitarrista. E quem mais cantava era Lúcia Turnbull. A Rita era a backing vocal.

Assim que terminou o disco, Rita foi perambular por Nova York. E foi tão rápido que nem deu tempo para que Midani me fizesse segui-la. Mas eu sempre acabava tendo notícias, querendo ou não.

Quem me ligou naquela noite foi Raul Seixas.

Eu tinha conhecido Raul como produtor dos menos afortunados da Jovem Guarda na gravadora. Demos algumas "voltinhas", mas depois só fui encontrá-lo nos bastidores de um festival. Ele estava vestido de couro de cima a baixo e com botas de bico finíssimo. Iria cantar "Let Me Sing, Let Me Sing". Até pensei que agora fosse um comediante, mas logo notei que aquilo era de verdade. Raul não conversava com ninguém. Quando me aproximei dele, começou a falar em inglês. A partir daí, demonstrou ter pavor de artistas brasileiros e de músicas brasileiras. Disse que tinha nascido no Brasil por castigo. Só aceitava os pais do rock'n'roll até Elvis e olhe lá. Odiava os Beatles.

Depois disso cruzou com Paulo Coelho e os dois começaram a ver discos voadores na praia de Copacabana. Fizeram um disco que estava vendendo adoidado, *Krig-ha, Bandolo!*. Midani batia na tecla de que Rita tinha que se firmar como Raul, sendo considerada pioneira ao colocar consistência nas letras do rock nacional.

Raul estava me ligando de Nova York. Como sempre, só falando inglês.

— Bárbara dos meus sonhos, que saudade!

Logo vi que ele não devia ter arrumado mulher nenhuma naquele dia. Me contou, rindo muito de si mesmo, da mancada que tinha dado naquela tarde. Inglês com sotaque baiano já é engraçado por si só.

Ele estava andando pelas ruas do Soho, quando viu uma riponga supergostosinha. Chegou-se com o velho "Hey, luv, wanna have some fun tonight?". Adorava se passar por americano até no Brasil, imagine em terras americanas.

— Raul, meu querido, quanto tempo.

Era Rita. Segundo palavras dele, quase morreu de vergonha, embora eu soubesse muito bem que, pelo menos naquela cara, não havia vergonha nenhuma. Se Rita desse mole, rolava mesmo. Depois dessa, passaram a tarde bundando e jogando conversa fora. Ele falou de seu assunto predileto, que era meter o pau nas estrelas da música brasileira. Apesar de extremamente reacionário, seu humor cáustico era contagiante e ele falava sem dar chances ao interlocutor.

Gostava de cunhar e roubar frases. Coisas de ter nascido há dez mil anos atrás, de ser uma metamorfose ambulante. Rita puxou uma conversa sobre a diferença das cidades portuárias, falando sobre Liverpool, sobre as diferenças entre Veneza e Nova York, quando ele mandou:

— Mas, Ritinha, nunca se esqueça de que atrás do porto tem uma cidade.

Acabaram o dia combinando parcerias e discos que nunca aconteceram. Mesmo porque, tempos depois, Raul apaixonou-se pela magia negra e tomou Aleister Crowley — o bruxo do começo do século 20 que embaralhou a mente de muita gente — como seu guru.

A barra foi ficando pesada, tanto que Paulo Coelho se afastou e Rita o arrebanhou rapidinho como parceiro para si.

Eu sabia que se idolatrasse Elvis, odiasse o Brasil e todos os músicos que nele habitam, paparicasse o cara, cozinhasse para ele, lavasse sua roupa, cuidasse de receber a grana de seus shows, gostasse de maconha e birita, e lesse livros de magia negra, teria chances com aquele maluco que era uma beleza. Outras fariam esse trabalho com mais competência, eu, não. Naquele dia, se a distância não fosse São Paulo – Nova York, a cobra iria fumar.

De volta ao Brasil, a bomba estourou. Mônica deve ter dado o recado de Midani sobre o veto ao disco. Minha sala ficava ao lado da de Midani, na gravadora. Estava entreaberta, quando vi chegarem primeiro Rita, depois Tim Maia.

— Ritinha, meu amor, o que sua beleza está fazendo aqui?

— Vetaram meu disco, Tim.

— Aconteceu o mesmo comigo. Vamos falar com o *big boss*?

Dizendo isso, os dois meteram o pé na porta da sala de Midani e promoveram o maior quebra-quebra que eu já tinha visto. O que estava na mesa voou bonito, cadeiras de pernas para o ar e uma gritaria das boas. Mas Midani era um bom adestrador de feras e em pouco tempo dominava a situação. Os argumentos eram simples. Tim não poderia cantar só em inglês e Rita tinha que fazer algo mais original e popular, e não música para meia dúzia escutar. E tinha que ser a cantora do grupo. O baterista também não servia. E de lá saíram com verbas para seus novos discos. A última coisa que ouvi foi: "Ritinha, quer casar comigo?", dita por Tim. Ele sempre falava isso. Mas o que dizer para uma pessoa que, um belo dia, ao receber o Prêmio Sharp de Música, disse que ia pegar o dinheiro e comprar uma TV Sony? Tim era daqueles que dava esporros homéricos no palco, depois saía abraçado com a vítima e dizia:

— Seu filho da puta, você é um incompetente, mas eu gosto de você. Vê se melhora, senão dança.

Mas antes teriam que passar por uma nova ideia de Midani para seus contratados. Uma reunião com especialistas em várias áreas, para que o artista tivesse em mente o que era comercial ou não, para moldar sua imagem.

Era um tribunal da Inquisição de araque, chamado de Grupo de Trabalho. Dentre outros, como inquisidores, participavam Paulo Coelho, Nelson Motta, Artur da Távola, Henfil, Roberto Menescal, Ronaldo Bôscoli e menos votados. Era um delírio de Midani, cujo poder já estava subindo um pouco à cabeça. Apesar de ditador, tinha um bom faro. Enxergou a Tropicália e agora faria virar o rock nacional.

As reuniões sugeriam desde roupas até o que dizer em entrevistas. No dia de Rita, eu estava sentada em um canto distante da tal mesa, fazendo anotações para Midani, que não aparecia. Só queria os resultados. Muito provavelmente, ela nem me viu.

— Você tem alguma coisa a dizer, para começarmos? — alguém perguntou.

— Tenho. Vou tomar um ácido.

E colocou o pontinho embaixo da língua, para ir mais rápido. O que se seguiu foi surreal demais para meu gosto. Ela subverteu totalmente todos os conceitos que tentavam empurrar para aquela cabeça.

— Você moraria na casa da Branca de Neve?

— Não, na casa dos Jetsons.

— Você prefere Rio ou São Paulo?

— Terra do Nunca.

E por aí seguiu o bombardeio. No começo da noite de um dia duro, a pergunta final.

— E aí, Rita? O que achou?

Ela subiu na mesa enorme e calmamente baixou a calça Saint Tropez mostrando a bunda branca. Uma resposta muda ensurdecedora.

E assim foi gravado *Atrás do Porto Tem uma Cidade*, o novo disco, e sem crédito para Raul. A branquela roubava descaradamente. Agora era Rita Lee & Tutti Frutti e Lúcia estava nos backing vocals. Na surdina, Mazolla, agora no lugar de Liminha como produtor, logicamente a mando de Midani, sumiu mais ainda com a voz de Turnbull, e colocou violinos onde Rita jamais admitiria que isso fosse feito.

Os Tutti Frutti só viram isso quando o disco já estava na rua. Impossível mudar. *Herr* Midani não tinha limites.

O visual era totalmente David Bowie e o som era Rolling Stones. Estavam literalmente deitados no colo de "Mamãe Natureza", música que Rita fez quando chegou em casa, no dia em que foi convidada a sair dos Mutantes.

Não estourou, mas foi bem recebido. Enquanto isso, Midani rejeitava *O A e o Z*, disco que os Mutantes tinham feito como seu novo trabalho. E, além disso, eram dispensados da gravadora.

No começo do ano de 1974, veio ao Brasil o primeiro grande show de rock internacional: Alice Cooper. Rita não se fez de rogada. Foi lá e roubou as duas cobras que ele atirava de um lado para o outro no palco e, de quebra, levou o técnico de som Andy Mills, que passou a dividir muitas coisas com Rita Lee & Tutti Frutti. Produção, cama, mesa e banho.

Mas a grande resposta à tentativa de lavagem cerebral imposta por Midani acabou com os sonhos do francês. Numa jogada ousada para ter mais controle sobre a situação, quando foi cobrada uma melhor divulgação para o disco que acabara de sair, Midani disse a Rita que agora a prioridade seria para João Ricardo.

O português tinha acabado de sair dos Secos & Molhados, que tiveram uma carreira meteórica, mas que haviam implodido com a saída de Ney Matogrosso. Seu disco estava para sair, e as atenções, leia-se verbas, iriam para esse produto. Para resumir, Rita saiu da gravadora e foi para a Som Livre, porque tinha gostado do nome e porque a oferta financeira era tentadora. Midani ficou a ver os navios do português, que naufragaram sem nem mesmo deixar o porto.

E meu destino não me perdoava. Ao mesmo tempo, eu recebia uma oferta irrecusável de João Araújo, que viria a ser famoso como o pai de Cazuza, para trabalhar na... ? Isso. Som Livre. O dinheiro era melhor e João Araújo não era do tipo que exigia os "favores" que eu fazia ao francês.

Lá no casarão, Charlie até que tentou experimentar o tal ácido lisérgico, mas não se deu muito bem. Deu um sufoco desgraçado, nas palavras dele. Já a filha, aproveitando para roubar mais um bloco de receitas do velho, com carimbo e tudo, ia se afundando mais e mais na lingerie. Inventada por Arnaldo, "afundar na lingerie" era tomar tudo o que estivesse à frente, desde que tivesse o dom de mudar a realidade.

19. YO NO SOY MARIÑERO

TENDO MANDADO OS MUTANTES em frente e perdido Rita Lee, só restou a Midani dar uma oportunidade ao que sobrara de genialidade. Aprovou a gravação de um disco solo de Arnaldo Baptista.

Por haver se desentendido com os rumos que a banda estava tomando, após o fracasso de não conseguir lançar o disco que imaginava ser seu melhor, Arnaldo já estava fora dos Mutantes. Seu astral não andava lá essas coisas. Se para Rita o lado negro das drogas sumia nas lavagens gastrointestinais e com os soros que já haviam se tornado rotina, para Arnaldo o dano psíquico era visível. As brincadeiras eram raras. Tinha o olhar parado e pouco conversava. E já sentia muita falta de Rita em sua vida. Sabia, mas não aceitava que já havia dançado. Num último esforço para lembrar os velhos não tão velhos tempos, chamou Rita e Liminha para participarem do disco. E se deu uma tarefa. Gravaria o disco num só dia. Foram desencavadas velhas letras que já não serviam ao novo formato dos Mutantes.

Rita aceitou na boa pois ainda tinha grande afeição pelo parceiro, mas sabia que era a pá de cal que faltava para enterrar aquela fase. Emprestou as letras que acabaram nem sendo creditadas a ela e, em poucas horas, gravou sua participação. Sérgio, que com Liminha havia decidido levar adiante o nome Mutantes, ficou extremamente sentido por não ter sido chamado. Parece que isso solidificava o mito que os Mutantes eram 40% Arnaldo, 40% Rita, 15% Sérgio e 5% Cláudio. Midani sempre fazia essa explanação matemática.

Arnaldo estava andando com uns caras esquisitos, que viviam de capas pretas e se denominavam Astrum Argentum. Estavam metidos com a magia de Crowley, o mesmo buraco que sugara Raul Seixas.

Na capa do disco, Arnaldo estava diante de um anjo, que ele e os amigos haviam roubado de um cemitério na Pompeia e levado para a Cantareira. Colocou no disco o nome de sua imagem na época. *Loki?* é visto até hoje como o ápice de uma carreira que poderia ter ido bem mais longe.

Ainda pela amizade, Rita vivia quebrando os galhos dos frequentes estados de gravidez inesperados que perseguiam Arnaldo. Eram todos encaminhados para um tio doidão dos Jones ou para o Hospital Samaritano. Havia também uma cafajestada que Rita nem imaginava. Uma garota dos tempos do Pasteur, que odiava se chamar Aparecida e ter a pele bem morena, era o foco da questão. Fingindo ser amiga de Rita, dava descaradamente em cima de Arnaldo. Na época não conseguiu nada. Tempos depois, na véspera de seu casamento, ligou para o garanhão e disse que queria perder a virgindade com ele e não com o futuro marido. Matou a vontade e acabou engravidando no ato. Conseguiu fazer com que o marido acreditasse que o filho era dele, fato que Arnaldo contou às gargalhadas, para o espanto de Rita, aliviada por estar cada vez mais distante dessas situações.

Mas a água entornou pouco tempo depois, quando Rita já morava sozinha na rua Pelotas. A campainha tocou de madrugada. Era Arnaldo dizendo que precisava urgentemente de Charlie, o Jeep xodó. Passaram-se alguns dias e o Jeep não voltava. Rita foi atrás de Arnaldo e ele disse que o carro havia parado no meio da rua. Ele foi procurar um telefone para chamar um guincho e, quando voltou, o Jeep não estava mais lá. Guardas de trânsito deviam tê-lo levado. Rita fez a maior peregrinação por todos os setores do Detran, mas Charlie nunca mais foi achado. Para Rita, por saber o quanto o Jeep significava, aquele fora um ato de vingança de Arnaldo, por ela não querer mais nada com ele.

Mesmo antes de deixar a gravadora, o Tutti Frutti havia mudado para um sítio em Ibiúna, no interior de São Paulo, para ter mais liberdade criativa para o próximo trabalho. Ou seja, para que a chapação rolasse sossegada, sem interferência, principalmente, das autoridades policiais.

No início, Lúcia Turnbull ia até lá, mas como não se encaixava naquela lisergia toda, acabava só comendo e dormindo. Acho que a banda nem percebeu quando ela deixou de ir. Estava fora definitivamente.

Por incrível que pareça, foi nessa chapação toda, com a produção de Andy Mills, que começou a nascer o pulo do gato que faltava. Um disco que se chamou *Fruto Proibido*. Algumas músicas já faziam parte da nova parceria com Paulo Coelho, que tinha pulado fora do barco negro de Raul Seixas.

De minha janela, eu tinha visto a sessão de fotos para a capa, feita na sala da casa de Charlie e Cheza. Rita estava sentada numa poltrona, com uma roupa esvoaçante, uma cigarrilha na mão, pisando no teclado Mini Moog que tinha trazido de Londres para tentar entrar no Mutantes progressivo. Seria uma mensagem cifrada? Ao lado do Mini Moog, um narguilé. Chezinha fingia que nem imaginava que aquilo era usado pelo marido e pela filha para ingestão da *Cannabis*.

No grande espelho da sala Rita pendurou uma foto de Hervé Villard, um cantorzinho que deu em cima dela na temporada do Olympia, em Paris. Para finalizar, as perninhas de fora e a cara de Iggy Pop.

O disco era puro rock'n'roll, mas o que fazia a diferença é que a agora era da Som Livre, que pertencia à Globo, já poderosa na época. Tanto que duas músicas do disco foram parar na famigerada novela das oito, que se chamava *Bravo!*. O casarão, e minha casa também, assistia à novela a todo volume. Diva, minha mãe, nem dava ouvidos quando eu dizia que não era mérito nenhum das canções, mas armação de mercado.

Para coroar, Rita conseguiu com que uma grande mentira se tornasse um dos maiores sucessos de sua carreira. Charlie ficou embasbacado quando ouviu "Ovelha Negra". Ele jamais chamaria a filhinha queridinha de ovelha negra e nem a mandaria sair de casa. Muito pelo contrário. Estava era muito feliz de ter a filha sempre por perto. Acho que era a própria Rita, aos 28 anos de idade, quem dizia para si mesma que estava na hora de sair da casa dos pais.

    A Som Livre era extremamente mais fácil de lidar do que a Philips. A única contratada era Rita, e por isso eu acabava cuidando mais da carreira dela externa do que interna. Nessa época, conheci Nelson Motta, que sempre andou envolvido com a MPB tradicional e agora estava querendo entrar no ramo de promoção de eventos. Devo dizer que não era um deus da beleza, mas era muito educado e um bom papo. Rolava a fama de ter comido metade da constelação de estrelas musicais da época abertamente e a outra metade na moita. E eu não tinha muito que fazer nas noites das semanas em que ficava no Rio, sede da Som Livre. Mais não conto. Apenas o chamava de Nelson Moita.

    — Barbinha, que tal reativar a bossa nova que anda meio caída?

    — Nelsinho, esqueça o passado. O rock nacional está na cabeça da moçada.

    E assim nasceu o primeiro Hollywood Rock, no estádio do Botafogo, no Rio de Janeiro, em janeiro de 1975. Passei a bola para Mônica Lisboa. Cuidei dos acertos para a filmagem, que acabou gerando um filme chatinho, e para a gravação do disco que seria ao vivo. Ninguém havia gravado um show nacional de rock ao vivo até então, e continuaram não gravando, porque ficou horrível. A parte de Rita que entrou no disco eram músicas do LP rejeitado por Midani, com aplausos porcamente adicionados. Até os novos Mutantes passaram por lá, mas o destaque ficou com Erasmo Carlos, assumindo seu lado rock'n'roll, e com Liminha, fora dos Mutantes, tocando contrabaixo. Raul Seixas firmou-se como o grande visionário, ao proclamar sua Sociedade Alternativa, e Rita mostrou que mulher no rock não era só Celly Campello, que também apareceu por lá. Mas valeu a experiência. Uma gripe daquelas acabou fazendo com que eu não assistisse Rita ao vivo mais uma vez. Como se eu fizesse muita questão disso.

    João Araújo era bem diferente de Midani, mas não deixava de ser um executivo de gravadora.

— Barbarinha, tenho mais uma missão especial para você. Precisamos abrir o leque da Rita. Sei que ela gosta muito desse tal de rock'n'roll, mas ela tem que dar uma mudada na linguagem.

Mas como fazer isso? Sabia que ela era uma cabeça dura e teimosa, exatamente como... eu. Fiz uma consulta com os orixás de mamãe Diva, que continuava a engordar assustadoramente. E ela me deu a solução.

— Sabe, João, sobre aquilo de mudar os trilhos da Rita? Temos que infiltrar um agente catalisador. Um novo personagem, com novas ideias. E eu tenho essa pessoa.

Eu tinha ido a um show dos Secos & Molhados e ficara impressionada com o guitarrista, não só artisticamente, mas também pelo conjunto da obra. O nome era Roberto de Carvalho.

João desandou a rir.

— Menina, você é um gênio. Eu conheço esse cara!

Contou-me que Roberto morara uns tempos na Califórnia, conhecera a turma do Santana e fora com eles para a estrada, após Woodstock. Ficou muito amigo do guitarrista e aprendeu a tocar latinidades na fonte. Tempos depois, já aqui no Brasil, quando de uma visita de Mick Jagger e sua então mulher, Bianca, Roberto foi convidado por Ezequiel Neves, polêmico crítico de rock, para ser intérprete.

Ezequiel, que se autodenominava Zeca Jagger, a certa altura cochichou algo em português no ouvido de Roberto e Mick achou aquilo falta de educação, mandando então o jornalista pastar. Ao descobrir que Roberto falava francês, uma das línguas preferidas do casal, Jagger nomeou o guitarrista como seu guia no Rio, com direito a escolas de samba, Maracanã, Angra e festinhas mil. Viraram amigos.

Roberto, ao voltar dos Estados Unidos, tocou com Jorge Mautner e depois, então, com os Secos & Molhados. Também estava no disco solo de João Ricardo, que foi a pedra de toque para a saída de Rita da Philips, e agora Roberto estava na banda de Ney Matogrosso. Roberto era mais conhecido como Zezé. Sabia o que era rock'n'roll e o que era João Gilberto. Ao ouvir esse nome, já me deu vontade de mijar. Ouvir falar João Gilberto me dá vontade de mijar. E a missão de convencer Roberto não era das mais desagradáveis.

Resumindo a história. Mulher quando quer dar, ninguém segura. Na semana seguinte, eu estava num show de Ney Matogrosso e resolvi usar a tática do ataque imediato. Logo após o show, sem maiores explicações, peguei Roberto pelo braço e o puxei para dentro do banheiro feminino. E quem vem chegando para estragar a minha festa? Rita Lee e Lúcia Turnbull. Mal e mal deu tempo para entrarmos num dos reservados quando elas entraram. Ficamos imóveis para não dar bandeira. E eu conhecia muito aquela voz.

— Sabe, Lúcia, Ney me contou de umazinha que está dando em cima do Zezé. Deve ser alguma subalterna de gravadora, daquelas que dão para o chefe, para o artista, para o técnico de som, segurança e quem mais estiver perto. Coitadinha. Ela nem imaginaria o tanto que eu e Zezé transamos esse fim de semana lá em casa.

Eu queria morrer.

Só depois vim a saber que Roberto tinha assistido a uma gravação do *Fruto Proibido* com o pessoal dos Secos & Molhados. E que também tinha colocado uma guitarra que agradou muito a Rita, quando Ney fez uma gravação de "Bandido Corazón", música que ele havia usado na única apresentação das Cilibrinas do Éden. Ela perguntou quem estava tocando e Ney apresentou o Zezé. A apresentação formal aconteceu num show de Ney no Beco. Daí, Rita se tocou que já tinha visto Zezé outras vezes. Estrategicamente, todos da banda de Ney foram convidados para um jantar na casa da magrela, onde ela se insinuou como se não quisesse nada. Roberto tocou um boogie woogie no piano e Rita sentou no mesmo banco, fazendo algumas firulas nas notas agudas. Aposto que desafinadas.

Onde eu estava plantando, ela já estava colhendo. Acho que Diva, ao me dar a solução, tinha feito um atalho para encurtar a história.

Minha vingança só veio tempos depois, quando queimei Rita com um cigarro na plateia dos Doces Bárbaros, com vontade, e ela nem viu quem foi. Quem mandou roubar aquele que poderia ser o homem da minha vida?

18. BAM GU GU

BALU CONTOU UMA HISTÓRIA muito engraçada para Diva. Rita tinha acabado de mudar para a casa da rua Pelotas, 47, e morava sozinha. Os Novos Baianos, de Pepeu, Baby e quatrocentos mais, estavam sem lugar para ficar em São Paulo. Cheia de boas intenções, Rita convidou o casal para ficar na casa, que era pequena, juntamente com a primeira filha da longa série que Baby ainda traria ao mundo. Acabou vindo a tropa inteira. Rita precisou trancar suas duas jaguatiricas, Ziggy e Martha, para que não jantassem a criança. E a combinada pequena estadia foi se alongando, com gente espalhada por todos os metros quadrados possíveis.

E sabiam desarrumar muito bem. Para uma arrumadeira de gavetas como ela, era a morte. Como se livrar dessa situação? A saída foi armar um plano com Balu, para ser posto em prática o mais rápido.

Já no outro dia, durante a refeição descontraída, recolhendo os restos de comida que os visitantes nem percebiam que espalhavam pelo chão, Rita comentou que seu pai era um militar linha-dura do exército, chegando até a torturar algumas pessoas e isso a deixava muito triste. Os baianos ficaram impressionados e prestaram solidariedade, mas não deram lá muita importância. No dia seguinte de manhã, Balu chegou apavorada batendo nas portas e janelas da casa, gritando:

— Rita, seu pai está armado e vindo para cá. Ele ouviu dizer que a casa está cheia de maconheiros.

Foi um deus nos acuda.

Na noite daquele dia, com a casa já liberada, Rita e Balu riam muito, até que começaram a dar pela falta de panelas, travesseiros, lençóis e do estoque de maconha, que tinha ido embora com as visitas. Bem feito.

Quem estava incógnito naquele Hollywood Rock de 1975 era Eric Clapton. Junto com Patty Boyd, recém-separada de George Harrison. Aquilo sim é que era amizade. Ceder a mulher para o amigo. Eles ficaram bem quietinhos nos camarins e conheceram Rita. No final de tudo, houve uma festa no triplex de Midani, em homenagem a Clapton. Sem imprensa. Nelson Motta pediu que eu fosse para lá para ajudar no social, mas as atribulações da filmagem fizeram com que eu chegasse um tanto tarde.

— Barbinha, você perdeu. Rita tocando violão, acompanhada por Clapton. Coisa para poucos. Clapton está com um violão Martin que é o xodó dele. Acho que podem mexer com a mulher dele, mas nem pensar em relar no violão.

Nelsinho estava exultante.

Eu estava no primeiro andar do triplex, perto dos banheiros e praticamente sozinha, já que todos estavam no agito do terceiro andar. Nisso, materializou-se em minha frente aquele que fora chamado de deus num muro londrino. Sem uma palavra, gentilmente ele me pegou pelo braço e me levou para o banheiro. Se a Rita chegasse com Lúcia Turnbull dizendo que já tinha dado para ele, eu matava.

Quando Clapton voltou para o terceiro andar, Dorinha, então a namorada de Liminha, estava simplesmente batucando no violão querido de Clapton, como se fosse uma escola de samba. O inglês, indignado, pegou o violão, a mulher e se mandou. Acabou a festa e todos quiseram linchar Dorinha.

Pouco antes de conhecer Roberto, Rita estava trabalhando em mais um disco, que se chamaria *Entradas e Bandeiras*, e estava testando sua nova voz. Logo após *Fruto Proibido*, foi fazer aulas de canto e Madalena de Paula descobriu um nódulo na garganta da magrela. Uma turnê pelo Nordeste acrescentou mais um nódulo. Bola, o astrólogo, recomendou que a operação fosse feita em Belo Horizonte, por ser um "lugar capricórnio", e lá foram Rita e Chezinha, que andaria pela primeira vez de avião.

Rita precisou ficar em silêncio por um mês e fazer muitos exercícios numa fonoaudióloga, mas mesmo assim seu timbre mudou e a voz perdeu a potência que já não tinha. Durante o período de mudez, compôs "Modinha".

Mas logo voltou aos velhos abusos, a mandar bala nos embalos e, desta vez, a overdose foi mais séria e a lavagem e o soro não resolveram. Precisou ficar internada. Foi o que bastou para Carlini, agora um dos compositores da banda, além de guitarrista, fizesse com que seu instrumento predominasse em todas as faixas do disco, deixando-o com uma sonoridade esquisita. João Araújo achava que um disco daqueles não iria vender nada. Alguns acontecimentos mudam a história.

Logicamente, mais uma música estaria numa novela, a escolhida foi "Coisas da Vida". E coisas da vida aconteceram.

Mônica Lisboa entrou fuzilando em minha sala. Não conseguia nem falar direito.

— Aquela vaquinha está grávida.

Perdi a fala, mesmo sem nada ter dito. O tal fim de semana que eu tinha ouvido no banheiro do Ney tinha rendido mesmo. E que pontaria, Roberto acertara na primeira.

Eu desconfiava que a empresária olhava Rita com olhos pidões embora até estivesse noiva de Ezequiel Neves, o tal jornalista e que, também vim a saber, olhava Roberto com o mesmo tipo de olhos. Estava até parecendo o pacto da minha mãe e do meu sumido pai.

Ela argumentava que aquilo seria o fim da carreira. Nenhum fã gosta que o ídolo se case. Ainda mais grávida. Ia ter que tirar.

Rita cantou "Daddy You're a Fool to Cry" dos Stones, ao telefone, para contar a Roberto a novidade. Ela ligou apenas para comunicar o fato e dizer que assumiria a produção independente. Roberto disse que tudo bem, mas foi bem reticente.

Gilberto Gil havia sido preso em Santa Catarina com um pouco de maconha, durante a turnê dos Doces Bárbaros, e havia se saído muito bem no julgamento. Gil era muito bom com as palavras e deu um belo depoimento do porquê de usar maconha. Gil disse que não difundia o uso da maconha em sua obra e que todo e qualquer mal causado ele estaria infligindo a si próprio. Em São Paulo, haviam prendido Percy, cantor do grupo Made In Brazil. A tática policial era pressionar a pessoa para entregar outros, senão jamais iria sair em liberdade. No melhor estilo dos tempos da caça aos comunistas, como na era macarthista nos Estados Unidos, um dominó derrubava o outro. E assim foi.

Balu estava dormindo todos os dias com Rita, depois do anúncio da gravidez, e tentava dar uma organizada na casa, pois aquilo era terra de ninguém. Chegava quem quisesse à hora que bem entendesse. Eram cinco horas da manhã quando ela foi abrir a porta para seis caras de blusão de couro e calças jeans. Já ia dar um esporro naqueles roqueiros fora de hora quando foi empurrada para dentro.

— Somos policiais e fomos informados que aqui tem um quilo de maconha. Viemos buscar a droga e a dona da droga.

Rita acordou com o barulho e, vendo a situação, ficou até aliviada, pois estava completamente afastada de tudo, decisão que tomara ao saber da gravidez.

— Podem procurar à vontade. Não vão achar uma bagana.

Até brincou, dizendo que, se fosse há três meses, até achariam. Mas as coisas não eram o que pareciam ser. Balu começou a gritar:

— O que você está colocando atrás do vaso sanitário?

Levou um empurrão e foi trancada no quarto.

— Aqui, chefe. Achei.

Milagrosamente aparecera o quilo de maconha.

Houve uma tentativa de suborno, quando insinuaram que o pai americano teria muito dinheiro. Ao saberem que Charlie era tão duro quanto eles, cana.

Mesmo sob protesto, dizendo que estava grávida, Rita foi jogada em um camburão e levada a uma peregrinação a várias delegacias, onde era exibida como um troféu. Daí disseram que Mônica Lisboa havia sido presa com cocaína e também Carlin, Suely Aguiar e Stone, que trabalhavam com Mônica.

Só à tarde Rita chegou ao Deic, com a imprensa toda esperando, lembrando que Bola, o astrólogo, tinha previsto tanto a gravidez como a prisão.

— Rita Lee Jones, meus homens encontraram esta quantidade de maconha em sua casa. A senhora está presa por posse, uso e venda de drogas.

Quando protestou, Rita foi ameaçada de ter o acréscimo de desacato à autoridade no processo. Foi para os porões do Deic, onde tiraram impressões digitais, fotos e socaram dedos em todos os lugares em nome de uma revista geral. Foi jogada em uma cela com prostitutas e transexuais. A cela estava lotada e um carcereiro japonês volta e meia ia lá e mijava no chão para que ninguém se sentasse. Rita não pôde falar com a imprensa, só valia a versão oficial.

No Deic ficou uma semana. Não dormia e não comia, além de ser interrogada todos os dias para que entregasse outras pessoas em troca da liberdade.

Foi então transferida para o Presídio do Hipódromo, onde levou novamente dedos em todos os lugares. A ordem era constranger ao máximo. Lá, encontrou-se com Mônica, que só ficou dois dias pois os pais dela tinham influência. No processo, Mônica se livrou dizendo que a cocaína era de Rita.

Enquanto Rita estava no Deic, João Araújo me chamou.

— Você pode não concordar, mas nossa indústria funciona assim. Eu até poderia tirar a Rita de lá mais rápido, mas se ela aguentar um pouco, vamos vender muitos discos. Sei que ela vai para o Presídio do Hipódromo. Já está tudo acertado e quero que você vá para lá como presa e que cuide de Rita.

Nunca tinha ouvido uma coisa mais nojenta que essa. Sensibilizada pela gravidez, e sabendo que se não fosse eu seria outra, aceitei. Nojento.

Fui travestida numa sapatona com peruca e roupa de macho. Os carcereiros do presídio me ensinaram como dominar a cela e lá estava eu, Mendonça, esperando a estrela chegar.

As garotas do X21 eram solidárias. Sabendo as manhas, consegui impor ordem. Quando Rita chegou, para fazer bonito e ganhar confiança, cedi meu beliche, pois não tinha cama vaga. E me fodi dormindo no chão. Na verdade, era a gravidez que conquistava toda aquela mulherada. Lá havia gente que tinha matado não sei quantos, mulher que matara o marido, outra que tinha matado os filhos, mas todas sabiam o que era esperar uma criança. Nessas, eu ficava de bobeira.

Ao saber da prisão, Roberto veio correndo do Rio e se apresentou para Charlie e Cheza como o pai da criança. Charlie foi lá e chorava muito, por não poder fazer nada. Cheza mandava banquetes todos os dias para todos da cela. João Araújo teve dó de mim e, uma semana depois, recebi uma "transferência". O sufoco era à noite, pois como estava lá como sapa, alguém sempre se chegava para algum carinho especial. Eu sempre dizia estar indisposta. Inclusive eu soubera que dona Rita, em tempos confusos com Arnaldo, havia experimentado da fruta com fãzocas anônimas, para saber se tinha algo de errado com ela, mas desistiu logo. Depois que saí, arrumaram até violão e a branquela animava a plateia. Não a vi tocando ao vivo mais uma vez.

As visitas inusitadas foram Arnaldo, que levou um baseado enorme para ser preso e ficar no lugar de Rita. No entanto, ela conseguiu dissuadi-lo. O cara estava perturbado, mas Rita achou uma atitude muito simpática. A outra foi Elis Regina. Embora ela e Rita nunca tivessem se bicado, pois estavam em lados opostos nas tendências musicais, foi a única artista de nome a se manifestar. Fez escândalo em frente à delegacia, levando o filho João Marcelo, com quatro anos, para ficar mais dramático. O medo da repercussão negativa na imprensa fez com que a estadia no presídio fosse abreviada e também com que Rita tivesse atendimento médico adequado, pois estava com sangramento e corria risco de aborto. A partir de então ficaram muito amigas.

Na terceira semana, Rita foi levada ao fórum para julgamento e lá estava Roberto chorando como criança, junto com José Carlos Dias, advogado que cuidava da defesa. Foi então que descobriram que Mônica havia jogado o pó para cima de Rita. E mais, havia levado todo o equipamento das turnês para reparar perdas e danos.

Este caso acabou sendo resolvido na marra. Como a Justiça mostrou que seria morosa mais uma vez, Roberto e José Carlos Dias acabaram entrando na casa de Mônica e levando embora o equipamento sem nenhum tipo de mandado. Justiça à moda antiga.

Rita recebeu sentença de um ano de prisão domiciliar. Para fazer shows, tinha que ir ao Deic para pedir autorização. Pela gravidez, ela voltou para a casa de Charlie e Cheza. Montaram um quarto para ela e Roberto, que agora assumira o filho de vez. Ele vinha todo fim de semana do Rio, onde ainda estava trabalhando. Foi num desses dias em que ficava esperando por Roberto que compôs "Doce Vampiro".

Nos primeiros tempos, ficava um guarda na frente da casa, para que Rita não saísse. Mas Cheza em pouco tempo já enchera o meganha de guloseimas e pegara amizade, o que rendia passeios sem qualquer escolta.

Aos quatro meses de gravidez, Rita já estava de volta para a estrada, aproveitando o apoio que a imprensa dera ao episódio da prisão, em que ela saíra como heroína, mas completamente sem dinheiro. Nos shows, a presença ostensiva de policiais, revistas no camarim e todos os constrangimentos possíveis. E João Araújo tinha razão. *Entradas e Bandeiras*, o disco fraquinho, estava vendendo aos montes.

17. OS FRENÉTICOS DIAS DANÇANTES

POR INSISTÊNCIA DE CHARLIE, Rita e Arnaldo legalizaram a separação em cartório, já que Rita estava grávida e a nova mulher de Arnaldo, Marta, também. Para saber quem estava esperando de quem, foi uma tarefa árdua para o juiz. Ele queria até propor uma reconciliação para o casal, mas resolveu ficar quieto.

Nelson Moita continuava arrumando coisas para fazer. Embora ele fosse um galinha inveterado, nós estávamos indo até que bem. Ele sempre me pedia opiniões sobre suas armações. Queria abrir uma casa noturna. Perguntou se eu tinha um nome. Na época eu estava ouvindo muito Led Zeppelin e sugeri Dancing Days, nome de uma música deles.

— Até que é bom, Barbinha, mas falta alguma coisa.

Lembrei da ideia de Midani, Rita Lee e as Frenéticas. Mas como Dancing Days estava em inglês, então Frenetic. Deu tudo certo. Foi um sucesso. Eu me esbaldava de dançar, beber, dar uns tapas num fino e, para matar a curiosidade de uma só vez, dava muito. Os tempos eram mesmo assim. Já que a repressão não deixava na política, cada um se virava como podia para compensar. E foi aí que aprendi que anônimos são muito melhores que famosos. Famosos geralmente trepam consigo mesmos e você não passa de mera plateia.

Rita Lee até fizera um show na casa, pouco depois de sair da cadeia, mas eu não estava lá, mais uma vez. As garçonetes da boate fizeram tanto sucesso que dei ideia a Nelsinho de lançá-las como cantoras. Nelsinho olhou para mim e disse:

— Vou fazer uma letra para você cantar, liderando as meninas.

Disse que não servia para o palco, embora até tivesse uma voz legal. A letra começava assim: "Eu sei que eu sou bonita e gostosa e sei que você me olha e me quer". Era "Perigosa". Quem poderia musicar aquilo? Sabia que Rita e Roberto, agora grávidos, e ela recém-saída da prisão, precisavam de trabalho. Sugeri e deu certo. Compuseram a melodia, Roberto acabou ensaiando as garotas e Liminha fez a produção, sua primeira oficial para Midani, que agora estava na Warner. Sempre a mesma turminha.

Um dia, Daniel Filho e o poderoso Boni estavam reunidos com João Araújo, para definirem uma ideia para uma nova novela.

— As mulheres sempre sabem o que está acontecendo. Qual a nova onda, dona Bárbara?

Com uma tremenda ressaca, eu disse que a nova onda era a discoteca até o raiar do dia e o trabalho logo em seguida, sem dormir. Eles riram. E perguntaram qual discoteca. Assim nascia *Dancing Days*, a novela. E o pior foi ver Sônia Braga vestindo exatamente as roupas que eu criava para varar as noites. Eu nunca ganhava crédito e meu salário continuava o mesmo.

Robertinho lutou bravamente para nascer. Ainda em prisão domiciliar, Rita foi ao médico. O coração da criança não dava sinais, por isso foram às pressas para a cesárea. O parto foi muito complicado. Ele nasceu de sete meses, tinha o cordão umbilical enrolado no pescoço e estava completamente roxo. Vendo aquela coisinha lutando para sobreviver, Rita sentia-se muito puta com a prisão, que deveria ter provocado aquilo tudo.

Roberto já estava tanto no Tutti Frutti, quanto em São Paulo. Alugou um apartamento na rua Eça de Queiroz, onde pai, mãe e filho dividiam o mesmo quarto, apertadinho. O lugar era tão pequeno que as inúmeras visitas dos parentes babões tinham que ser esquematizadas, pois não cabia todo mundo.

Eu acabara de ouvir a nova música de Rita, "Arrombou a Festa". Era uma cópia deslavada de tudo que Raul Seixas achava da música brasileira. E virou o maior sucesso do verão de 1977. O melhor presente que o cofrinho de Robertinho recebeu. As músicas continuavam entrando nas novelas. A rotina foi logo retomada. Acabada a gravidez, voltavam as drogas, com Roberto devidamente desencaminhado pela nova mulher. Ambos iam começando a se acostumar com a nova vida. Uma transa de um fim de semana tinha virado uma família. E parece que eles estavam gostando da ideia.

Gilberto Gil e Sandra foram os padrinhos de Robertinho. Conversa vai, conversa vem, comadres e compadres resolveram fazer *Refestança*, uma turnê conjunta. Agora com a prisão domiciliar fazendo parte do passado, fizeram tanta festa pelo Brasil afora, com direito a cenários caindo em suas cabeças, Gil completamente zen e macrobiótico, e os Tutti Frutti tomando tudo que lhes passava pela frente. Num acerto entre as duas gravadoras, foi feito um disco ao vivo, com produção de Guto Graça Mello. As novidades eram Lúcia Turnbull como backing vocal de Gil e Naíla Mello, percussionista dos Tutti, que ainda dariam o que falar.

Terminada a turnê, gravaram o primeiro disco de estúdio com Roberto, *Babilônia*. A maioria das músicas era parceria de Rita com Lee Marcucci, mas aparece a primeira composição de Rita e Roberto, "Disco Voador". João Araújo estava muito contente, pois já sentia o reforço de Roberto na energia do disco, que era tão bom quanto *Fruto Proibido*. O clima ainda era muito rock'n'roll, mas várias músicas não paravam de tocar no rádio. Mamãe Globo era forte.

Naíla, a percussionista, resolvera mostrar que gostava tanto de meninos como de meninas e elegeu Rita seu alvo, tudo isso combinado com muita bebedeira. Tomava todas no camarim e resolvia ir para cima de Rita. Por várias vezes a tática era deixá-la bem grogue e trancá-la no camarim durante o show, para não dar muita baixaria. Um belo dia, ela acordou no meio da apresentação e subiu de roupão para o palco. Estavam tocando "Miss Brasil 2000" e Rita a pôs para desfilar. Acontecer que, fora o roupão, ela não estava vestindo nada. O roupão acabou caindo e estava eleita a nova Miss Brasil 2000, a peladona. Naíla acabou trocando tudo isso por Angela Rô Rô, mas ficou o ritual de arrumar uma nova peladona para desfilar na música, a cada cidade que passavam. Surgiram anões, travecas e muitas desinibidas.

Uma das primeiras, em Porto Alegre, foi Adriana Calcanhotto em início de carreira.

Carlini chegou no ensaio da banda e foi mostrar uma nova música. Terminada a audição, Roberto tocou exatamente o que Carlini havia tocado.

Todos ficaram surpresos com a rapidez com que ele havia aprendido em apenas uma audição.

— Não é nada disso. Essa é uma música do Edgar Winter.

A cara de Carlini foi ao chão com a descoberta do plágio. Mas não foi só essa situação que levou ao fim o Tutti Frutti. Na calada da noite, Carlini havia registrado o nome Tutti Frutti para si, sem comunicar a ninguém. Quem entregou foi Lee Marcucci, que até achava que formariam uma banda sem Rita. Mas, ao ver que Carlini formaria uma nova banda sem ninguém da original, entregou a falcatrua. Acabou a festa.

Daí foram aparecendo nomes ridículos, que duravam um show, como Cães e Gatos e até Hortelã.

Mas a branquela não saía do meu pé. Saiu o novo disco de Caetano, que tinha uma música chamada "Sampa", onde ele falava várias coisas que havia me dito há muito tempo, no dia em que Guilherme Araújo o apresentou a mim. Ele disse aquelas mesmas palavras olhando aqui para essa Bárbara que vos fala. Mas não liguei muito, porque ser comparada com deselegância, mesmo que discreta, ou ser avesso do avesso seria mesmo um elogio? Historicamente, que estoure na mão da tal Rita Lee.

Elis Regina foi simpática mais uma vez. Chamou Rita e Roberto para participarem de seu especial de fim de ano, que passaria na Bandeirantes. E a força dos hormônios acabou me envolvendo em outra situação. João Araújo me mandara ir até lá para ver se tudo corria bem. E pelo visto, ao menos no ensaio, eu veria o palito engomado tocar ao vivo. Elis ensaiou sua parte e aí chamou Rita e Roberto, para tocarem juntos uma música que haviam feito especialmente para o evento, "Doce de Pimenta". César Mariano, então marido de Elis, mas pelo jeito, meio um para lá, um para cá naquela época, tinha passado todo o ensaio me olhando. Enquanto Roberto ligava a guitarra, César passou ao meu lado e disse:

— Não suporto roqueiros. Vamos fazer coisa melhor.

Encurtando: acabamos em um banheiro meio distante, onde nem deu para ouvir o ensaio da tal música. Voltamos meia hora depois, com aquela cara lavada, e Elis acabou com a vida do companheiro na frente de todo mundo. Saí à francesa, e quando assisti ao especial pela TV, César não estava tocando na tal música.

E os Lee-Carvalho não perdiam tempo. Rita esperava o segundo filho, previsto para julho de 1979. O que era bom nessas situações é que o casal engravidava junto e as drogas eram barradas totalmente. João Araújo chamou os dois para uma reunião decisiva. Eu ficava em uma sala ao lado, com a porta sempre aberta. É verdade que eu sempre mudava o corte de cabelo, o modo de pentear e o estilo de roupas, mas para Rita eu ficava invisível como se tivesse tomando ácido, e Roberto parecia jamais ter me visto na vida, acho que para preservar o casamento. Ou eles nem ligavam para gentalha subalterna mesmo.

Araújo mandou pararem com frescuras com aqueles nomes esquisitos de banda e adotar o nome Rita Lee de vez. O ponto que não gostaram muito foi quando João disse que a sonoridade da música estava mudando. Ou eles mudavam junto, ou ficariam datados e fora do jogo em breve.

Saíram meio pisando duro, mas lá fui eu incumbida de contatar o arranjador bola da vez, Lincoln Olivetti.

O estúdio do cara era um antro. Ficava no porão da casa, sem qualquer luz natural. Só tinha parafernália eletrônica para todos os lados, pedaços de papel com notas rabiscadas e cocaína em todos os cantos possíveis. O cara parecia Rasputin. Careca, meio banguela, barbudo. Banho, vai saber quando foi o último. Nos teclados muito ranho e nariz, esverdeados. Depois me disseram que Roberto passou mal quando teve que mostrar algumas canções naqueles teclados. Até que tive sorte em entrar lá, pois rezava a lenda que a mulher do cara passava as fitas demo por debaixo da porta e recebia os arranjos pelo mesmo caminho.

Rita e Roberto acabaram aceitando a proposta de João Araújo, e assim nasceu o disco *Rita Lee*, só com a cara dela na capa, meio gordinha pela gravidez, com quase todas as músicas compostas pelo casal. No encarte, Roberto aparece pela primeira vez dividindo a bola. Rita está encostada nele mostrando o barrigão de João. Os roqueiros de carteirinha torceram o nariz porque cheirava a discoteca, mas foi um sucesso atrás do outro. "Chega Mais", "Papai Me Empresta o Carro", "Doce Vampiro", "Corre Corre" e "Mania de Você" são cinco das oito músicas do disco que tocam até hoje. Os críticos ladravam, enquanto a grana passava para o bolso do casal.

No dia 15 de julho, um mês antes de sair o disco, nascia João Lee de Carvalho. Eu sentia que a praga estava aumentando e, agora liberados da gravidez, era hora de estrada e chapação. As crianças ficavam aos cuidados de Balu, e os pais ficavam a mil por hora ao deus-dará.

16. MEUS SAISCRIFÍCIOS

JOÃO ARAÚJO SEMPRE me pedia opiniões. O próximo passo, segundo a estratégia que ele havia traçado, seria unir Rita a alguém de peso na MPB, para criar uma imagem mais diversificada. Resumindo, uma forma de vender mais discos.

— Sabe, João, acho que ela precisa de alguém tão ou mais louco que ela.

— Mas, Barbarinha, acho que juntar ela com Raul Seixas vai ser farinha do mesmo saco. Rende um pouco, mas não muito.

— Meu caro patrão, eu estou falando de alguém realmente louco. Estou falando de João Gilberto.

E já me deu vontade de mijar.

Araújo quase caiu pela janela. Nem precisei pedir aumento. Apesar de que os efeitos colaterais são danosos. Eu teria que fazer contato.

— Babi, tem que ser você. O homem é um dos maiores rabos de saia do *show business*. Um come quieto.

Sim, eu sabia da fama e, embora tenha feito cara de descaso na hora, no fundinho, sabia que serviria para o currículo.

A missão. A lenda já era conhecida. João Gilberto só morava em hotéis e ficava em um quarto enquanto a paisagem não cansasse. Daí, ou mudava de quarto, ou de hotel. Trocava o dia pela noite, recebia pouquíssimas pessoas e tinha conversas colossais pelo telefone, mesmo que fosse um desconhecido que houvesse ligado por engano. Às vezes, convidava alguma personalidade para um jogo de baralho e cumpria o convite ao seu modo: o convidado no corredor, ele dentro do quarto, com a porta fechada e passando as cartas por baixo da porta.

João Araújo tinha uns papéis referentes a um especial que João Gilberto faria pela Globo e que precisavam da assinatura do artista para aprovação de cenário, iluminação e repertório. Achei que seria a deixa certa. Peguei os papéis e lá fui, preparada para passar tudo por baixo da porta, claro, mas quem sabe?

A portaria mandou que eu subisse e ouvi várias expressões de "duvido que ele vá atender". Era bem fora do usual alguém trazer papéis para serem assinados à meia-noite. Dei três pancadinhas e ouvi um "sim?" com aquela voz bem característica. Expliquei rapidamente o que precisava. Silêncio total. Eu via a sombra de uma pessoa, que deveria estar observando pelo visor da porta.

— Você pode se afastar um pouquinho?

Confesso que eu estava vestida para matar. Decote e pernas de fora. Deve ter demorado uns dez minutos e eu com minha expressão mais desinteressada possível. A porta se abriu e lá estava o mito de roupão, pijamas de flanela, meias e chinelos confortáveis.

Para escrever tudo o que aconteceu seria necessário outro diário. João Gilberto não para de falar um segundo. Ou cantar, muito embora tocasse uma mesma música por horas a fio, às vezes ao telefone para algum ouvinte disposto a passar a madrugada dessa forma. Às vezes, o assunto ao telefone era sobre variações harmônicas em uma mesma música. É o maior jogador de pingue-pongue que já vi. Nunca fumei tanta maconha na minha vida.

Nunca vi tanta felicidade infantil num adulto quando tirei um punhado de pílulas de Mandrix de minha bolsa, já que sabia de mais essa preferência. Todos os dias, um mensageiro vai até o aeroporto do Galeão buscar uma sopa de feijão que uma mãe de santo manda para o jantar, e ele a toma religiosamente num ritual que não me atrevi a entender. Após o banho, a primeira peça de roupa que põe são as meias. Disse que todo cantor que se preze jamais deve ficar sem meias.

Resumindo tudo, fiquei dez dias trancada num quarto de hotel e muito mais não direi sobre o que lá aconteceu. Só digo que João Gilberto é muito minucioso, e o que uma pessoa normal faria em minutos, ele faz em horas. Se é que me entendem, meninas.

Mas eu tinha uma missão. No nono dia fiz a ligação e ele pegou o telefone e disse:

— Ritinha, aqui é João Gilberto.

Passou uns cinco minutos provando que era o próprio, só a convenceu quando cantarolou boa parte de "Mania de Você". Parece que do outro lado da linha houve comoção. Imagino a cara da branquela quando ele completou:

— Ritinha, vou mandar uma fitinha com "Joujoux & Balangandã" para a gente cantar juntinhos num especial da Globo que gravo na semana que vem.

E ficou fazendo uma serenata pelo telefone, enquanto eu me sentia plena por ter conseguido o intuito inicial da visita. Mas, mesmo assim, resolvi completar o décimo dia, aí como puro prazer, muito embora tenha quebrado a cara por isso. Após ouvir agradecimentos e carinhos sem ter fim por ter lembrado o nome da branquela para o especial, pouco antes de sair, ao folhear uma agenda jogada no sofá, desinflei o ego. Datada de quinze dias atrás, com a letra que eu já conhecia por vê-la tantas vezes naqueles dias, uma notinha: "Convidar Rita Lee para o especial". Resolvi que era tempo de ir embora. E ouvir falar em João Gilberto já me dava mais vontade de mijar.

João Araújo disse que nem se preocupou com meu desaparecimento, pois imaginava o que estaria acontecendo, e agradeceu efusivamente o convite feito à Rita. Efusivamente significava mais um aumento. E eu jamais contaria o verdadeiro ocorrido. A verdadeira história é feita de silêncios.

Parecia que minha hora de ver Rita ao vivo estava chegando. Eu iria acompanhar João Gilberto para o ensaio. Um dia teria que acontecer. Mas meu bom e velho João implicou com um músico da orquestra, pegou o violão e se mandou. Não houve ensaio. Apenas ficou acertado que Rita iria de vestido, daria a mão para ele, sentariam à beira do palco e cantariam "Joujoux". Assisti ao resultado pela TV, já que não estive na gravação.

Mas, enquanto eu me divertia entre mil acordes dissonantes, a vida havia sido mais dissonante ainda. Mary, a irmã mais velha de Rita, juntou um descontentamento no casamento com álcool e barbitúricos, e o coração, já frágil de nascença, resolveu não acompanhar o embalo. Ela foi internada com urgência no Hospital Oswaldo Cruz. Quando liguei para minha mãe, Diva, senti pela voz que ela já sabia. Perguntei se tinha notícias da gravidade do estado de saúde de Mary e ela só chorou.

Fazia uma semana que Mary estava internada e Rita, mesmo com a agenda lotadíssima, foi visitar a irmã. Foi aí que Mary pediu a Rita um dinheiro emprestado para alugar uma casa e morar sozinha. Só estava preocupada com os bichinhos que estavam em casa sem ela. Rita a convidou para ficar uns tempos em sua própria casa, disse que depois arranjariam um lugar adequado para ela e a tranquilizou dizendo que iria cuidar dos bichinhos. Rita incorporou Aníbal, seu personagem masculino para dar em cima de uma enfermeira, e deram boas risadas. Combinaram que, quando Mary saísse do hospital, tomariam um porre para comemorar. Foi a última coisa que conversaram.

No outro dia, a pedido de João Araújo, e também para tranquilizar Diva, fui até o hospital para fazer uma visita. Quando lá cheguei, no corredor vi Chezinha e Brian, o marido de Mary, aos prantos, dando a notícia para Vivi e Rita. Mary havia sofrido um infarto. Estavam tão passados, todos, que nem perceberam minha presença. Entrei no quarto com as duas irmãs e Mary havia acabado de partir. Foi comovente ouvir as duas segurando as mãos ainda quentes da irmã e dizendo:

— Vai, Meirão, agora você está livre, voa bem alto, deve ser uma delícia onde você está agora.

E, mesmo com as enfermeiras de olhos arregalados vendo a cena, continuaram a conversar. Quando Chezinha ficou sabendo da fatalidade, quase morreu ali mesmo.

Para o velório, Rita e Vivi arrumaram o caixão, vestiram Mary e consolaram Chezinha e Charlie, que estavam totalmente arrasados. Charlie não dizia uma palavra. Mas Rita negou-se terminantemente a ir ao enterro. Ela não entra de maneira alguma em cemitério. Diva teria vindo, mas sua gordura já não permitia que saísse de casa.

Para Chezinha o golpe foi pior. Após lutar anos contra o câncer de seio, ou ao que parecia na verdade nem dar bola para ele, começou a perder a luta. Já havia retirado um seio, depois o outro. Agora tinha retirado a vontade de viver. Rita tentou convencê-la a tomar morfina para a dor, mas Chezinha dizia que estava purgando seu carma e que aquilo não era nada para ela. Nunca se queixou, embora ainda tenha aguentado um bom tempo.

Mas alguém vai, um outro vem. Rita estava grávida pela terceira vez. Essa mulher ainda ia fazer São Paulo virar capital da China. Em homenagem aos divertimentos de Charlie, nos velhos tempos, Rita fez uma música chamada "Lança Perfume". E essa era a abertura do novo disco, que entrou de sola na discoteca e na vida descompromissada. Ao menos seis das oito músicas do disco estiveram nas paradas. João Araújo estava tão satisfeito que nem percebeu que havia uma faixa chamada "João Ninguém", que o gozava abertamente. Mas quando tem dinheiro, todo mundo tá feliz, tá feliz. O disco acabava com outra homenagem às velhas raízes na Pompeia, num bom e velho rock chamado "Ôrra Meu", que tinha até o cáustico crítico musical Ezequiel Neves nos backing vocals.

Estava firmada a parceria musical de Rita e Roberto, que compunham quase todas as músicas, repetindo a fórmula do disco anterior, com Lincoln Olivetti e sua tropa. Mas dessa vez eu não fui ao "antro-estúdio".

Imagino como estaria um ano depois. Roberto, embora dividindo as composições, ainda não dividia a capa nem em foto, nem em nome. Como no anterior, estava na contracapa, bem discreto.

Sendo da Som Livre, e vendendo como água, o próximo passo foi um especial na Globo, chamado *Rita Lee Jones*. Também só o vi quando foi transmitido. Grana e ofertas tentadoras não faltavam, mas a gravidez servia para manter todo mundo careta.

E assim começou 1981, com discos vendendo cada vez mais e shows pelo Brasil inteiro. Chezinha continuava sofrendo calada, mas Charlie não havia absorvido muito bem a morte de Mary. Vendo que sua mulher poderia ir de uma hora para outra, mostrou que o coração não era tão forte assim. Aliás, Charlie havia nascido com sérios problemas cardíacos, que foram herdados por Mary, e só sobreviveu por conta das feitiçarias do pai Cícero. Charlie era muito orgulhoso e não queria aceitar, mas agora a filha famosa tinha dinheiro para colocar o marca-passo de que ele estava precisando. Depois de esquecer um pouco o orgulho, ficou feliz de estar com aquela maquininha e por ter virado biônico. Charlie feliz, minha mãe Diva também feliz.

Mas no meio do ano, a branquela ainda iria me dar mais uma rasteira. No dia 6 de agosto, nascia Antonio Lee de Carvalho. A vaquinha tinha roubado o nome que eu havia escolhido para um possível filho. Ao menos resolveu acabar com a China paulista e, logo após, fez uma cirurgia para não ter mais filhos. Ou será que era para não ter que ficar careta durante outra gravidez?

15. UMA JANELA PARA O CHÃO

ERA TEMPO DE GRAVAR um novo disco, e nada havia de impedimento para voltarem ao estado turbinado novamente.

Quem estava trabalhando como meu ajudante na Som Livre era o filho de João Araújo, um garoto de apelido Cazuza. Um dia, ouvindo um telefonema de um dos assessores dos Carvalho, em que pediam uma farta ração de combustível branco para as gravações, foi dizendo:

— Você sabe onde conseguir isso?

— Primeiro, nem pense em dizer isso a seu pai, e depois, mesmo não sabendo, tenho que me virar.

— Vem comigo — disse ele com um sorriso.

Em pouco tempo estávamos num dos morros do Rio de Janeiro. Descemos do táxi, Cazuza começou a subir a ladeira me puxando pela mão.

— Fica fria, estamos em casa.

Comecei a estranhar que não tinha ninguém nas ruas estreitas e vi que Cazuza também não estava achando isso muito normal, mas um garoto nem imagina o que é o perigo. Não demorou muito para estarmos cercados por um bando de moleques armados até os dentes. Cazuza não se intimidou.

— Aí, gente boa, estamos aqui só para apanhar uma paradinha e sair fora.

Levou um empurrão que quase o jogou de boca no chão.

— Cala a boca, playboyzinho. Aqui ninguém te conhece, não. Fique sabendo que o pedaço está sob nova direção.

Quando senti os olhares virados para mim, ou melhor, em partes de mim, senti que estávamos numa fria.

— O chefe vai adorar uma carninha branca e macia como essa para a ceia.

E eu com um vestidinho curto e fininho, para enfrentar o calor. Bailei. E comecei a rezar para mamãe Diva, para que mandasse uma saída.

— Podem ir saindo fora, molecada. É gente minha.

A voz era grave e o tamanho do homem que falava, tanto para os lados, como para cima, era impressionante. Era um homem negro e não sei se era o tal chefe, mas ao menos se eu tivesse que ser sacrificada, o carrasco era dos mais charmosos.

A molecada não gostou muito, mas foi saindo aos poucos. O homem pôs as mãos no meu ombro e no de Cazuza, que estava verde e mudo. Quando chegamos novamente no asfalto, nosso novo amigo nos xingou de todos os nomes possíveis.

— Se Deus não tivesse me colocado ali, naquela hora, vocês dois eram picadinho garantido. Tem um novo bando tomando conta do morro e eles vão barbarizar para ter moral.

Eu acabara de conhecer Jimi John. E tinha certeza que Cazuza iria dar trabalho aos pais.

O combustível que eu havia ido buscar era para turbinar as gravações de *Saúde*, o novo disco que não mexeria na fórmula que estava dando certo. Lincoln Olivetti comandou a nata dos músicos de estúdio do Rio, uma canja de Lúcia Turnbull nos vocais, músicas dançantes de Rita e Roberto fizeram novamente com que, num disco de oito músicas, seis tocassem em todas as paradas.

Pela primeira vez o disco saía como *Rita & Roberto*, que ainda continuava saindo na foto da contracapa, mas até cantou solo em "Favorita". O casal colocava suas farras nas paradas de sucesso.

E Jimi John, agora incorporado, não deixava faltar combustível de qualquer tipo. Pó, fumo, anfetamina, para cimas e para baixos. Melhor para mim, que não precisei ir mais a morro algum e nem aparecer no estúdio. E ainda ganhei Jimi John de presente.

Ele não dizia de onde era, mas pelo sotaque me parecia carioca. Também não consegui saber seu nome original, mas soube que o que usava era homenagem a dois grandes ídolos: Jimi Hendrix e John Lennon. Em breve nossos, digamos, laços, foram ficando bem estreitos e aprendi os prazeres relaxantes da ganja, a famigerada maconha. Jimi John não bebia, não fumava tabaco e não consumia nenhum dos seus produtos. Só mantinha seu culto a Jah, ou seja, uma fezinha diária na maconha. E, decididamente, sabia fazer uma mulher feliz, usando todos os atributos que havia herdado do Divino.

Tenho que admitir que foi minha primeira paixão de verdade. A intimidade clareou alguns pontos de sua história. Jimi John, cujo nome me lembrava muitos dos mijões que encontrei na vida, vivia de descolar para os descolados. Ele arrumava os melhores produtos para os ricaços do *show business*. Em duas situações sua atuação foi determinante e isso lhe trouxe bons dividendos.

Uma vez, em Lagos, na Nigéria, entrou numa quebrada e viu uns branquelos numa situação parecida com aquela em que salvou a mim e a Cazuza. Eles estavam numa rua sem asfalto de um bairro de periferia, talvez procurando o mesmo que procurávamos no morro, mas a coisa ia acabar mal. Jimi reconheceu o branquelo, sua mulher mais branquela e um amigo deles, com os quais formavam uma banda. Era nada mais, nada menos que Paul McCartney, que estava por lá gravando um disco, e achava que um riponga bem intencionado poderia ir a qualquer lugar impunemente. Paul, depois de ver que havia nascido novamente, disse a Jimi John que pedisse qualquer coisa e não era para ser coisa pequena. Assim, ele conseguiu realizar seu sonho de ter um barco só dele e no lugar de seus sonhos, o Caribe.

Usava o barco para levar bacanas em passeios com todos os combustíveis que eles quisessem, longe de qualquer repressão.

Um outro golpe de sorte foi quando, num de seus passeios, foi parar em Negril, na Jamaica. Foi fazer uma visita a seus amigos policiais do balneário, quando viu uma mulher completamente detonada em uma cela. Apesar do estado dela, conseguiu reconhecê-la, pois já a havia levado várias vezes em seu barco. Era Annita Pallenberg, mulher de Keith Richards, um dos líderes dos Rolling Stones. Keith tinha uma casa na Jamaica e, junto com Ron Wood, o outro guitarrista dos Stones, viviam dando voltas no barco de Jimi.

Annita estava se separando de Keith e, numa das viagens do marido para fazer shows, ficou sozinha e resolveu ir numa boca barra-pesada para buscar o pó nosso de cada dia. E Jimi John não estava por lá. Os caras tomaram o dinheiro dela e a jogaram perto da delegacia. Ficou numa cela com dez elementos dos piores da bandidagem e foi currada por eles durante uma semana.

Jimi conseguiu tirá-la de lá e levá-la de volta para casa e, como prêmio, trocar seu barco por um iate respeitável. Volta e meia ele vinha ao Rio para ver os parentes, mas sempre mantendo suas atividades. Quando viu Rita, comentou comigo:

— A sardenta está sempre no Caribe.

Saúde foi mais um sucesso, e foi renovado o contrato com a Som Livre.

Os Carvalho tinham comprado uma casinha na velha Cantareira do tempo dos Mutantes, e o mundo, de tão pequeno que é, um dia trouxe Arnaldo Baptista até aquelas paragens, coincidentemente com Chezinha também por lá como visita. Rita estava brincando com os filhos, quando entraram Roberto e Arnaldo. Socializaram como gente grande. Arnaldo conheceu as crianças e Roberto pôde dizer pessoalmente da admiração que tinha pelo trabalho do mutante. Arnaldo estava morando com a nova mulher, Suzana, numa casa ao lado. Mas, definitivamente, seu astral não era dos melhores. O olhar perdera o brilho.

Próximo também morava Elis Regina e isso fez com que a amizade nascida nos tempos da prisão pudesse florescer em longos papos e visitas.

Um dia, Rita estava em casa fazendo os preparativos para o fim de ano quando recebeu um telefonema. Era um enfermeiro da Clínica Bela Vista, uma clínica de repouso. Ele dizia que Arnaldo estava internado lá e queria falar com ela.

A Clínica Bela Vista era um recanto de repouso. Rita foi informada que Arnaldo havia se afastado da mulher, estava sofrendo profundas depressões e tinha voltado a morar com a mãe. Ela, não aguentando a nova condição do filho, acabou internando-o. Rita disse que iria visitá-lo assim que pudesse. Era dia 27 de dezembro de 1981. Na correria do final do ano, acabaram adiando a visita prometida.

No dia 1º de janeiro de 1982, Rita foi acordada com uma péssima notícia. Arnaldo havia pulado da janela do hospital e estava em coma. Ela ficou meio sem ação, mas Roberto pegou-a pelo braço e foram correndo para a Clínica Bela Vista. No caminho, Rita foi pensando como poderia ter acontecido, já que a clínica era totalmente térrea. Achou até que havia exagero no chamado. Chegando lá, as coisas foram tomando forma. Clarisse, mãe de Arnaldo, tinha conhecidos no Hospital dos Servidores e, para economizar nos gastos, havia transferido Arnaldo para lá. Ele havia pulado do terceiro andar daquele hospital. A coisa era mesmo séria.

Rita ficou sem saber o que fazer, chocada com a situação. Ficaram sabendo que, por estar lá de favor, Arnaldo estava na ala de indigentes do hospital, onde a UTI tinha apenas os mínimos recursos. Roberto tomou a dianteira e fez os arranjos financeiros para a transferência para a ala particular do hospital. Além de estarem chocados, pouco mais poderiam fazer.

Logicamente, a vida de Rita agora era outra e ela não poderia ficar cuidando daquela situação. Até se sentiu mais tranquila quando soube que Sônia Abreu, uma radialista, e Lucinha Barbosa, uma antiga namorada de Arnaldo, haviam assumido conduzir a complicada recuperação — já que Suzana, a mulher, tinha dois filhos de um casamento anterior e não teria condições de cuidar do marido.

Rita e Roberto foram dar uma olhada na casa de Arnaldo para saber se estava tudo bem. Quase morreram de susto com o que viram. A casa estava toda queimada por dentro. O que poderia ter acontecido? Arnaldo sempre gostara de piromanias e parece que ainda exercia a função. O panorama era desolador.

Arnaldo acabou saindo do coma, mas com algumas restrições. Uma delas era a proibição, por parte dos que cuidaram dele, de se encontrar com Rita, que acabou ficando como omissa na situação. Como para os Beatles, o sonho havia acabado para os Mutantes, que haviam continuado com Sérgio, mas jamais se reencontraram na formação original.

Mas 1982 ainda traria mais surpresas. No dia 19 de janeiro, vítima de uma overdose, quem diria, morria Elis Regina. Rita jamais ouvira a nova amiga chamando-a de Maria Rita, que acabou sendo o nome da filha de Elis.

Rita foi à missa de sétimo dia e leu na cerimônia algumas passagens bíblicas. Sentindo o peso de tantas perdas, Rita pediu férias para mudar o clima. Se ela estava de férias, eu também estava e, então, resolvi aceitar o convite de Jimi John para conhecer seu barco no Caribe.

14. MEU MUNDO SAIU

POR SERVIÇOS MAIS QUE PRESTADOS, eu tinha trânsito completamente livre com João Araújo. Apenas comuniquei que ficaria uns tempos fora. Sabendo de algo que eu não sabia, ele disse:

— Você ainda vai acabar trabalhando para mim de alguma forma.

Não entendi por que, mas também não quis retrucar.

Em poucos dias eu estava no Paraíso e com Deus. No paraíso terrestre e com um deus negro. O Caribe é simplesmente deslumbrante. De uma alvura que cega. Leva uns dias para se acostumar. Jimi John tinha um barco de Primeiro Mundo, com marinheiros e tudo, uma casa de luxo em alto-mar.

Um dia estávamos ancorados próximo à praia, quando ele passou o binóculo e disse:

— Diga um oi.

Quase caí das pernas quando, a meio centímetro de minha cara, lá estava a branquela com a família. De biquíni, toda sardenta, matando uma tora que parecia uma espiga de milho. As pessoas que circulavam na praia serviam o jererê dentro de uma concha, sem miséria, e a coisa rolava solta. Então entendi por que João Araújo disse que eu acabaria trabalhando. Ele sabia que ela estava por lá.

— Sempre os vejo por aqui; eles ficam numa pousada chamada Royal Pavillion, de uma inglesa chamada Julia Seymour.

E era só ficar uns dias por ali que você cruzava com Sting, alguns Stones, Elton John, David Bowie. Todos tinham casa por lá e todos sempre gravavam no estúdio de Eddy Grant. Ali nasciam músicas que povoariam as paradas de sucesso mundiais. Isso quando alguns não iam dar uma voltinha no iate de Jimi. Quantos ídolos mundiais eu não vi jogando os bofes para fora na beira do convés. Quantas mãos bobas eu não tive que delicadamente tirar da minha bunda, tanto de ídolos, quanto de suas mulheres. Birita, jererê fumado como se fosse cigarro normal, muito pó, cápsulas de todas as cores e uma gorjeta gorda para Jimi John, que os conduzia sãos e salvos até a porta de suas mansões.

Jimi disse que geralmente levava os Carvalho para mergulhar nas regiões de corais, mas o que eles mais gostavam era ficar bundando na praia com as crianças. E digo que senti uma ponta de inveja. Observando-os por vários dias na segurança do binóculo, eu vi que eram felizes. Uma felicidade descontraída que eu nunca tinha visto no rosto da branquela e que acabaria não vendo mais em tempos futuros.

Acho que ela deve ter suas melhores lembranças dessa época e sempre ficará com os olhos mais úmidos que o normal quando assistir aos vídeos caseiros e folhear os álbuns de fotos. Com ela em paz, eu estranhamente também tinha um sentimento de leveza. O que nos uniria? A simples proximidade da vida? E ela nem imaginava que eu existia. Mistérios.

Mas todo mundo tem que voltar para o batente algum dia. E, coincidentemente, estávamos todos no mesmo voo. Eu, na classe econômica; eles, na primeirona.

A Globo lançou um programa matinal chamado *TV Mulher* para entreter as donas de casa no batente. Acho que as donas de casa assistiam e suas empregadas iam para o batente, isso sim. E o tema era "Cor de Rosa Choque", uma nova música dos Carvalho, alavancada pelos globais. Melhor publicidade, impossível, pois por causa da frase "Mulher é bicho esquisito, todo mês sangra" a censura quis podar. Rita explicou para a famigerada dona Solange Hernandez, diretora do Departamento de Censura, que isso realmente acontecia com todas as mulheres fora da menopausa e se era subversão dos valores que a menstruação fosse extinta no Brasil. O Departamento de Censura cuidava dos caminhos da moral e dos bons costumes na época da ditadura civil-militar brasileira, ou seja, cortavam tudo que não gostavam ou não entendiam nas artes em geral. Com esse argumento, a música foi liberada. A lagartixa, às vezes, acerta alguma.

Isso abriu caminho para o disco anual, chamado *Rita Lee/Roberto de Carvalho*. Pela primeira vez o nome de Roberto e também ele apareciam na capa felliniana com água de plástico, no estilo do filme *E la Nave Va*. Roberto segurava, embora encoberto, os peitos dela. Se é que pelo que vi em Barbados, a coisa era bem mais *less* do que *top*. As músicas eram todas do casal, com uma bicada do crítico Ezequiel Neves na autoria de "Vote em Mim". O som estava praticamente feito pelos caras do grupo Roupa Nova, que tinham uma carreira feita com músicas de apelo popular, mas eram bons músicos. Lincoln Olivetti também apareceu um pouco, enquanto se aguentava, mas o destaque era a visita de João Gilberto em uma das faixas. Fui eu quem o levou até o estúdio e quase tive uma recaída, mas resolvi incluir a fidelidade em meus princípios, graças à atenção de Jimi John, que tinha ficado trabalhando no Caribe. E também eu já estava cansada de famosos. Anônimos são os melhores, sempre.

Embora tenha vendido bastante, o número de músicas que foi para as paradas havia diminuído sensivelmente. Com grana rolando, a produção dos shows foi ficando sofisticada e cara. Rodavam o Brasil inteiro e faturavam mais e mais. Também volta e meia Jimi estava por aqui, ou eu ficava uma semaninha pelos lados do Caribe.

As crianças dos Carvalho já ficavam num regime semi-interno na Graded, uma escola americana onde todos tinham uma formação bem rígida. Quem cuidava de tudo era a velha Balu, pois os pais sempre estavam gravando ou na estrada. E claro que a chapação estava a mil por hora. Êxtase total.

O número de substâncias absorvidas começou a dar mostras agressivas. A magrela teve várias ameaças de overdose, que Roberto detectava rapidamente. Começaram as rotinas das lavagens estomacais e longas horas de soro em hospitais da periferia para não chamar a atenção. Mas sempre um enfermeiro ganhava alguns trocados ligando para alguma revista de destaque. A manche "Tentativa de suicídio" sempre estava pronta.

Os fãs não se importaram, mas os críticos, que sempre desconfiam do sucesso, acharam um gancho para malhar. Roberto foi tachado de Yoko Ono. O aproveitador da fama alheia. Rita refutava veementemente. Yoko e Linda acabavam com os Beatles. Roberto não acabou com os Mutantes. Yoko e Linda eram tietes que deram para os caras certos na hora certa e nunca se tornaram parceiras integrais nas músicas que seus maridos fizeram em carreira solo. Rita chamava Roberto de "Erasmo do meu Roberto Carlos". Na verdade, eram mais como Jagger e Richards dos Stones.

Afinal, eram de Roberto as melodias de "Mania de Você", "Lança Perfume", "Banho de Espuma", "Chega Mais", "Flagra" e dezenas mais de sucessos comprovados. Era horrível admitir quando ela tem razão no argumento.

Na verdade, Roberto não queria que seu nome aparecesse, mas Rita achava que era mais justo e fim de papo. Pagaram o preço. Isso a deprimia muito, vendo o amado ser pichado injustamente. E depressão era curada com mais e mais comprimidinhos coloridos. Roberto, sentindo que as crianças começavam a crescer e precisavam da figura paterna, começou a tirar o pé do acelerador e a substituir a doideira por caminhos mais filosóficos, sem substâncias. Mas Rita continuava nadando de braçadas.

Na volta de outra temporada em Barbados, no começo de 1983, Rita resolveu se internar na famosa Clínica Tobias, em São Paulo, lar cativo de Raul Seixas e outros que queriam se livrar do que adoravam. Ficaria lá por uns quinze dias.

Charlie, após a partida de Mary, ficou muito baqueado. E tudo ficava pior ao imaginar que Chezinha, maltratada pelo câncer, pudesse abandoná-lo repentinamente. Depois de muito tempo, Charlie voltou a beber. Eles haviam vendido o casarão e moravam agora numa casa menor, perto da casa de Rita, em São Paulo.

Passando por um *cold turkey*, a síndrome de abstinência que assola habituados em substâncias diversas nos primeiros dias, Rita estava quase transparente de tão branca. As olheiras deixavam os olhos azuis no fundo do poço. Quando avisaram que Roberto a estava esperando na recepção e que ela deveria aprontar-se para sair, já entendeu a situação. O coração de Charlie tinha desistido.

Eu estava no velório quando ela chegou. Parecia um zumbi. Charlie era o seu mentor. Havia apresentado a boa literatura, a disciplina, as discrepâncias entre ciência e religião, as ciências ocultas, os ovnis. Tinha descido do pedestal de pai e compartilhado várias aventuras alucinógenas com a filha, havia segurado muitas barras no tempo da repressão.

Havia um bilhete nas mãos de Vivi, que tinha sido escrito por Charlie com ordens específicas para quando ele partisse: "Não me enterrem. Quero ser cremado e que depois joguem as cinzas no mar. Cemitérios roubam espaço de gente viva. Favor, não botar nenhum terço nas minhas mãos, nem flores no meu caixão". As ordens foram cumpridas.

Rita não olhou para ninguém. Entrou, deu um longo abraço em Cheza, que estava sentada e muito abatida. Depois foi direto até o caixão, deu um beijo na boca do velho e pediu para ser levada embora. E, como Charlie, não iria a um cemitério nem morta, pois seu desejo é de também ser cremada.

Naquele mesmo momento, uma angústia caiu sobre mim e minha garganta parecia estar se estreitando. Entendi no mesmo momento o chamado e saí correndo para casa. Eu deveria ter imaginado que isso iria acontecer.

Diva, minha mãe, estava de olhos fechados e ofegante. Assim que pressentiu minha presença estendeu a mão e deu um afetuoso aperto em meu braço. Seus lábios ficaram na forma de um sorriso e ela também partiu.

Eu deveria saber que Diva não ficaria nesse mundo sem Charlie e havia me chamado só para se despedir. Havia tempos já estava imóvel na cama, pesando 350 quilos. Ela ainda morava no apartamento dos fundos do casarão de Charlie e Cheza. Apesar de ser no primeiro andar, foi preciso remover a janela do quarto, a mesma em que ficávamos penduradas no binóculo, observando o casarão, e depois colocada num caixão especial. Os planos de todos da família eram de ser enterrados em Rio Claro.

Tive que tomar a decisão rapidamente. Não avisei ninguém, fiz os procedimentos legais e levei Diva para o crematório. Sabia que seria execrada pelos parentes, mas fodam-se. Eu tinha plena certeza que Diva, onde estivesse, estaria aprovando tudo o que fiz. Suas cinzas deram numa urna de bom tamanho. Esperei Jimi John chegar de viagem. Pegamos um barco do amigo dele, nos afastamos um pouco da costa e joguei as cinzas no mar. Quando fiz isso, me pareceu ter tomado um banho de mar. Um frescor percorreu minha espinha e, pela primeira vez, tive o sentimento do que era felicidade plena e paz de espírito. Nas profundezas do mar, no cambalear das ondas, agora Diva estava para sempre junto de Charlie. Nada mais os separaria.

13. ROCK IN FRIO

RITA SAIU DA CLÍNICA TOBIAS e rapidinho retomou os velhos hábitos. Por ideia de João Araújo, ela e Roberto foram gravar o novo disco em Los Angeles, o que acabaria virando moda no Brasil. Usaram músicos locais e o rebento chamou-se *Bom Bom*. Novamente Rita e Roberto na capa, com todas as músicas assinadas pelos dois, inclusive uma autogozação chamada "Yoko Ono".

O disco também vendeu bem, mas as músicas executadas iam diminuindo. Apenas "On the Rock", e uma provável briguinha de casal, "Desculpe o Auê", que serve de desculpas para muita gente até hoje. Mais turnês, mais gravações, mais filhos com Balu, e muito mais substâncias para esquecer as perdas.

Em Natal, Rio Grande do Norte, perto do final do ano, completamente grogue, Rita levou um tombo e arrebentou a cara. Para a imprensa, virou um acidente de carro, mas as publicações optaram por insinuar umas porradas do marido. Mas, por maiores que tenham sido as rusgas, os dois nunca se agrediram. O que restou, notado pelos maquiadores, foi um olho mais baixo que o outro. Isso foi corrigido com uma plástica no começo de 1984.

Com tanta fama nacional, o mundo acabaria por ter que aguentar a branquela. Primeiro foram shows na Flórida e, depois, em Portugal. Na estrada em terras lusitanas, conheceu um médico brasileiro completamente pirado, que liberou o bloquinho de receitas, assim como uma boa quantidade de caríssima heroína. Por sorte, no Brasil era difícil encontrar essa especiaria, para a qual algumas lavagens estomacais nas clínicas de Sapopemba não adiantariam e uma overdose bastaria para acabar com a festa.

A vendagem dos discos continuava boa, a agenda de shows também, o dinheiro entrava pela porta e saía pelo ralo. Os vícios são caros. Rita tentava deixar as perdas dos queridos como se fossem um sonho ruim, não chorava o que a dor pedia e se afogava mais e mais no delírio.

Por esta época, apareceu o grande guru de toda a classe artística. Chamava-se Thomas Green Norton. Ele morava em um sítio na cidade de Pouso Alegre, Minas Gerais, e vivia cercado de admiradores de seus poderes inexplicáveis. Transformações em metais, luzes voadoras, odores, tudo isso fazia com que uma fila de famosos deixasse a entrada de Valhalla, o nome do local, entupido de carros importados. O vidente ganhava rios de dinheiro de almas agradecidas por supostas curas dos mais diversos males. Seu grito de guerra, adotado por muitos que queriam propagar o mantra por todo o mundo, era "rá", com a mão direita espalmada e voltada para o lugar onde se queria mandar a energia. A energia do deus Sol.

E esta foi a missão que me foi dada por João Araújo: ir até Pouso Alegre e ver o que estava acontecendo. Peguei um cético Jimi John e lá fomos. É lógico que levei uma boa verba, pois, não sendo famosa, só seria admitida se tivesse cara de *socialite*. Jimi seria minha excentricidade.

Não consegui descobrir os truques, mas muito efeito especial acontecia diante dos nossos olhos. E, no meio daquela multidão deslumbrada, lá estavam Rita e Roberto. Ela não perderia uma dessas por nada, eu sabia.

Thomas era bem chegado numa cana, com isso ficava muito inconveniente. Não sabia o porquê dos poderes que tinha e nem se interessava em saber. Adorava os fanáticos que ficavam à sua volta, maravilhados a cada demonstração, com gritinhos e choros. O que ninguém contava é que, ao chegar ao sítio, o "paciente" era levado até um quarto tranquilo, com colchões pelo chão, daí, por conta de uma desintoxicação astral, aplicavam sei lá o quê em quem lá estava deitado. Jimi desconfiava que devia ser algum tipo de cogumelo, devido à área rural e ao grande número de bois zebus por lá. As alucinações visuais só poderiam vir daí. Rita e Roberto adoravam como espetáculo, mas, como os mais sensatos, logo viram que não havia nada de consistente em termos espirituais, como tanto alardeavam. Era pura chapação mesmo, embora muita gente acredite até hoje. Rá.

Quando chegou a hora de entrar no quartinho e tomar a desintoxicação, Jimi John resolveu que era hora de partir e me disse:

— Um dia levo você ao Taiti para ver o que é magia.

Pelo que soube, Rita e Roberto, depois de algumas desintoxicações, que devem ter adorado, também foram embora para nunca mais voltar.

O novo rock nacional estava cada vez mais forte. Novos grupos e cantores faziam a festa. E quem estava dentre os destaques era Cazuza, filho de João Araújo, que, orientado por Ezequiel Neves, havia formado um grupo calcado nos Rolling Stones, chamado Barão Vermelho. Neves era o mentor intelectual, produtor e coisas mais. Ele era um crítico que metia o pau em todo e qualquer disco que não tivesse algo parecido com os Stones. Por isso havia simpatizado com Rita. Mas as más línguas diziam que a simpatia era muito mais com Roberto.

Autointitulado Zeca Jagger, teve participação em backing vocals, aparições em shows e apareceria em letras do casal. Mas talvez pela suposta rejeição a suas paixões e aproveitando a figura esquálida de Rita, que era um amontoado de ossos, a cara chupada pelos excessos, lançou uma brincadeira maldosa: Rita estava com leucemia. Boato com artista espalha mais que chuchu na serra. E, se for impresso, vira verdade.

Tanto que Chezinha acreditou. As pessoas paravam Rita nas ruas e diziam que ela iria conseguir se curar. A coisa foi tão longe que a própria vítima começou a acreditar. Fez todos os exames possíveis, mas mesmo assim não conseguiu acabar com a história. Ficou tão abatida que pela primeira vez não gravou um disco, naquele ano de 1984. Saiu uma coletânea chamada *Rita Hits*.

Em meio a essa confusão, Rita foi convidada a participar do primeiro Rock In Rio. Roberto não queria aceitar pois não tinham um trabalho novo, não tinham banda, não faziam shows havia um bom tempo e estavam mais cheios de problemas do que outra coisa. A grana era alta e a sovina fez que fez, até que Roberto, muito a contragosto, aceitasse.

Foram maltratados como todo artista nacional em festivais internacionais. Som malfeito, pouco tempo, tocar à luz do dia. Nos bastidores, Rita ficou, com Antonio Bivar, gozando as estrelas internacionais e suas manias, e também gozando a mania dos nacionais, o Rá, dos quais já estava totalmente desencanada.

A apresentação, com uma banda liderada por Lincoln Olivetti, foi um desastre total. A cara de Roberto era de velório. Apenas serviu para confirmar os boatos de que Rita não estava bem, principalmente, quando ela disse que estava fora de forma.

Algum tempo depois, até que se recuperou um pouco. No Chile, em Viña del Mar, as coisas correram bem. Ela ganhou um prêmio e já estava com uma banda mais afiada.

Enquanto isso, ia ganhando prêmio com a mais executada nas rádios e era citada como a mais censurada desde 1980, com quatorze músicas podadas. Ela estava pouco se lixando para isso, queria mais era ir descendo no poço.

As gravações do novo disco já estavam marcadas, mas uma nova "catapora" acabou adiando tudo. Nunca uma pessoa pegava tantas "cataporas" num só ano.

Após sua saída dos Mutantes, Liminha ficou trabalhando como músico de Erasmo Carlos e gravando em vários discos da época. Até que, com sua tenacidade, resolveu colocar o som dos discos nacionais no mesmo patamar dos do Primeiro Mundo.

Produziu as Frenéticas e muitos outros, e acabou sendo o artífice de novos grupos de rock. O sonho de todos eles era gravar com Liminha, que tinha montado um estúdio muito bem equipado, juntamente com Gilberto Gil, com o qual mostrou ao Brasil o que era reggae. O estúdio era o Nas Nuvens.

Na verdade, os melhores discos na carreira de muitos daquela época eram mesmo produzidos por Liminha, que dava palpite nas composições, nos arranjos e, quando não sabiam tocar direito, acabava tocando ele mesmo, chegando ao ponto de não ser creditado para não criar embaraços para muita gente conhecida hoje em dia.

E, pela primeira vez, após acertos com João Araújo, Liminha, Rita e Roberto iriam fazer algo em conjunto. Mas no universo de muita estrela e pouca constelação, a produção ficou com Roberto e Liminha participou como músico. Quem também estava auxiliando, e bastante, era Suely Aguiar, velha amiga de Rita dos tempos do Liceu Pasteur.

O disco, chamado *Rita & Roberto*, acabou sendo um dos melhores dos últimos tempos. Como boa discípula do vampiro-mor, David Bowie, Rita foi direto na jugular das novas tendências. Lá estava um pouco do Roupa Nova, que eram bons de estúdio, Herbert Vianna, Paula Toller, João Barone e muito Liminha. E quem diria? Sérgio Dias. Depois do fim dos Mutantes, foi a primeira vez que tantos deles se reuniram para uma produção.

A AIDS mostrava a sua cara feia para o mundo e Rita falava do vírus do amor. Era um disco totalmente new wave, a onda do momento, com seu visual dark, roupas escuras, cabelos duros de laquê ou até clara de ovos. Era assim que o casal estava na capa. O tempo da discoteca já era.

Mas o melhor estava numa das faixas. Era a resposta para os boatos e para Zeca Jagger, com o qual estavam, logicamente, rompidos: "Não, Titia, Eu Não Estou com Leucemia".

Um belo dia, sentadinha em minha sala, fiquei sabendo que haveria uma reunião entre o casal e João Araújo. Ouvi a discussão e as acusações de que iriam acabar com o contrato com a Som Livre. João Araújo pedia mudanças para os novos tempos, como já havia feito em outra época. Roberto era quem cuidava dos negócios do casal e pesava os prós e contras, mas sempre levava Rita junto, pois ela era boa de soltar os cachorros e xingar todas as gerações do alvo escolhido quando algo não soava bem.

Rita e Roberto achavam que, por ser apenas um selo, a Som Livre não ajudava na divulgação fora do Sistema Globo e, principalmente, na carreira no exterior. Como eles queriam mais, e João achava que não estavam com o cacife muito grande, a briga foi inevitável.

Cá para mim, achei que eles queriam sair. Mas o objetivo era ter o passe à venda, o que poderia render uma boa grana.

12. RÁDIO ARMADOR

O COMEÇO DE 1986 até parecia promissor. Os boatos da saúde de Rita haviam sumido e as longas conversas com Bivar, desde o Rock In Rio, acabaram se concretizando. Eles iriam fazer um programa chamado *Radioamador*, que seria transmitido pela emissora paulistana 89 FM e pela Rádio Cidade, do Rio de Janeiro.

Era uma loucura total. Tropicalismos explícitos. E mais uma vez eu teria que admitir que ela estava fazendo alguma coisa boa. Bivar e Rita reuniam-se na casa dela e inventavam as pautas. Bivar ia para casa e escrevia vários textos soltos. As músicas seriam conforme os temas: Jovem Guarda, dadaísmo, MPB, demos, punk e até música concreta. Logicamente, tinha muita maconha e os dois ficavam viajando até nas capas dos vinis que escolhiam para tocar. O advento do CD acabou mesmo com essa prática. As capas dos vinis eram muito melhores, pois não precisava de lupa para ver figuras ou ler fichas técnicas.

Depois disso gravavam os quatro programas do mês em um só dia, tudo na base do improviso. O texto de Bivar dava toda liberdade. O programa era aos sábados, das 18:00 às 19:00, e, algumas poucas vezes, quando não havia show de Rita no dia, era feito ao vivo, com participação de ouvintes que ajudavam na esculhambação.

Eram dadas receitas culinárias, discutia-se filosofia, novelas, colunismo mundano, concursos, espaços culturais, visitas de personalidades da música que tocavam ao vivo alguma coisa que não fariam normalmente em suas carreiras. Rita tocava "Lourinha", a marchinha de Carnaval que aproximou seu pai e sua mãe e, logicamente, oferecia a Chezinha. Ofereceu "Mocinho Bonito", de Dóris Monteiro, quando Vivi fez aniversário, além de dizer coisas infames, como, no Dia das Mães, "Mãe é padecer no Paraíso, mas pode descer na Vergueiro também". Coisa de paulistanos acostumados ao metrô.

Também revivia Pixinguinha, Francisco Alves (para Chezinha, sempre), Carmen Miranda, Nora Ney, discos independentes, ritmos caribenhos, colocava o sucesso da época de Wando, chamado "Luz e Paixão", e cantava por cima "All of Me", clássico do jazz, para mostrar que era praticamente a mesma música.

Pela primeira vez, o mundo seria assolado pelos personagens criados por Rita, que eu via de minha janela, na infância. Aníbal e Gungun apareciam sem pedir licença. Além dos bons tempos de Bivar, havia a colaboração de Telmo Martino, crítico de televisão que não deixava escapar nada, para ridicularizar famosos ou pretensos. Outro que sempre aparecia era Patrício Bisso. Ele já havia feito figurinos para shows de Rita, e costumavam assistir juntos a filmes da travesti Divine para dar boas risadas. Participavam do disco um do outro, iam aos ensaios também um do outro, já que Patrício tinha uma carreira com uma personagem chamada Olga Del Volga. Tem até um longa-metragem sobre Olga, escrito há muito tempo, onde o plano é de Rita fazer o papel de Evita Perón. Até hoje ainda não aconteceu. Bisso era muito procurado desde cinema até teatro, passando por TV e rádio. Era o crítico mais cruel de todos. O que Bivar era educado, Bisso era cruel.

Patrício comentava o Oscar e tinha tiradas geniais. Era famoso por uma cena com Maitê Proença. Ele estava trabalhando como consultor num filme brasileiro passado nos anos de 1950, estrelado por Maitê. Ele desenhou nos olhos dela aquela risca característica da época, um tracinho bem fino para cima. Ela se olhava no espelho e apagava. Ela apagava, ele refazia. E assim foi até que Bisso derramou o conteúdo do vidrinho preto na cabeça da moça e saiu. Conclusão: o diretor afastou a atriz e continuou com Bisso, que conhece tudo da moda dos anos de 1920 até os de 1950.

Suely Aguiar também ajudava na produção e a velha amizade estava mais forte do que nunca, já que ela cuidava de vários setores da carreira de Rita.

Por muitas vezes, Rita disse que *Radioamador* foi uma das melhores coisas que fez na vida. A aproximação com Bivar acabou gerando a trilha sonora de *Alice, Que Delícia*, feita por Rita e Roberto, e que foi apresentada no Teatro Maria Della Costa. Rita e Roberto também fizeram um especial para a Globo, chamado *Cida, a Gata Roqueira*.

Nos meus tempos de criança, que eram os mesmos de Rita, todos costumávamos ir passear no Instituto Biológico, no final da rua Joaquim Távora, em São Paulo. Ela acabou repetindo esses passeios com suas crianças. Nesses tempos, adotaram um ratinho, que acabou recebendo o nome de Alex. Para pôr as crianças para dormir, ela inventava histórias, nas quais Alex era um cientista que virou rato e os Carvalho o escondiam dos bandidos. As histórias foram ficando mais complexas, até que acabaram virando um livro para crianças. No enredo, Alex era um pacifista que pretendia proclamar a independência dos animais, mas os Homens de Negro, muito antes dos MIB do filme americano, queriam matá-lo. Então, os ratinhos colocaram uma mágica no café de Alex e o transformaram também em rato, para que ele vivesse camuflado no Instituto Biológico. E foi assim que Alex acabou indo para a casa dos Carvalho e narrando suas aventuras.

Assim saiu *Dr.Alex*, o primeiro livro de Rita, que foi lançado na IX Bienal Internacional do Livro. Agora eu teria que aguentar uma escritora.

Também por esses tempos foi concretizada a saída da Som Livre e acabaram assinando com a EMI-Odeon. E ganharam a maior grana. Receberam 500 mil dólares em luvas e adiantamentos. Foi o maior contrato realizado entre uma gravadora e um artista nacional na época.

Mas isso teve uma consequência imediata. A nova gravadora entendia que o fato de Rita estar trabalhando em uma rádio específica iria atrapalhar a divulgação do disco. Ou seja, as outras rádios não iriam divulgar alguém que trabalhava na concorrência. Rita argumentou dizendo que nunca usou o programa para se promover, ou seja, nunca tocava músicas dela mesma, mas nada adiantou. O mundo do jabá é insondável.

Assim sendo, depois de nove meses de muita bagunça e risadas, no dia 25 de outubro de 1986, iria ao ar o último *Radioamador*, fato lamentado por todos. Sou obrigada a confessar que ouvi quase todos.

Chezinha estava com sua história complicada. Não poderia ter dado à luz a Rita, conforme conselho médico, mas ela nunca se arrependeu disso. Achava que era uma dádiva ter mais aquela criança. Quando Rita tinha uns doze anos, começaram a notar que ela não estava bem e, depois de haver escondido de todos, a família descobriu que o câncer de mama avançava fortemente.

Retirou os seios e depois houve metástases por todos os lados. Fez radioterapia, quimioterapia, perdeu os cabelos, encolheu e estava quase desistindo quando o primeiro filho de Rita nasceu.

Aí ela parou com tudo e ficou só na reza e nos remédios da feitiçaria natureba. Aguentou o tranco quando Mary partiu, mas quando Charlie se foi, ela começou a entregar os pontos.

Chezinha tinha chegado a Deus pelo catolicismo, o que denotava uma pureza espiritual enorme. Inventava muitas orações, que Rita guardava em seus diários. Além disso, não tinha preconceitos. Aceitava tarôs, sonhos, ervas, benzas, telepatia e mesas brancas. Em seu altar pessoal tinha até sereias de candomblé. E ela mesma fazia benzas com arruda, alecrim, óleo e água benta.

E, por tudo que tenha passado, jamais se queixou. Rita queria que ela tomasse drogas mais potentes, mas ela dizia que, se estava daquela maneira, era assim que seria. O carma era aquele e pronto. Alguma coisa ela havia feito de errado. Mas o quê? Entendam-se os desígnios da vida. E agora ela parecia uma uva passa, toda enrugada e encolhida.

Com Rita fora da Som Livre e eu livre dos relatórios para Diva, coisa essa que acabara incorporando em minha vida, sem que eu percebesse, senti que era hora de partir também. João Araújo foi muito compreensível e bem generoso. Pude assim exercer meu curso de Psicologia, que havia ficado no limbo por um tempo. Fui trabalhar em uma clínica e, por conhecimento na área, acabei atendendo artistas em geral, que vinham para contar seus problemas – todos praticamente iguais, sempre regados a muita droga. E depois ainda perguntavam qual seria a solução. Vida de artista é um *déjà vu* total. Pensei até em fazer terapia para grupos, já que todos diziam a mesma coisa. Mas era algo tão chato ficar ouvindo aqueles egos que resolvi fazer coisa mais útil da vida.

Com o pouco que tinha conseguido em meus trabalhos, mais um tanto deixado pelas poupanças de Diva, que recebia muito bem dos artistas que viviam perguntando sobre seus futuros para as magias de minha mãe, e também pelo respaldo de Jimi John, com o qual eu estava numa relação das mais estáveis, pude me dar ao luxo de fazer trabalho voluntário.

E assim pude conhecer os velhinhos mais incríveis, com suas filosofias e histórias fantásticas, embora totalmente abandonados por parentes e filhos em geral. Visitar asilos só para conversar era uma experiência muito rica. Também fui conhecer o outro extremo, visitando crianças com doenças incuráveis.

O câncer e a AIDS não tinham a mínima piedade. No começo, fica-se chocado, mas depois relaxamos, sabendo que as crianças morrem de rir dos visitantes novatos que ficavam fazendo cara de piedade, chorando e depois correndo para vomitar no banheiro. Em pouco tempo, dá para vê-los como pessoas normais, lutando para melhorar problemas, os quais não escolheram para si. E, por incrível que pareça, fiquei sabendo que Rita também fazia isso havia algum tempo. Pelo visto não era lá tão má assim.

Foi ali que fiquei sabendo que ela havia saído de férias, como sempre para o Caribe, desta vez na ilha francesa de San Martin. Coincidentemente, Jimi John estava também por lá. Um dia ele me ligou para dar um oi e comentou que tinha visto Rita na hora do jantar e que ela havia feito algo estranho. Estava comendo, quando parou e foi para a porta do restaurante e começou a chorar. Roberto foi atrás, mas ela disse que não sabia o que era. Apenas uma sensação de perda e vazio. Também fiquei intrigada, até que recebi a notícia. Romilda Padula Jones, Chezinha, havia acabado de partir.

Quando liguei de volta para Jimi, ele já estava sabendo e disse que os Carvalho haviam arrumado as malas às pressas e partiriam na manhã seguinte. O enterro seria à tarde e ela não chegaria a tempo. Eu sabia que ela não faria questão disso, afinal odiava velórios e cemitérios. Chezinha foi para junto de Mary, no cemitério Getsêmani, no Morumbi, em São Paulo, e ao que eu saiba, até hoje, Rita jamais entrou lá. E nunca entrará, pois, como Charlie, pretende ser cremada.

11. CRI-CRÍTICOS

RITA E ROBERTO começaram a tornar mais públicas suas posições ambientalistas e também quanto à alimentação. Participavam de passeata em prol das baleias, prestigiaram a chegada do fogo simbólico da Primeira Corrida Mundial da Paz, estavam nas manifestações contra a construção de garagens subterrâneas em parques públicos em São Paulo e em outras muitas ações xiitas em prol dos animais. Nas ações mais ousadas, eram acompanhados por Vivi, como numa passeata em frente à embaixada espanhola para boicotar a vinda de touradas para o Brasil. As duas irmãs acabaram deitando na rua para impedir o trânsito. Para tentar abafar com a situação, o cônsul convidou-as para ver um vídeo de touradas na sala dele e para, quem sabe, convencê-las de que touradas não eram lá tão más assim. Nem precisa dizer que jogaram ovos na TV do consulado e foram expulsas.

Charlie nunca deixou as filhas comerem porco. Dizia que era a única coisa inteligente na religião judaica, e isso não era elogio pequeno, já que ele não poupava nenhuma religião organizada.

Quando fez *Baila Comigo*, em 1982, Rita já não ingeria mais bovinos. Com a partida de Cheza, no ano seguinte, abdicou também dos galináceos. Agora eram só vegetais e frutos do mar. Mas ainda muita chapação e lavagens e mais lavagens para evitar as overdoses. Roberto já estava praticamente fora das baladas. As coisas estavam mudando.

Flerte Fatal foi o primeiro disco feito para a EMI-Odeon. Com o dinheiro que a gravadora havia investido no contrato, tinha que investir firme no jabá para que houvesse retorno. No disco, um pouco de Lincoln Olivetti, um pouco de Sérgio Dias, mas, na maioria, músicos de São Paulo, com a volta de Lee Marcucci, dos velhos tempos do Tutti Frutti. A grande maioria de músicas era da dupla, e esse foi o primeiro disco de Rita a sair em CD, o novo formato que dominaria o mundo.

Rita gravou uma versão de "Blue Moon", em homenagem a Mary, que gostava muito dessa música. A letra de "Brazix Muamba" foi escrita no Caribe, na véspera da partida de Chezinha, e "Piccola Marina" era da peça de Bivar.

Ao tomar um café da manhã para sair para o trabalho, eu costumava dar uma folheada nos jornais diários para ver as baixarias de sempre. Quem sabe estariam comentando o novo disco? Gostava de ver as teorias elocubrativas dos críticos sobre eventos que eles geralmente não presenciavam, mas que conseguiam teorizar a respeito, como se tivessem participado ativamente da necropsia.

Ao abrir o caderno de variedades, logo na capa, uma enorme caricatura de Rita, com cara de rato, talvez numa alusão velada ao Dr. Alex. O título era: "Rita Lee está morta e não sabe". Em outros tempos eu teria adorado e até enquadraria a caricatura em minha sala, mas algo de mau gosto e injusto estava rondando por aquelas linhas. O autor era Luis Antônio Giron, o crítico da hora, aquele que ditava o que estaria dentro ou fora de moda para os ouvidos nacionais.

Nunca li um detono naquelas proporções. Faltou só perguntar por que ela havia tido a ousadia de nascer um dia.

Pressenti que a cobra iria fumar e não deu outra. Rita, de uma forma que nunca tinha agido antes, pegou o telefone e ligou para o carrasco. Explicou que estava muito fragilizada com as várias mortes, não só na família, em tão pouco tempo, como também de vários parentes e conhecidos, que ocorreram num período relativamente curto de tempo. E, como ela não era de ir até o enterro final do problema, sempre acabava sofrendo muito mais que o devido por não conseguir se desvencilhar da saudade física que toda pessoa querida deixa nos que ficam. Ela queria apenas saber a razão de tanto ódio, de tanto ressentimento com ela.

No dia seguinte ao telefonema, o crítico detonou mais e ainda disse ter tido a vida ameaçada. Ao ler aquilo, Rita afundou de vez. Era o contrário de tudo o que ela queria, ao menos, naquele momento. Começou aí uma grande desavença com a imprensa em geral, com muitos *rounds* pelos tempos que viriam.

Com a saída da Som Livre, a Globo começou a querer boicotar o casal na divulgação do novo disco. Quem comprou a briga foi o Chacrinha. O Velho Guerreiro era mesmo invocado. Quando eu trabalhava para João Araújo e, às vezes, tinha que levar alguém para se apresentar na *Discoteca do Chacrinha*, ele queria porque queria que eu virasse chacrete. Já imaginaram Bárbara Cadillac?

O velho deixava os diretores pirados. Queria jabá – a taxa não declarada paga aos veículos de comunicação – de todo mundo que fosse se apresentar, mas sempre incluía os malucos que lá apareciam de graça, e dando o maior espaço no programa, embora detonasse a maioria deles ao vivo. Mesmo fora da área, eu sempre ia visitá-lo.

Sabendo da possibilidade de boicote, Chacrinha um dia me chamou de lado e redigiu a seguinte nota: "Ritinha... se esses filhos da puta acham que eu sou pau-mandado, vão se foder... você no meu programa tem carta aberta até para mostrar o rabo". Mandei entregar o bilhete mais para ver se ela teria coragem de mostrar a bunda branca na Globo. Não mostrou naquela época, mas voltou para a Globo e ninguém teve coragem de peitar o Velho Guerreiro.

Flerte Fatal acabou sendo lançado no México, na Argentina e em Portugal. Será que a branquela iria conseguir o que Carlos, o Chacal, não havia conseguido? Aterrorizar a população planetária? Benzam-me os deuses.

Também foi ela a primeira a fazer um ensaio aberto para ser transmitido ao vivo por uma rádio, a Jovem Pan 2 FM. Eu continuava não tendo visto a bruxa tocar ao vivo, mas acabava sempre ouvindo alguma coisa. E ainda em meio a um enorme engarrafamento.

A turnê feita durante o ano foi transformada em um especial para a TV Manchete, como *Rita Lee e Roberto Tour 87/88*. Mas aí eu já estava bem longe, nos braços de Jimi John, pairando sobre as águas transparentes do Caribe, mas sabendo que, logo, logo ela estaria por lá, como sempre. Nada é perfeito.

Um dia me apresentaram um moreninho, com óculos que o deixavam com cara de intelectual, daqueles que vivem enterrados em bibliotecas. Mas não era em bibliotecas que ele vivia enterrado. O nome era Mauricio Ruella, e quem me apresentou disse: "Essa é a pessoa que mais sabe sobre Rita Lee". Logo para mim? Onde foi que eu errei?

Mas o tempo provou o contrário. Depois dos Mutantes, a vida foi trazendo muito mais tarefas, e é lógico que eu sabia da parte geral, mas muitas particularidades da carreira da branquela eu nem imaginava. Sorte minha. Eu só sabia de um modo geral e as baixarias mais significativas. Mauricio tinha pedaço de pele, *modess* usado, fio de cabelo, todos os artigos dos críticos odiosos e dos nem tanto, fotos de todas as fases, lista de músicas que foram usadas em shows, roteiro de turnês. O cara sabia tudo sem consultar nada. Até tentei cutucá-lo contando algumas passagens que eu achava terem sido exclusivas. Eu começava, ele completava. Será que ele sabia sobre minha pessoa também? Achei melhor fechar-me em copas.

Daí o inevitável. No dia 19 de fevereiro de 1988, era inaugurada a sede do fã-clube Ovelha Negra, com a presença de Rita e Roberto. Se fosse por mim, deveriam ter colocado o nome de Oh, Velha Negra. Já éramos quarentonas.

Com minhas novas funções, eu estava muito desligada dos meios artísticos em geral. Um belo dia recebi uma ligação de Nelson Motta. Devia estar sem namorada.

— Barbinha, tenho uma grande jogada para você. Precisamos lançar uma nova cantora e eu acho que chegou a sua hora. Você é linda e canta bem para caramba. Tenho uma música que vai colocar você na parada. Uma versão de uma música italiana que ninguém conhece por aqui e vai se chamar "Bem Que Se Quis".

— Nelsinho, querido. Como você vai lançar alguém totalmente desconhecido e que, além do mais, acabou de completar quarenta anos?

Durante um bom tempo Nelsinho tentou me convencer como seria o repertório, como seria a estratégia de fazer shows pequenos e que tinha muita menina de vinte que não chegava aos pés dos meus quarenta. Definitivamente, ele estava sem namorada.

Não dei a mínima esperança ao tal projeto, nem queria, pois estava fazendo um trabalho gratificante e Jimi John me deixava totalmente satisfeita. Ou ele ficava por aqui por uns tempos, ou eu ia até o Caribe. Jimi era o verdadeiro Charles Anjo 45, o herói das favelas da música de Jorge Benjor, imortalizado na gravação de Caetano Veloso. E, apesar da mercadoria fumegante com a qual lidava, que eram os famosos e suas manias, nunca se metia em encrenca.

Apesar de tudo, havia um lado de Jimi em que eu não conseguia penetrar. Ele nada dizia sobre sua vida pessoal e passado, e muito menos dos planos futuros, a não ser uma pequena obsessão. Uma viagem da qual não me dava detalhes. Mas era alguém para o presente, para o momento. Não deixava de ser um belo desafio.

Uma notícia do *Daily Mirror*, um jornal inglês, dizia que "Lança Perfume" era a música predileta do Príncipe Charles. Será que isso não influiu no divórcio com Lady Di? De qualquer maneira, isso deu uma impulsionada nos shows internacionais da dupla dinâmica. Foram para Portugal, onde houve o reencontro com o tal médico brasileiro que não poupava receitas, e depois foram para o Festival de Jazz de Montreux, na Suíça, e com outros shows Europa afora, como Bélgica e Alemanha. O que o mundo havia feito para merecer essa invasão?

Pior. Agora ela era atriz. No filme que representou o Brasil na Mostra Internacional de Cinema, em São Paulo, lá estava *Fogo e Paixão*, com participação de Rita. E bem feito, pois o filme tinha o mesmo nome daquela música do Wando. Mas o povo gostou e o filme acabou rodando os festivais do mundo. Desse, eu escapei.

Sem esquecer que a magrela também tinha feito quarenta anos. Isso também era um prato cheio para os críticos de plantão, que viviam insinuando que roqueiro bom morre logo, por isso iam tentando matá-la a canetadas. Sendo assim, ela deixou de dar entrevistas ao vivo. Agora só responderia por escrito, para não ser distorcida. E quem garantiria? Problema dela.

A EMI-Odeon não queria perder tempo. Assim, foi feito outro disco, chamado *Zona Zen*. Os músicos eram basicamente os da banda dos shows, mas algo estava mudando. Das oito músicas, duas eram versões, sendo sempre uma delas das preferidas dos velhos tempos do casarão dos Jones, no caso, "C'est Si Bon", mas três eram compostas apenas por Rita, sem parceria. Estaria a parceria abalada? E as músicas iam ficando mais distantes das paradas de sucesso.

Quem estava cada vez mais cuidando do circo era Suely Aguiar. Eu sentia que Roberto começava a ficar um pouco cansado de ficar pajeando aquela loucura toda. As crianças iam crescendo, Balu ia fazendo papel de pai e mãe e, ao menos, dinheiro não faltava. Era esse o panorama.

10. OPOSTOS APOSTOS

OS CANAIS COM A GLOBO continuavam abertos. Até deixaram que Rita tocasse bateria em "Zona Zen", no programa *Globo de Ouro*, coisa que não fazia desde o tempo de O'Seis. Seria ideia de Suely Aguiar? Como era bom não estar envolvida.

Tive um choque muito grande quando vi uma banca coberta por revistas *Veja* com uma capa sensacionalista que trazia Cazuza assumindo publicamente que estava com AIDS. Eu ouvira alguns boatos e aquilo trazia a confirmação, mas de forma revoltante. Saber que aquele garotinho que acabou me levando ao encontro de Jimi John estava escapando da vida era chocante e triste.

Foi um prazer assinar um documento chamado "Brasil, mostra tua cara", em protesto contra aquela capa da *Veja*. Embora, pouco acima de minha assinatura, lá estivesse a da magrela.

Cazuza estava em São Paulo e fui visitá-lo no hotel. Trocamos amenidades e foi duro sentir a firmeza de alguém que não estava preparado para deixar a vida. Com aquela linguinha presa e a voz que tinha feito a festa de muita gente, ele me pediu uma coisa. Que Rita Lee fosse vê-lo. Isso não seria difícil. Por ter trabalhado por tanto tempo com João Augusto, foi assim que me apresentei para Suely Aguiar, e ela acabou lembrando que fomos contemporâneas no Liceu Pasteur.

Dei o recado de Cazuza e pedi que ela fosse com rapidez, pois a situação não era muito boa. Como cortesia, e também porque entre mulheres não há segredo que resista, Suely me contou depois o que aconteceu.

Rita e Cazuza não se viam há muito tempo por interferência de Ezequiel Neves, já que ele e Rita ficaram bem estremecidos após o episódio da leucemia e da resposta para a titia. E Ezequiel era o mentor de Cazuza.

— Ritinha, eu quero morrer em paz — disse Cazuza ao telefone. — Você está intimada a fazer as pazes com Zeca.

Rita, agora assumidamente uma atriz, não se fez de rogada. Vestiu a cara de pau e foi até a casa de João Araújo, onde Cazuza estava, juntamente com Ezequiel, o Abominável Homem das Neves. Não se sabe quem fingiu mais, mas a cena pareceu plausível. Depois ficaram só Rita e Cazuza no quarto. Ele disse que tinha escrito uma música pensando nela e perguntou se poderia mandar para o hotel onde ela estava hospedada. No dia seguinte, juntamente com flores chegava "Perto do Fogo". Rita fez a melodia e mandou rapidinho de volta. Cazuza ficou muito feliz.

Suely acabou me contando novidades que eu não tinha a menor curiosidade em saber. Rita havia ganhado o Prêmio Sharp como melhor cantora pop rock, tinha feito a narração das peças *Pedro e o Lobo* e *Carnaval dos Animais*, no Olympia de São Paulo, tinha feito a trilha sonora para um filme sobre Dorothy Parker, escritora e teatróloga norte-americana, mas que acabou não saindo do papel. Mas, principalmente, havia feito um filme chamado *Dias Melhores Virão*, que teria lançamento mundial.

Depois ainda foi com Raoni e Sting para Brasília, para falar com o presidente José Sarney, pedindo demarcação para reservas indígenas, além de ter lançado em disco sua narração de *Pedro e o Lobo*.

Eu não era chegada em novelas, mas sempre deixava o televisor ligado para ler, quando estava sozinha. Um dia quase caio da cadeira. Numa tal novela *Top Model*, lá aparecia uma tal Belatrix. Nem precisa dizer que era a branquela assombrando os lares brasileiros.

Rita e Roberto também fizeram a trilha sonora para a peça *Realidades*, de Christine Nazareth e com direção de Marília Pera. Mas isso não durou uma semana, pois Marília e a produtora acabaram se agarrando pelos cabelos e acabou tudo por ali.

E no começo de julho de 1990, mais um nos deixava. Cazuza pediu licença e foi beijar o céu.

Bivar e Rita queriam levar a experiência do *Radioamador* para a televisão. Tinha até um nome, que seria *TV Zona*, mas acabaram perdendo uma briga de registro pelo nome com Otávio Mesquita. Também não existia uma emissora certa para apresentar o programa, mas, com a aparição da MTV, tudo se resolveu. O nome mudou para *TV Lee Zão*. Também mais uma aventura do Dr. Alex é lançada, *Dr. Alex na Amazônia*.

Mas muita coisa iria acabar ainda nesse ano. Sai o disco *Rita Lee e Roberto de Carvalho*, que seria o último com o nome dos dois na capa e também o último pela EMI-Odeon. "Perto do Fogo", a música feita com Cazuza, até que se deu bem, mas o resto do álbum não decolou. No disco, os músicos foram basicamente os da atual banda, mas Roberto de Carvalho estava desgostoso com a dupla dos irmãos Fontanetti, um no baixo, outro no violão. Logicamente, músicos tocam com famosos tanto pelos salários, quanto para ganhar projeção, mas Roberto sentia que aqueles eram nefastos.

Roberto é daqueles que bate o olho numa pessoa e dificilmente erra o signo, o caráter e as segundas intenções. Ele avisou que Fontanetti não era flor que se cheirasse, Rita retrucava e dizia que o cara era legal, que estava batalhando, que era pobre. Mas isso era pequeno em relação ao que estava acontecendo.

Roberto havia abandonado as pesquisas com substâncias proibidas e passou a estudar o lado esotérico da vida. Fez sérios estudos sobre a cabala judaica, aprofundou-se em meditação e afiliou-se a confrarias que seriamente procuravam um sentido para a vida. Já Rita preferia o conhecimento em drágeas, ou em copos, o que quer que fosse, desde que ingerido. A consequência imediata é que a conversa foi escasseando entre os dois. Dormiam no mesmo quarto e na mesma cama, mas entravam mudos e saíam calados. Começaram a se comunicar por bilhetes, a terem horários diferentes, e até a sair separadamente.

Aos poucos, os projetos também começaram a ficar diferentes e, em breve, além de não dividirem afetividades, também já não dividiam parcerias.

Em uma semana dedicada a Elis Regina, feita em Belo Horizonte, Rita Lee fez um pequeno show acústico em homenagem à velha amiga, acompanhada, justamente por Alexandre Fontanetti.

E aconteceu o que era provável. Rita Lee ia fazer um projeto sem Roberto de Carvalho. Suely Aguiar comprou a ideia e foi cuidar da parte burocrática e empresarial do show que precederia uma onda mundial. Seria um show acústico, sem qualquer produção, só com um microfone e dois violões. Rita iria revisitar seus sucessos e alguns clássicos internacionais, inclusive tocando rock'n'roll em ritmo de bossa nova. Sacrilégio para ambos os lados, mas para os xiitas, não para o público.

O show foi um grande sucesso, rodando todo o Brasil e rendendo um disco que marcou a volta para a Som Livre. Nunca a branquela ganhou tanto dinheiro, pois tocava quase todo dia e o custo de produção era praticamente zero. Sem grandes equipamentos, sem cenário. Um banquinho, um violão e dinheiro no bolsão.

Roberto não tinha inseguranças com Fontanetti, pois sabia muito bem que onde tinha muita droga tem pouco sexo. Rita até dizia nos shows que o violonista era seu sobrinho, para que não houvesse especulações entre seus velhos amigos da imprensa.

Foi durante a turnê *Bossa'n'roll*, que os espíritos de Cícero Jones, o avô, e de Charles Jones, o pai, se fizeram presentes. A maldição que perseguia gerações de Jones desde o início dos descendentes indígenas iria fazer mais uma vítima. Rita começou o que nunca havia tomado antes, álcool. Como aprendia rapidamente e, com o precedente genético, o alcoolismo passou a ser sua mais nova aquisição nas cabeçadas da vida.

Não só para Roberto, como para a família em geral, foi a pá de cal. Aguentar o humor de um alcoolatra não é das melhores experiências.

Para aguentá-la mesmo, só Bivar. E foi assim que começou a ser transmitido pela MTV o programa *TV Lee Zão*. Eles estavam animadíssimos. Com as facilidades do videoteipe, montavam enquetes com as personagens da magrela, que agora teriam que mostrar a cara. Mas ela não era boba e, com as dicas que deve ter chupado dos atores que viu trabalhando nos filmes e novelas em que participou, até que se saía bem, admito.

Acabou até ganhando prêmio de atriz revelação e atriz coadjuvante em vários festivais com *Dias Melhores Virão*.

O disco *Bossa'n'roll* foi gravado totalmente nas coxas, em apresentações feitas pelo Brasil afora, embora tenha gente que diga que é de apenas uma apresentação feita na cidade de Campinas. Mas ninguém estaria sóbrio o bastante para confirmar se isso aconteceu ou não. E também não importava, pois, mesmo parecendo um ensaio, o disco vendeu muito bem. Nem gastos de estúdio tiveram.

A Som Livre veio correndo acenar com um volume 2 para sair logo na sequência, mas a magrela não gosta muito de ficar bebendo da mesma garrafa e não concordou. Ou será que foi algum tipo de conselho de Roberto, não direto a ela, mas a Suely Aguiar?

E a experiência do *Radioamador* acabou não dando certo com imagens. Os textos eram bons, as entrevistas, a irreverência, mas o principal entrave era o direcionamento da MTV. Bivar e Rita queriam dar espaço para a música nacional, usando 80% do espaço disponível, mas a MTV queria impor uma linha mais internacional e nem tinha acervo de vídeos nacionais. Muitos tocaram ao vivo, mas acabou não dando mesmo certo. Para piorar a situação, os textos começaram a ser editados. Isso servia para o público base, aquilo não servia. *TV Lee Zão* durou apenas três meses no ar.

Para completar o ano, Rita ainda participa da novela *Vamp*, da Rede Globo, fazendo o papel de Lita Ree, e vai tendo aos poucos todos os seus discos reeditados em CD. Quer dizer, o bolso nunca estava vazio.

E muitas histórias das baixarias que eram dadas em casas noturnas, festas e outras reuniões sociais, em nome da velha birita, rodavam pelos meios artísticos. Roberto apenas observava a distância e não mais se envolvia. Apenas preservava os filhos. Vendo isso tudo, me deu uma saudade muito grande dos tempos de inocência, do tempo em que personagens que os loucos Jones criavam eram apenas ficção.

9. ESQUIZOFRÊNICO BLUES

NÃO ERA À TOA que os vizinhos achavam os Jones meio maluquinhos. Foi da janela da minha casa que vi o desenvolvimento de muitos personagens que até hoje assombram muitas pessoas.

Tudo começou nos teatrinhos caseiros, que elas armavam no porão, logicamente depois que Charlie já estava nos braços de Morfeu. Não havia direção ou *script*. Às vezes, duas se juntavam, ou mesmo três, para uma cena improvisada.

Aníbal começou como um cachorro cafajeste que Mary achou numa lata de lixo na favela de Sapopemba. Quando filhote, apenas seguia a dona pela casa. Depois aprendeu a falar e começou a malandragem. Seus ídolos eram Joel de Almeida e Kid Morengueira, dois grandes malandros da época. Mary e Aníbal vagavam pelo mundo em circos diversos. Mais tarde Rita botou seu lado masculino em Aníbal e ficava azucrinando as gostosas e as sapatas que cruzavam seu caminho. Hoje em dia, Aníbal é dono de uma oficina mecânica especializada em virabrequim.

Aníbal já conquistou corações de sexos usuais e alternativos. Algumas até pensaram em casamento. Na hora H, Aníbal pula fora e diz que é noivo de Rosinha. Uma gordona casada uma vez levou tanto charme de Aníbal que chegou a escrever várias cartas de amor muito comprometedoras. Precisaram ser convocados alguns conhecidos em comum para explicar que não passava de um personagem.

Seu grande amigo, Gilberto Gil, apresentou-o ao mundo dos compositores populares. Existem vários casos de cantoras famosas que tinham que explicar rapidinho para as namoradas que era tudo brincadeira. Aníbal adora atacar Hebe Camargo. É disparado o personagem que Rita mais gosta, está na cara. É o moleque que ela sempre quis ser e que agora cresceu.

Vivi era a mãe de Mary (dona Merda e seu Merdinho), e faziam escândalos homéricos em campos de futebol. Existem séries de personagens que até hoje dão as caras. Numa delas, Vivi é uma leoa velha e inocente e Rita é seu filhote leão, totalmente sádico, que maltrata a velha leoa conforme as circunstâncias. Se há um atentado terrorista mostrado na TV, o leãozinho vai lá e faz o mesmo com a mãe. Outra que persiste até hoje é Tante Bete, interpretada por Vivi. Trata-se de uma tia nazista que é o único ser vivo que adora Gungun, uma criança pentelha, da qual já falei. É a única criança da qual Vivi gosta, já que, na vida real, ela odeia todas. Sei de muitas histórias nas quais Vivi vai a aniversários para roubar presentinhos, furar os balões e para beliscar os pequenos sem que as mães vejam. Quando eles choram, ela corre a consolar, perguntando o que aconteceu. Daí a criança chora mais ainda.

Aliás, vamos falar um pouco de Vivi, que eu sempre acabava vendo por perto. Era a rainha da arrumação. Gavetas e armários impecáveis, e odiava emprestar coisas.

Apaixonava-se e desapaixonava-se num piscar de olhos. Tem uma grande habilidade manual e um inglês impecável. Faz velas, cerâmica, bordados, tear, aquarela, óleo, e cozinha muito bem, é o que dizem. E já a vi cantando legal. Não sei por que a irmã famosa não faz um disco com ela.

Mas brigava demais com o velho Charles. Odiavam-se. A sina do filho do meio. Rita aprontava e quem levava era Vivi. Também odeia mulheres cheias de pose e, dentro de seu confortável Chevette 1979, vive dando esporro em peruas que passam pela rua.

Vivi é uma xiita defensora dos animais. Vai para Brasília brigar, faz abaixo-assinados contra tudo, para carroças na rua para verificar se o cavalo está sendo bem tratado, frequenta fóruns permanentes de defesa, coisas assim.

Já arrumou altas confusões para Rita, porque, volta e meia, é confundida com a irmã famosa e, então, aproveita e apronta. Até tingiu o cabelo de ruivo para ficar mais parecida, e adora dar autógrafos. Adora fazer todo o trabalho doméstico e acha todo mundo muito fingido para ser levado a sério. Sacrifica na hora quem fumar na casa dela ou mexer em alguma coisa que lhe pertença. Sempre liga para Rita para dizer as maiores barbaridades, que devem ser deixadas em *off*, para não comprometer mais. Rita a chama de O Monstro do Paraíso.

Mas vamos falar da única criança que Vivi adora. Gungun apareceu no finzinho da adolescência de Rita. É uma criança adotiva, cheia de revolta. Tem mania de grandeza, e sua mãe anda conforme o que estiver aprontando. Pode ser Madonna, Lady Di, Rosane Collor, Xuxa, Nicéia Pita, coisas assim. A única tia que tem é Vivi, que a protege quando o mundo inteiro está com vontade de degolá-la. Aparece a qualquer hora e Rita não tem o mínimo controle sobre ela. As crianças sempre entendem quando Gungun aparece. Umas a odeiam, outras querem ser seu clone imediato. Os filhos de Rita pastaram nas mãos dessa menina. Tudo que os pais ensinavam, ela ia e desensinava.

Geralmente se sente atraída por artistas como Sandy, Kelly Key e as louras apresentadoras. Todos acham a menina meio breguinha e vulgar, daquelas que se deixam seduzir por sandalinhas da Xuxa, bonecas da Angélica, Ricky Martin, Spice Girls, Chiquititas e outros mais. Ela tenta ser uma criança prodígio, mas é óbvia demais. Fala sozinha na frente da televisão e não precisa ter alguém por perto para aparecer. Ela odeia Rita e Roberto porque não são ricos.

A menina vive aparecendo no palco. Não tem pudores de revelar muitos segredos de bastidores. Se alguém meio velho da banda está paquerando uma garotinha, ela vai lá e diz:

— Tio, sua mulher ligou e disse que o Juninho tá doente, para o senhor ir pra casa.

Gungun deixa bilhetes assim: "IaheuaasfAfsGAJDAdahahssh, FajabadDAJANAdduishabncvsis Ieu, nUSMGSKdosFMSMS, aDeuz". Ela tem uma visão bem peculiar da mãe adotiva: diz que artista mulher é tudo puta e biscate, e homem é viado e maconheiro. Muitas vezes desconcerta as visitas quando pergunta, geralmente na frente do pai adotivo, se o referido também come a mãe dela.

Detona com todas as maquiagens de Rita, entorta os batons, joga os pós dela pela casa toda e quebra os delineadores.

Joga na cara dos irmãos que a herança é só dela e que eles é que são filhos adotivos. Entra no quarto deles e fica bisbilhotando até ser expulsa. Daí, aos berros, procura o pai para dar um esporro neles. Quando o pai diz que vai, mas não vai, joga-se no chão e fica espernando. Algumas mães que levam as filhinhas no camarim, depois do show, ficam horrorizadas com as palavras que ela diz. Adora pegar crianças novinhas e dizer que Papai Noel, Cegonha e Coelhinho da Páscoa não existem.

Quando ela aparece no estúdio, em época de gravação de discos, é o terror dos músicos. Quem dá uma erradinha, ela entrega aos berros. A melhor forma de calá-la é dando dinheiro. Por isso, quando ela chega no estúdio, todo mundo corre a dar uma moedinha.

A coisa chegou a um ponto que João, filho do meio, passou a perguntar para a mãe se Gungun tinha mesmo que existir. Hoje em dia, com filhos crescidos, ela atazana a vida deles para valer. Detona todas as namoradas ou pretendentes, que quando vão visitar a sogra, sempre chegam muito prevenidas. Atualmente pensa firmemente em entrar para o mundo fashion. No fundo é a garota extrovertida que Rita gostaria de ter sido.

Regina Célia é uma personagem que apareceu logo depois que Rita conheceu Guilherme Araújo. São primos. Ela é prognata, vulgo queixada, e nazista. O noivo a abandonou no altar e ela passou a odiar mulheres, crianças e bichos. Adora garotinhos musculosos. É mineira, trabalhou muitos anos no Ministério da Cultura, em Brasília. Teve casos com Getúlio Vargas e alguns políticos importantes. Sabe como ninguém a ascendência das famílias quatrocentonas. Também é conhecida como Gininha. Sempre expulsava os amigos dos filhos de Rita, quando a bagunça estava muito grande. Acha que a língua francesa ainda é universal e odeia americanos. O dia 11 de setembro passou a ser uma data sagrada. Ela é aposentada e mora com o irmão, um personagem solteirão e safenado de Roberto. Os dois ficam sonhando com a volta do Führer ao poder. Não acreditam que Hitler morreu.

Gininha é vaidosa e esconde a idade. Passa o batom fora da boca, mas se recusa a usar óculos. Ela é a senhora que Rita foge de ser.

Existe um personagem que vem evoluindo desde os tempos de teatrinho caseiro. Já foi leão, dinossauro, guaxinim, coelho, pato, sei lá o que mais. É um animal Zelig, só aparece para os três filhos, que adoram o bicho. Só fala inglês, é inocente, emocional e acredita na bondade dos seres humanos. Atualmente, "The Animal" arrumou um amiguinho, um menino esquisito, feito por Roberto, que está ensinando o bicho a falar castelhano e a cantar. Acho que esse personagem é o futuro de Rita.

Minha mãe, Diva, que era chegada nas artes ocultas, dizia que os personagens não passavam de mediunidade não trabalhada. Parece que a única que foge do controle é Gungun. Ela diria que é um Erê, mensageiro do orixá.

Cada tipo de personagem aparece conforme a situação, ou seja, o personagem adequado para o fato. Geralmente as pessoas que não sabem de nada ficam sem ação e até tentam contracenar como podem. Mas geralmente acabam ficando na plateia assistindo àquele teatro esquisito, mas convincente demais para não acreditar que é espontâneo.

Muitos personagens tiveram pequenas participações e nunca mais apareceram. Suas vozes ficaram conhecidas no *Radioamador* e suas caras apareceram no *TV Lee Zão*, fazendo parte dos teatrinhos, que eram armações de Rita e Antonio Bivar. Paulo Coelho adora conversar com Gungun.

Tenho um ligeiro desconforto que me aflige: acho que um dia vou conhecer alguma dessas alucinações ao vivo. Também fico pensando como seria se Charlie não dormisse tão cedo.

Jimi John ouviu tudo isso sem quase piscar os olhos. Me abraçou forte e disse:

— Cada coisa que você conhece.

Ele devia ter mexido nas máquinas do barco, pois estava cheirando a graxa. Eu ficava louca com esse cheiro de mecânico desde a juventude. Fiquei feliz por estar ali naquele momento, mas o que aconteceu depois mexeu com a minha cabeça. Senti que Jimi estava diferente. Será que ele havia cansado de mim? Logo agora que eu tinha ficado meio assim em saber daquele início de separação de Rita e Roberto? Será que poderia estar acontecendo comigo? E eu estava com pensamentos estranhos, de sossegar totalmente o facho. Era só ele me pedir em casamento que eu aceitava na hora.

Depois de algum vinho, muito amor atrasado posto em dia e muitos beijos, ficamos deitados na cama, ele me abraçando por trás. Aquela voz de trovão disse a sentença ao pé do meu ouvido.

— Babi, pintou uma coisa muito boa para mim. Uns turistas malucos querem bancar uma viagem mais maluca ainda e isso vai me trazer a independência financeira e o barco dos meus sonhos. Já vou até fazer a viagem com ele. Vai dar para morar nele como se fosse um palácio.

Senti a ponta de uma proposta. Ou seria apenas para me acalmar? Homens são homens.

A parte final foi o horror.

— São alguns caras de várias partes do mundo. Farei a viagem que sonhava, mas nunca pensei que poderia realizar.

Eu estava toda feliz, pois quando Jimi chegou, tinha certeza de que ele estava aqui para me buscar para mais uma temporada paradisíaca. Depois dessa conversa, eu sabia que estava fora da jogada. Não trocamos mais nem uma palavra. Embora apreensiva, adormeci e quando acordei, estava sozinha. Só consegui chorar.

Eu sabia que a viagem dos sonhos de Jimi era para o Triângulo das Bermudas.

Mas nada mais justo que a teoria das compensações. Eu estava ainda sonolenta quando o telefone tocou.

— Alô, aqui é do escritório do dr. Evandro de Albuquerque Bulhões, e gostaríamos de contar com sua presença para tratar de assunto de seu interesse.

Pepino. Escritório de advogado chamando para "assunto de seu interesse", é lógico que é do interesse deles.

Acabei indo e vou resumir a história. Depois de um chá de cadeira, o dr. Bulhões, que era as fuças do Rui Barbosa, falou por horas até que fez a pergunta:

— Qual o seu grau de parentesco com Claudionor Farniente?

Putz. Só faltava meu pai, que desapareceu da minha vida antes que eu nascesse, surgir do nada para me infernizar.

Mas, pobre papai, não era nada disso.

— Estando a senhora apta a comprovar a paternidade, tenho-lhe um comunicado.

Mostrei meu Registro de Nascimento. Lá estava o nome do qual eu nunca tinha visto a cara.

— Pois bem, o senhor Farniente, após anos de trabalho em Serra Pelada e estando em fase terminal por causa de epidemias contraídas em local tão insalubre, nos encarregou de encontrá-la e entregar esses papeis à senhora. Devido ao montante envolvido e à demora em encontrá-la, aqui está sua ficha para uma conta secreta na Suíça, onde está depositado o que lhe pertence. Infelizmente, seu pai já faleceu.

Ao mesmo tempo eu perdia o pai que nunca tinha visto e recebia dele uma fortuna incalculável, procedente da venda de todo o ouro que ele conseguiu em suas escavações. Ao menos eu sabia em que bar ele foi comprar cigarros quando sumiu.

Que raiva ao imaginar que, enquanto eu estava perdendo o maior tempo atrás daquela magrela, o dr. Bulhões não me achava para entregar a fortuna. O pior é que eu poderia comprar uma marina inteira de barcos para o Jimi John, ele estaria aqui, agora, comigo. Mas eu sabia que isso não acabaria com a vontade dele de fazer aquela viagem. Que seja como os deuses mandaram.

De qualquer forma, enquanto esperava o elevador e ninguém estava por perto, dei uma mijadinha no cinzeiro cheio de areia que estava no chão.

8. FOSSA AND ROLLING

AS BEBEDEIRAS tinham até um limite, o de uma garrafa de uísque por dia. O casal tinha assumido a separação, desistindo do luxuoso apartamento que tinham e haviam partido. Roberto, para o apartamento em que mora até hoje no Morumbi, e Rita, para um pequeno apartamento em Pinheiros. Na verdade, o apartamento de Rita era só uma base para quando ela precisasse fazer alguma coisa em São Paulo. Ela havia optado por ficar no sítio que tinham em Caucaia, perto de São Paulo. Acho que para ficar longe de curiosos.

Terminava os shows da turnê *Bossa'n'roll* e ia direto para o sítio, onde recebia visitas da filharada nos finais de semana em que não estivesse viajando e, eventualmente, de Roberto.

Finda a parceria, Roberto foi cuidar da vida. Contratado pela Warner, fez um disco solo que tinha seu nome e, apesar de boa qualidade nos padrões rock'n'roll, foi uma roubada. A Warner não gastou nada na promoção do disco e o deixou na chamada geladeira, que é quando uma companhia contrata alguém para que o artista não vá para uma concorrente. Monta todo um esquema, grava disco, ameaça uma promoção, mas na verdade não está fazendo nada e o artista é esquecido, ou nem chega ao conhecimento do público. No disco de Roberto, apenas uma parceria com Rita. Apenas bons amigos.

Vendo que não daria em nada, Roberto foi cuidar do espírito. Ficou durante seis anos morando em Londres, onde estudou astrologia com Liz Greene, uma *expert* no assunto, e depois foi para Miami, onde ficou por mais seis meses estudando a Cabala. Como eu o invejei, por ter ficado um ano livre de Rita Lee. Essa, em nome das várias perdas que tivera nos últimos tempos, continuava entornando o necessário e o desnecessário, principalmente.

Mas mesmo assim, ela não perdia o fôlego. Lançou mais um livro infantil, *Dr.Alex e o Oráculo de Quartz*, foi fazer show em Portugal, onde deve ter reencontrado o médico doidão, ganhou mais um Prêmio Sharp como melhor cantora e melhor disco com *Bossa'n'roll*, foi conhecer a esotérica Shirley McLaine na casa de Ruth Escobar e até cantaram juntas. Shirley comentou que ela e Rita eram até parecidas. A diferença eram os peitos. Uma tinha, outra não.

Fez mais um show no Festival de Jazz de Montreux e também se apresentou nos Estados Unidos. Enquanto isso, as revistas ficavam falando que ela estava deprimida com a separação e especulava-se até tentativas de suicídio. Eu é que sabia a história desses "suicídios". Nunca vi alguém ser tão incompetente para se "suicidar". E agora não tinha Roberto nenhum para sair correndo para ajudar. Sempre sobrava para algum namorico da hora, que pensava que era suicídio mesmo. Coitados.

Eu estava em casa num desses dias quando tocou o telefone. Era Marisa Orth, a atriz. Por que ela estaria ligando? Eu logo saberia.

— Olá, desculpe estar ligando. Eu sou a Marisa Orth, a atriz. Tinha esse telefone, que era de dona Diva Farniente. Fiquei sabendo do falecimento dela, mas quem sabe alguém da família continuou no ramo, né? No início da minha carreira, ela foi minha consultora e hoje posso dizer que sou o que sou porque segui muitos dos conselhos que ela me deu.

Ao explicar que eu era apenas a filha, ela tentou me convencer a ajudá-la em uma situação. Senti o desespero na voz dela.

Marisa estava fazendo um curta-metragem chamado *Tanta Estrela por Aí*, que era a reprodução de uma história real. Um dia, Raul Seixas foi fazer um show e foi tomado como uma *cover* de si próprio, e não como o original. Acabou indo preso por causa disso e demorou para provar que ele era ele mesmo e sair livre.

Não sei por que cargas d'água foram convidar Rita Lee para o papel de Raul. Por que isso? Marisa jurou que a transformação foi surpreendente. O fã-clube de Raul, que estava assistindo às filmagens, quase caiu das pernas. Rita vestiu a roupa de couro, colocou peruca e barba postiça, e deixou o espírito de Raulzito baixar. Caso explícito de cavalo. Se deixar a porta aberta, o espírito monta e comanda as ações.

Durante as gravações, que duraram três dias, todo mundo ficou maravilhado, mas depois é que foram elas. Rita não saía do personagem. O sotaque baiano e o jeitão, a princípio, divertiram a todos. Depois, tudo cansou e, mais tarde, preocupou.

Foi nessa altura que Marisa havia me ligado. Já fazia uma semana que Rita era Raul, agora eles haviam, no desespero, decidido pedir ajuda à filha da maga. Dona Diva era muito conhecida nos meios artísticos. O que eu poderia fazer? Bem, se ela não sabia mesmo quem eu era e por conhecê-la, fato que ninguém saberia, eu poderia tentar ver se era verdade ou fingimento.

Quando cheguei ao hotel onde todos estavam, era esperada como médico que sai da sala de cirurgia. Rita estava sentada num canto escuro, com uma garrafa de Jack Daniels quase no fim. Eu já tinha estado em situações, digamos íntimas, com Raul, mas aquilo era um espanto. Raul estava à minha frente.

Raulee levantou-se e veio com aquela ginga em minha direção. O silêncio era piramidal. Veio até mim, olhou nos meus olhos e disse:

— Hey, luv, wanna have some fun tonight?

Ao dizer isso, meteu as mãos em meus peitos. Confesso que não consegui controlar minha reação. Não suporto que alguém coloque a mão em meus peitos sem permissão. Dei-lhe um soco bem no meio da cara, que ela foi parar lá no canto de onde tinha saído. Durante uma pequena eternidade ninguém conseguiu se mover, mas depois foi uma correria só. Aproveitei a confusão e saí à francesa. Uma felicidade incontida invadiu todo meu corpo.

Quase não atendi ao telefone, sabendo que deveria ser encrenca com relação ao acontecido, mas nunca se sabe o que está no outro lado da linha. E também teria que assumir as consequências dos meus próprios atos, mais dia, menos dia.

Era Marisa Orth.

— Olha, nem sei seu nome, filha da dona Diva, mas você devia muito bem saber o que estava fazendo, não é mesmo? Que método mais heterodoxo! Mas os resultados foram incontestáveis. Demorou, mas depois que Rita acordou, estava totalmente curada. Você vai substituir sua mãe nas consultas?

Dei alguma desculpa que nem me lembro e desliguei o telefone, ainda feliz da vida.

Nessas alturas, Roberto já estava de volta de suas andanças, embora o arranjo da separação continuasse o mesmo. Continuavam amigos, tanto que depois de muito tempo Rita foi gravar um disco realmente solo, produzido por ela, mas com algumas participações de um tal Bob Oak nas guitarras, e se oak é carvalho e Bob é Roberto, nem precisa dizer quem era.

No disco chamado *Rita Lee*, várias parcerias, como Itamar Assumpção, Bivar, Mathilda Kovak, Carlos Rennó, a volta de Lee Marcucci no baixo, Faiska na guitarra e um tal Paulo Zinner na bateria. As más línguas diziam que esse era o protegido da rainha. O disco marcava a volta para a Som Livre, as fotos da capa foram feitas por Suely Aguiar em casa mesmo, e a arte foi feita por Vivi Lee. Coisa mais que artesanal. Mas sempre fico meio assim quando ela acertava algumas. As músicas "Menopower" e "Todas as Mulheres do Mundo" representavam bastante o universo feminino das quarentonas, com muitos toques para as que estão vindo pelo caminho. Que raiva.

Mas não aconteceu lá muita coisa comercialmente com o disco.

Pouco depois, quando foi gravar uma participação num disco em homenagem a Dorival Caymmi, Rita ouviu o comentário dos irmãos Fontanetti, que não sabiam que os microfones estavam ligados.

— Ela não está em condições de fazer nada sem a gente. Ela está louca. Deixa que nós gravamos a música e depois ela bota aquela vozinha por cima e tudo bem, e nós vamos fazendo o nosso nome. Depois é só cair fora.

Aí Rita viu que Roberto tinha razão quanto às intenções dos Fontanetti. Era mais um sinal de que Roberto fazia falta.

Nesse ano de 1994, ao ganhar mais uma vez o Prêmio Sharp como melhor cantora de pop-rock, levou Beto Lee, que deu uma canja com Gilberto Gil quando ele cantou "Ovelha Negra". Beto foi o filho que mais ficou com Rita, no melhor e no pior. Sempre estava com ela no sítio e muitas vezes fez a parte de Roberto no *script*.

No final do ano, uma grande surpresa. Os Rolling Stones iriam se apresentar pela primeira vez no Brasil e queriam Rita Lee como show de abertura. Mick Jagger tinha memória de elefante e, sabendo que Roberto tocava com Rita, fez o convite. Só não sabia que eles estavam separados. A bem da velha amizade, depois de muito tempo, Rita e Roberto iriam subir novamente juntos ao palco, ao menos para agradecer o convite de Jagger. Rita sabia que Roberto não poderia estar fora desse acontecimento.

Fizeram alguns shows de aquecimento e estavam afiados para as apresentações com os Stones, quando veio mais um susto. No final de dezembro de 1995, Rita teve mais uma "tentativa de suicídio".

Nessas alturas, o caso da vez era Guilherme Arantes. Guilherme era um ex-alcoólatra e, na maior das boas intenções, começou a se encontrar com Rita, pensando em passar sua experiência para abandonar o vício. Tudo parecia ir bem, até que ele se viu chamado às pressas para levar Rita para o hospital. Ele não estava acostumado com a rotina e pensou que a mulher ia morrer nas mãos dele. Ligou para Roberto, que veio rapidamente, já sabendo dos procedimentos. Roberto apenas perguntou para Guilherme o que havia entre eles. Embaraçado, Guilherme disse que, na verdade, era quase uma amizade, já que Rita sempre estava mais para lá do que para cá e, assim, nunca rolava nada. Entendendo a situação, Guilherme pediu substituição e saiu. Foi aí que começou o fracasso total da separação entre Rita Lee e Roberto de Carvalho.

João Araújo me ligou, dizendo que Keith Richards e Ron Wood exigiam minha presença nos camarins. Eu estava completamente à toa na vida, exercendo minha profissão, tentando ajudar algumas pessoas e esperando Godot. O meu Godot. Meu Jimi John. Quem sabe os Stones, que viviam pelo Caribe, não teriam notícia dele?

Quando cheguei ao estádio do Pacaembu, onde seriam os shows, fui diretamente levada para o camarim dos caras. Para onde fui só ficavam Jagger, Richards, Ron Wood e Charlie Watts. O camarim parecia um terreiro de vodu, mas de butique. Pintado de preto e vermelho, velas pretas e vermelhas acesas, biritas, iguarias, e modelos e atrizes querendo pegar uma beira. Soube que Roberto de Carvalho tinha estado por lá e conversara longamente com Jagger, lembrando os tempos em que Roberto serviu de guia para ele. Todos eles me conheciam das viagens que faziam no barco de Jimi John e ficaram meio ressabiados quando contei o paradeiro do meu amado. Não tinham ouvido falar nada, o que me entristeceu.

De repente, Ron Wood, Keith e Jagger saíram correndo e só ficou Charlie Watts comigo. Vendo que eu tinha estranhado aquilo, ele apontou um monitor que mostrava o que estava acontecendo no palco. Eu nem tinha prestado atenção, mas a magrela estava se esgoelando mais uma vez. E era a hora em que entrava a "Miss Brasil 2000", a modelo Valéria Bretanha. Grã-Bretanha. Jagger até filmava a apresentação. Depois fiquei sabendo que Jagger deu em cima dela em todos os shows, mas a morena não cedeu. Bem que ela poderia ter garantido o futuro, sendo a escolhida para gerar mais um herdeiro de Jagger. Ela bobeou e uma outra mais espera se apresentou e abocanhou a chance, *ipsis litteris*.

Acho que, em nome de Jimi John, todos os Stones me respeitavam. Quer dizer, minha bunda, minhas pernas e meus peitos sempre atraíam olhos compridos, mas nenhuma mão boba. Enquanto os três apreciavam a miss Brasil, fiquei conversando com o mais interessante, que é Charlie Watts. Perguntei como ele aguentava ser o baterista de um furacão como os Stones.

— I don't believe in the Rolling Stones.

Se ele não acredita, por que então haveríamos nós de acreditar? O mais estranho era o ritual de concentração dos Stones. Todos tiveram que sair do camarim, apenas eu pude ficar. A luz foi apagada e só restaram as velas, criando um clima muito estranho. Eles se juntavam no meio da sala e ficavam resmungando uma ladainha em algum idioma primitivo. Depois iam até um canto, onde estava coberto um objeto. Ao descobrirem, vi que era um pequeno ídolo, com aquelas cabeças miniaturas feitas por pigmeus. Nesse momento eles mijavam em cima da estatuazinha. Estavam de costas para mim, por isso não vi o tamanho de ninguém, embora tenha espichado o pescoço. Dali saíram direto para o palco. Segui atrás, porque ficar sentindo cheiro de mijo alheio já é demais.

Os shows foram muito atrapalhados pela chuva, que caiu todos os dias. Apenas fiquei sabendo que Jagger mudou a ordem das apresentações do Rio de Janeiro, tirando uns gringos idiotas que tocavam antes deles e colocando Rita Lee como atração principal no banquete aos leões. A branquela ficou tão empolgada que, no último show no Rio, liberada que estava para utilizar todo o cenário do show, subiu numa rampa e lá em cima abaixou as calças e mostrou o rabo branco para o mundo. Ainda bem que, mais uma vez, eu não estava por lá.

Aproveitando o auê do show com os Stones, os Carvalho, aos poucos começando uma reaproximação na vida sentimental, fizeram uma turnê chamada *A Marca da Zorra*, que tinha até Vivi nos vocais. Acabou virando disco ao vivo, pela Som Livre, e especial de TV. Mas Rita ainda continuava morando no sítio e tomando tudo a que tinha direito.

Ouvi dizer que, numa festa em Brasília, Ezequiel Neves ficou o tempo inteiro andando atrás de Rita e enchendo o saco, até que acabou levando um soco na fuça, que gerou aplausos da plateia presente.

Senti que, com essa situação, Rita resolvera algo que a atazanara havia muito tempo. Então, por que eu não resolvia também o que me atazanava desde sempre?

Eu precisava conversar direito com essa magrela e resolver de vez nossa situação.

7. O ALÉM DA VISITA

RODOVIA RAPOSO TAVARES no sentido Curitiba. Esse era o caminho para Caucaia. Apenas 45 minutos de São Paulo. Não foi difícil achar, embora eu tenha tido um certo receio, já que o sol descia rapidamente e o tal sítio ficava a cinco quilômetros da cidade.

Durante todo o caminho fui pensando em como eu me apresentaria, se já contaria como tinha sido minha vida em função dela, mas no fundo sabia que, na hora do cara a cara, seria diferente. Isso se ela estivesse em condições de conversar, pois as informações que me chegavam é que ela pulava de um sonho para outro. Realidade, só para os que estavam à volta dela.

Parei perto da cerca. A pequena casa que estava logo em frente deveria ser do caseiro. Para aquecer, achei que seria bom falar com eles. E nem demorou, pois seu João, ao ouvir o carro, já saiu. Logo atrás veio dona Penha.

— Olá. Meu nome é Bárbara, e sou uma velha amiga da Rita. Ela nem imagina que eu viria. Na verdade, é uma surpresa. Ela está?

Achei estranha a maneira que se entreolharam e a relutância em responder. Poderia ser que estivessem instruídos para afastar estranhos. Já fui falando dos filhos, dos pais, coisas que eu estava por demais familiarizada, para tentar mostrar ser alguém do círculo familiar.

— Olha, dona, nós num tá desconfiado da senhora, não. Nós semo humilde, não sabemos nem ler, nem escrever, mas da vida nós sabe um pouco. Será que antes de falar com a dona Rita, a senhora não pode entrar aqui na nossa casinha, sem arreparar na bagunça?

Alguma coisa estava errada. Mas aceitei prontamente, até porque eu teria que achar uma estratégia para conseguir falar com a fera.

Era uma casa pequena, mas muito bem arrumadinha, logo invadida pelo cheiro do café que dona Penha foi passar. Como toda pessoa humilde, seu João não me encarava. Às vezes, passava os olhos por mim, mas sempre se fixava num ponto indefinido.

— Sabe, dona, eu acho que a senhora caiu do céu. A gente tava rezando para aparecer alguma alma boa, pra num acontecer tragédia por aqui. A atenção de nossa prece pro nosso Santo Expedito deve de ser a senhora. Se a senhora é amiga de verdade da dona Rita, a senhora tem que tomar uma atitude bem dura com ela. A senhora, se é conhecida da família, deve de saber como tá a situação dela. Tá meia apartada do mundo, o Betinho fica mais aqui com ela, mas nós é que cuida dele. A senhora num acredita o tanto de garrafa vazia de uísque que nós tira de lá do casarão. Se faz tempo que a senhora não vê ela, vai morrer de dó. Tá um graveto, vive trupicando nas coisa e não dá pra entender metade do que ela fala, de tão enrolado. Passa os dia socada na cama, só com os bichinho que ela gosta.

Eu suspeitava, mas não imaginava que a coisa estivesse daquela maneira. A família vinha nos finais de semana, mas, segundo os caseiros, era uma tristeza só, com muita discussão, pois pelo visto ela não mudava a rotina.

— Ela fala um monte de coisa e depois que passa a bebedeira, parece que esqueceu de tudo. Se a gente vai contar o que ela fez, ela vira um bicho e xinga todos nós. Volta e meia, tá no hospital. Ela mistura cachaça com Trombeta de Anjo. Aí piora mais ainda.

Ouvi histórias e mais histórias daqueles que deviam gostar muito dela, e também sofriam, sabendo do óbvio em que acabaria virando aquela situação. Fui acalmando-os e aproveitando para saber como ela recebia as pessoas, então me disseram que ninguém vinha até lá, fora os parentes.

— E será que ela vai lembrar de mim?

— É triste, mas acho que ela não lembra nem dela mais, dona. A senhora pode entrar lá e levar tudo que tá lá dentro que ela nem vai saber.

Por um lado era bom, pois provavelmente eu não seria rejeitada, mas acho que também não conseguiria ter a conversa que tinha me levado até lá. Tomamos o café e fui tentando tranquilizá-los da melhor forma.

— A senhora quer que leve as mala?

— Não, vou subir até lá e conversar com ela um pouco. Quem sabe ela nem vai querer que eu fique?

Disse em tom de brincadeira e eles até riram, mas eu poderia estar dizendo apenas a verdade.

Subi uma pequena alameda, toda arborizada, e fui notando o cuidado com a natureza que havia naquele lugar. Pareceu-me um lugar de paz. Uma atmosfera diferente. No embalo em que ela parecia estar, só deveria estar viva porque o lugar ajudava a colocar as coisas mais ou menos em dia. É por isso que deve ter saído de São Paulo. O sol já estava bem baixo, iluminando a casa, mas deixando uma penumbra no caminho por onde eu estava indo. Bom para mim, pois não seria vista. E o que eu faria? Bateria na porta? Experimentei um pequeno tremor e uma aceleração acentuada nos batimentos cardíacos. Ela nunca tinha me visto na vida. Qual seria a primeira reação?

Quando estava a poucos metros da casa, ouvi um ruído em uma varanda, que ficava num nível aproximado de cinco metros do chão. Devia ser ela. Levei tamanho susto que me escondi atrás de uns arbustos. Se ela aparecesse lá em cima, não me veria de maneira alguma. Fiquei me achando uma besta. Por que estava ali? E, se tinha vindo, por que não seguia em frente? Um momento de tirar minha vida a limpo e a covardia me lambendo.

Tirei uns galhos da minha frente e quase caí das pernas. Era ela. Os caseiros tinham razão. Ela estava mesmo num estado terrível. Parecia em transe. Os olhos semicerrados, uma garrafa de uísque quase vazia na mão direita, um gato trançando entre as pernas e o andar trôpego. Parece que ela ia chegar até o parapeito para apreciar o restinho de sol e o espetáculo das nuvens.

Mas o que aconteceu em seguida eu jamais saberei explicar. Dizem que, em situações tensas, os sentidos nos pregam peças.

Se assim for, Hollywood é brinquedo de criança. Não adianta querer racionalizar. Acho melhor contar o que vi. Repito: vi e não apenas senti, para que, se algum dia alguém ficar sabendo desta história, entenda da melhor forma possível.

Eu estava bem próxima dela, acho que menos de dez metros. Ainda assustada, até pensei que ela tivesse me visto, pois começou a conversar. Gelei mais ainda. O que ela estaria dizendo?

Tentei voltar ao normal e vi que não era comigo. Ouvi a voz de alguém conversando com ela. Será que haveria alguém mais na varanda? Mas os caseiros disseram que ela estava sozinha.

O sol já tinha baixado rapidamente e havia só a luz de um postezinho acesa. Ao checar os arredores, percebi que havia uma névoa no ar, uma neblina. Assustei-me mais, pois o céu estava limpo e aquilo havia surgido repentinamente. Agora conto o que vi, acreditem ou não, seja real ou não.

Aparentemente suspenso no ar, perto do parapeito, mas pelo lado de fora, e não muito definido por causa da neblina, estava a figura do que parecia ser um índio, todo paramentado. E comecei a ouvir o diálogo como se estivessem do meu lado.

— Quem é você, meu espírito de luz?

— Você nunca viu uma imagem minha, mas vai se enxergar em mim. Meu nome é Cícero e sou seu avô.

— Nossa, que honra e que felicidade receber meu avozinho querido aqui em minha casa. Pedi tanto por sua visita.

— E eu estou atendendo aos pedidos. Só não sei se você vai gostar do que me trouxe aqui. Vim tentar salvar não só minha neta, mas minha dinastia.

O índio falava pausadamente e ela parecia estar fazendo a coisa mais natural do mundo, como se estas visões fossem corriqueiras em sua vida. E eu, sendo filha de dona Diva, a vidente, entrei logo no jogo.

— Você é descendente de cherokee e no seu sangue, como no meu, corre uma maldição que foi lançada sobre nossa família de guerreiros. Muitos dos nossos morreram por causa disso. Minha mãe me alertou, mas não consegui escapar. Nós temos o signo da autodestruição plantado em nossa mente e a sina é que repassaremos para quem tiver sangue do nosso sangue. Essa maldição só termina se alguém do nosso sangue conseguir abandonar todas as substâncias nocivas que só nos degradam e nos levam a uma morte geralmente precoce e dolorida. Você já sofre com isso e sofrerá muito mais se não quebrar o ciclo. Se não fizer isso, ainda verá seus filhos fazendo o mesmo que você.

As feições dela tinham mudado. Uma sombra de preocupação.

— Mas, meu avozinho, meus filhos já estão bem encaminhados, meu marido largou de todas as experiências, cuida deles, dá um ótimo exemplo, eles não me dão trabalho nesse sentido. Quem dá trabalho sou eu.

— Você tem o sangue indígena. Um índio quando está numa situação sem saída, tira a própria vida. Você vai acabar chegando a esse ponto, pois está trilhando o caminho com muita velocidade. Imagina, quando isso acontecer, o que será de seus entes queridos? Tristeza e desilusão são os caminhos mais curtos, mesmo para os que nunca saíram do sério, para que alguma substância traga uma euforia instantânea. Alertado por mim, seu pai tentou quebrar a maldição. Conseguiu por uns tempos, mas você sabe que no final da vida ele caiu novamente e pagou o preço disso.

— Vozinho, essas coisinhas que tomo são a minha única felicidade. É tudo tão sem graça. As pessoas, os lugares. Quem toma estas coisas não quer se matar, só quer um pouco de felicidade instantânea. O mal eu só causo a mim, por isso fico aqui, ninguém fica sabendo e vou tentando não sei se domar, mas ao menos tornar meus demônios um pouco mais interessantes.

— Você odiava bebida e bêbados e agora toma dois litros por dia. Começa logo de manhã. Pode não achar, mas se torna inconveniente, arma situações para chamar a atenção e faz com que todos ao seu lado fiquem esperando pelo pior. Mistura álcool com calmantes, plantas... Um tubo de ensaio humano. Não lembra que sua amiga Elis Regina acabou indo embora com uma mistura fatal dessas? Suas irmãs não tiveram filhos. Você é a única que pode acabar com a maldição dos Jones. Você tem que fazer um pacto de abstinência com o mundo espiritual e quebrar essa corrente, pelo seu próprio bem e de quem vá continuar tendo nosso sangue.

— Eu sou uma artista. Isso me ajuda a criar, me tira as tensões, me leva para frente.

— Não queira enganar quem já não está mais na carne. Você pode se enganar, mas não a mim. Isso tudo é desespero. Histórias para se justificar. Algumas vezes pode ter dado certo, mas você sabe muito bem das vezes que achou um "santo" que não era seu e virou cavalo de alma perdida, sendo usada a bel-prazer. Você vai ver que, na abstinência, o santo baixa muito mais tranquilo e não com hora marcada, dependendo do que você tomou. É uma ligação direta com a luz.

— Acho que não consigo. Sou pau nascido torto. Você mesmo está me avalizando. Ainda mais agora que eu sei que não é culpa minha. Sou vítima de uma maldição. Viva a maldição!

E, dizendo isso, acabou de virar o que tinha de bebida na garrafa, partindo para o deboche. Fiquei com vontade de sair de trás do arbusto e meter o bico, mas me segurei pois fiquei com medo de desmanchar o delírio.

— Minha neta, pelo visto você não vai entender pelo bem o que quero lhe dizer. Sendo assim, que as forças que aqui me trouxeram lhe mostrem uma forma um pouco mais dura de entendimento.

Nem bem ele acabou de dizer isso, ouvi um estrondo ensurdecedor, seguido por uma luz parecida com um raio. Um impacto que me jogou para trás.

Acordei com um gosto horrível na boca, o corpo como se tivesse levado uma surra. Quando comecei a despertar, percebi que estava caída no chão, a três metros de onde estava antes, e o dia amanhecendo. Eu tremia de frio e estava molhada de orvalho. Aí fui assaltada pela dúvida. Será que eu tinha desmaiado, tido um sonho maluco e dormido na grama até aquela hora? Só por que a tinha visto na varanda? Impossível. Levantei sem saber bem o que fazer. Pensei em ir embora e deixar aquele encontro para o nunca. Aquela mulher só me dava problemas.

Ficando em pé é que fui notar que ela estava jogada no chão. Senti-me atordoada, mas corri para prestar socorro. Ela devia ter caído lá de cima da varanda. E era muito alto. Quando cheguei perto, vi que a situação não era nada boa. A mulher que tinha feito sombra em minha vida estava caída de bruços no chão, desmaiada, com o maxilar afundado. Corri para chamar seu João e dona Penha. Seu João já correu para ligar para Roberto e voltou dizendo que estava chegando uma ambulância. Pelo visto aquilo era mais ou menos uma rotina, mas desta vez muito mais séria. Será que ela conseguiria voltar ao menos a falar? Cantar, acho que nunca mais.

E quanto tempo ela deve ter ficado ali? Se fosse ter como real tudo o que estava na minha cabeça, tanto eu quanto ela tínhamos passado a noite jogadas na grama do jardim. Só que meu maxilar estava inteiro. Mas parecia que ele estava dolorido como se tivesse levado também aquela pancada.

Estranhamente, eu estava sentindo como se ela fosse alguém muito próximo ou querido. Jamais havia pensado que poderia sentir isso por ela.

A ambulância chegou rapidamente e também o aviso de que Roberto estava a caminho. Depois que ela foi levada para o hospital, olhei para seu João e perguntei:

— O senhor ouviu algum estrondo ou viu uma luz de relâmpago ontem à noite?

— Ah, ouvi não. Eu durmo com as galinha, dona. Mas se fosse dos forte, eu ouvia. Mas é gozado. Sabe o que eu notei? Hoje de manhãzinha, pouco depois da senhora chamar nós, eu notei que os bicho daqui do terreiro tava tudo meio ressabiado.

6. O NINHO DA SERPENTE

IMPOSSÍVEL FAZER PREVISÕES. Quem diria que num mesmo dia eu tinha tomado o rumo da casa de meu maior problema, para definir de vez nossa situação, e agora ela estava em um hospital, com o destino incerto, e eu sozinha, dentro da casa dela?

As coisas aconteceram num ritmo tão alucinante que eu precisava deixar a poeira baixar para ver o que fazer da vida. Mas sou uma mulher. E muito curiosa, pleonasticamente falando. Teria que agir com rapidez, pois nem imagino quem poderia chegar e, com certeza, iria chegar alguém. Quando você quer entender uma pessoa, o melhor local para ser analisado é o quarto onde ela dorme.

Eu esperava, não sei por que, que a porta rangesse, mas ela abriu suavemente. As luzes, se é que aquilo era iluminação, estavam acesas, já que tudo tinha acontecido durante a noite. Por estar caída lá fora no jardim, Rita não poderia ter voltado para apagá-las. Havia muitas velas, dos mais variados tamanhos e formas, acesas por todo canto, e bastões de incenso queimados. As velas ainda exalavam odores suaves.

O piso era de cerâmica rústica, bem coisa de fazenda, embora pouco se visse, pois existiam vários tapetes espalhados. As paredes eram de tonalidade clara, talvez areia, mas mal chamavam a atenção, encobertas por tantos móveis e objetos pendurados. A janela, de bom tamanho, se aberta deveria trazer muita iluminação, mas estava coberta por uma cortina espessa, que não deixava entrar um raio que fosse de luz externa. Coisa de vampiros, que vivem à noite e dormem de dia.

Num dos cantos, algumas fontes pequenas cercavam um pequeno Buda. Espalhadas por criados-mudos, cômodas e uma pequena mesa, várias miniaturas de tudo que se possa pensar. Coca-Colas, animais, mas, principalmente, muitos cristais também organizados com algum propósito. Eram das mais variadas formas e tamanhos. Uma iluminação discreta e indireta fazia com que os cristais projetassem estranhas formas em diversas direções.

Havia uma pequena penteadeira com o básico em maquiagens, mas que me lembrava muito o camarim de Marlene Dietrich, no *Anjo Azul*. Esses arranjos sempre me deram a nítida impressão da derrota assumida que sofremos do tempo, mas que tentamos reverter com pós e batons para tentar enganar olhos que não são os nossos próprios e que jamais caem nesse conto.

Uma mesa, também pequena, cheia de papéis, canetas e lápis de cor. Alguns mapas astrais e análises astrológicas. Um guarda-roupa cheio de camisetas, calças compridas, vários pijamas de flanela, vários tênis e muitas pantufas das mais variadas formas.

Das miniaturas, as que mais tinham destaque eram as da turma inteira de Peter Pan. Seriam presentes dos fãs? Provavelmente.

O que me chamou a atenção foi a disposição dos móveis, principalmente a cama, que não estava alinhada com a parede. Pelo visto, ali havia sido feito um estudo de radiestesia, misturado com Feng Shui, a harmonia dos objetos e móveis de uma casa, para maior equilíbrio.

Na parede, fotos muito antigas misturadas com polaroides, na maioria de familiares mais próximos, filhos, marido, animais de estimação atuais e talvez antigos. Também uma montagem muito bem feita de Rita abraçada com James Dean, figuras desenhadas à mão, num papel parecido com o de pão, alguns retratos de líderes espirituais, com os quais eu não estava muito acostumada. Só conhecia o Dalai Lama e Gandhi. Parece que tinha um tal Sai Baba e outros menos votados, todos com aquele sorrisinho oriental e budístico. E, claro, Nosso Senhor Jesus Cristo. Em destaque um pequeno quadro assinado por

Antonio Peticov. Também uma representação do equilíbrio yin-yang, que brilhava na escuridão, um velho símbolo hippie, presente de sei lá quem ou talvez lembrança de quando assumiu a ideologia do movimento, e uma reprodução do cabo de guitarra com a pombinha, de Woodstock.

Uma bonita estátua de Nossa Senhora Aparecida, em um outro altar, ao lado de uma Iemanjá, coisas essas que pareciam vir da herança de mamãe Chezinha. Em cima da cama, um pêndulo energizador, com um cristal na ponta, e sobre a cama... bem, sobre a cama, o colchão mais surrado que já vi em minha vida. Dava para ver a forma exata da dona. Manchas de Coca-Cola, pelos de animais e suas sujeirinhas pessoais, queimadas de brasa de cigarro. Não sei como ela não se matou queimada.

No teto todo preto estavam distribuídas estrelas e planetas de material fosforescente, que brilhavam no escuro, dando a impressão, ao se deitar na cama, de se estar olhando para a abóbada celeste durante uma noite sem nuvens.

Desenhada no chão, num dos cantos, uma estrela de cinco pontas, que deveria ser usada em algum ritual. Num outro canto, a Sephiroth, a árvore da vida, que também deveria servir para mais um tipo de ritual.

No criado-mudo, ao alcance da mão, tubinhos de *lip-balm*, aqueles tipos de batom para lábios ressecados, e *tiger balm*, um Vick Vaporub do Oriente. E alguns livros, bem surrados, o que denotava serem muito consultados.

Bardo Todol, livro tibetano dos mortos. A Bíblia. *Tao Te King*, um livro de sabedoria chinês. A autobiografia de Carl Gustav Jung, meu predileto nos tempos da faculdade de Psicologia. Um *I Ching* com o jogo completo de varetas. *Pisthis Sophia*, que os católicos não podem ver nem pintado de ouro. E um baralho bem surrado de tarô.

Peguei a Bíblia e abri aleatoriamente. "Vós sois o sal da terra. Se o sal perde seu sabor, como tornará a ser sal? Não serve mais para nada, senão para ser jogado fora e calcado pelos homens". Naquele dia, tanto eu quanto ela tínhamos perdido um pouco do antigo sabor, talvez para adquirir outros.

Instintivamente fui para as últimas páginas da Bíblia, que são em branco. Não tinha nenhuma. Qual o maconheiro que não enrolou unzinho nessas folhas abençoadas? Mas quase morri de susto quando meus olhos se acostumaram à pouca luz. No canto mais distante, de pé, encostado nas duas paredes que ali se encontravam, um sarcófago egípcio. Devia ser um objeto muito valioso, pois era todo dourado, bonito mesmo. Embora a curiosidade tentasse até o último estágio, não tive a devida coragem de abri-lo. Vai saber o que lá estaria contido. Já me bastam os esqueletos de meus armários.

O pensamento que me ocorreu, observando tudo aquilo, foi inquietante. Aquilo sim seria o quarto de uma verdadeira filha de Diva. Seria o paraíso imaginado por minha mãe, que só não o tinha daquela forma em nossa casa porque derrubaria tudo com aquela imensa gordura.

Algo que me deixou intrigada foram uns objetos que estavam em cima do guarda-roupa, numa caixa. Já que ela gosta tanto de animais, acho que seria meio difícil montar em cavalos. Quanto mais usar chicotes neles. Pois bem, a tal caixa tinha chicotes de todos os tipos e tamanhos e alguns artefatos de um material imitando couro, algo que me soou como a busca do politicamente correto. Será que era figurino de algum show?

Com tanta coisa num ambiente só, não vi um ponto de poeira. Todas as gavetas estavam meticulosamente arrumadas e organizadas. Todas abriram facilmente por não estarem abarrotadas. Muitas meias e calcinhas, mas será que ela guardava sutiãs em outros lugares?

Mas essas coisas muito organizadas tanto denotam equilíbrio como total neurose obsessiva. O caos é muito mais organizado e balanceado. Pensando bem, para uma mente comum, aquilo ao menos era um caos ideológico e religioso. Ofertas e altares para todas as portas do bem. E eu não deixava de sentir arrepios e calafrios a cada segundo.

Outra conclusão é que talvez só Roberto pudesse entrar ali e muito de passagem. Crianças não conseguiriam dar um passo sem sinais de destruição. Eram também vedadas a qualquer das intrusões eletrônicas. Sem televisão, sem computador e sem telefones. Fiquei entre achar que aquilo ou seria um quarto individual da Arca de Noé, ou uma nave espacial solitária, embora tanto um quanto o outro eram a mesma coisa, só mudando o meio por onde trafegam.

Acho que mexi em tudo e não encontrei nenhuma das porcarias que ela socava compulsivamente na boca, em busca de novos horizontes, embora geralmente sempre tudo terminasse na nova horizontalidade das camas dos quartos de prontos-socorros e hospitais desbaratinados, para não virar notícia, mas que sempre acabava virando. As "suidoses". Supostas tentativas de suicídio que eram, na verdade, overdoses dos expandidores de limites. Meros pássaros que vivem comendo pedras para saber o cu que têm. E quem quer se matar pode até errar na primeira, mas da segunda não passa.

Nenhuma garrafa do que quer que fosse. Minto. Uma garrafa de água, além do copo de água atrás da porta, com galhinhos de arruda dentro. A da garrafa era Evian, a do copo, não sei. Era como água, mas eu não beberia jamais. Vai saber.

Abrindo uma das portas do armário, chegava-se ao banheiro. Nada de muito especial. Bidê atuante, assento almofadado na privada, revistas mundanas ao lado do trono e uma banheira bem antiga, com pezinhos para não tocar no chão. E todos os tipos de sais para banhos de imersão. O lugar era bem arejado e iluminado e o odor até que era bem agradável. No armário, todos os tipos de capsulas produzidas pelo mundo, além de muito fio dental, escovas e pasta de dente. Parecia ideia fixa de filha de dentista.

Por fim, acabando de travar a pouca circulação disponível, dois baús enormes, que tinham tampas livres, sinal de que eram deixados assim para serem abertos a qualquer hora. Quem guarda o passado por guardar sempre enche de coisas em cima das tampas do baú, para tirar a vontade de ficar abrindo.

No maior, muitas roupas que eu já tinha visto em fotos de shows, tanto dos Mutantes, quanto da carreira solo. Será que ela planeja fazer um museu? Ou fazer leilões? Falando em leilão, lá estava o vestido de noiva de Leila Diniz. Sensação estranha de estar mexendo em objetos alheios, mas que me acompanharam a vida inteira. Pareciam um pouco meus.

O outro baú, um pouco menor, era a parte documental. Milhões de fotos, desde a infância até hoje. Também era tudo tão ligado a mim que fiquei procurando para ver se não estava em alguma delas. E estava. Era como se fossem a família que nunca tive.

O restante eram cadernos e mais cadernos de anotações. Um rol de ideias, algumas realizadas, outras embrionárias. Não sei se ela pensava em escrever uma autobiografia, mas muitas anotações denotavam suas posições diante da vida, muitas letras de músicas que nem deviam ter sido gravadas e tudo numa letra que só eu mesmo poderia entender, por tê-las lido tantas vezes. Letra feia é como gente feia. Acabamos nos acostumando e aceitando, se forem sinceras.

Aleatoriamente peguei várias fotos e alguns escritos e sentei perto do abajur do criado-mudo para ver, quem sabe, se ali estava a chave do mistério, se é que havia algum mistério dela para comigo. Era mesmo pirante. Sei tudo dessa mulher e ela nem imagina que eu exista. Mas a leitura de algumas páginas mostrou que eu não sabia tudo. Talvez a parte externa.

Com a carga de adrenalina que nos deixa bem mais rápidos, gerada pelo medo de ser encontrada ali por sei lá quem, num ato totalmente bisbilhoteiro, deixei que o destino sorteasse algumas coisas para minha leitura.

5. REBELAÇÕES

TINHA MUITOS CRISTAIS espalhados pelo quarto. E muitas, muitas anotações nos mais diversos formatos. Numa folha de caderno, ela descreve um cristal Phantom, que é o presente que ela deu para David Bowie, quando o conheceu em São Paulo. Ela deve ter traduzido isso e entregado junto com o presente.

Phantom é um cristal de quartzo puríssimo. Dentro dele há o espírito intacto do cristal numa forma holográfica idêntica ao aspecto exterior. Difícil é encontrar um sem que haja alguma intervenção humana. Arrancam o cristal de qualquer maneira da terra. Uns são cortados na raiz e perdem a força. Os Phantoms são cristais que brotam e são colhidos sem qualquer interferência. Nem sempre a pessoa percebe o espírito deles lá dentro. Pela falta de conhecimento de quem vende, às vezes podemos encontrá-los nas lojinhas mais vagabundas e bem baratos. A ponta tem que estar perfeita e a base também. Há grandes e pequenos. As holografias são vistas quando a luz é no sentido contrário.

Às vezes só frases soltas:
A trímana perfeita seria quinta, sexta e sábado. O resto é muito chato.

Às vezes comentários da profissão:
"We Are the World" estava fazendo o maior sucesso, e assim resolveram fazer uma versão nacional para angariar fundos para alguma coisa. Me chamaram. A música chamava-se "Chega de Mágoa". Uma choradeira sem fim a mil vozes. De brincadeira, disse a Caetano Veloso que a nossa po-

deria se chamar "We Are the Worst". Na hora Caetano não disse nada, mas depois meteu o pau em mim pela imprensa. Disse que eu não levava nada a sério. Tô pouco cagando para a situação e para o que ele disse. Nunca se pode reclamar de C. V., que as mulheres dele ficam bravíssimas.

Essa era boa:
Quem anda com Deus no coração não tem medo de assombração. Tenho pavor de guarda-costas.

Vai facilitando, vai.
Filhos:
Só João foi programado. Beto saiu a minha cara. Antonio veio sem querer querendo. Foi concebido no dia do aniversário de Roberto. Juca, Tui e Beto, meus amores. Sinto muita falta de quando eles eram pequenos.

Houve uma época em que ela ficou internada na Clínica Artemísia, em São Paulo, para reabilitação, e lá usavam um método chamado Antroposofia. Ela explica:
Antroposofia é uma ciência natureba aplicada na vida. Genialidade de Rudolf Steiner. Equilíbrio total entre corpo e alma, desde o que comemos até o que cagamos. A comida vem direto da horta. Os internos plantam e cozinham. Tem a pintura e a escultura antroposofista que são bastante junguianas. Os remédios são de plantas específicas para cada parte do corpo. Tem muita injeção direto no fígado, no baço, no intestino. Os internos se autoaplicam e não dói nada. Lembrando que boa parte já se aplicava a outras coisas antes. A disciplina é o segredo. Acorda-se às quatro da matina sempre com atividades de faxina em todos os níveis e dorme-se às seis da tarde. Rolam banhos quentes e frios. Parece coisa de gregos e romanos. O que não falta é atividade hippie. Uma maravilha.
A Clínica Artemísia fica num lugar muito bonito, incrustrada na Mata Atlântica.

Tinha lista de instrumentos e seus apelidos.

Dois violões Martin... o Scorsese e o Dean. Uma Fender Telecaster 52, chamada Fred (de Astaire) e uma outra 66 chamada Rute (de Route 66). Uma White Falcon chamada Elvas (feminino de Elvis). Uma Adamas 76, chamada Jones. Um velho Ovation chamado Carlos. Uma Godin chamada Joana (de Jean-Luc). Rolando, a bateria Roland que foi usada no Saúde. Vassourinha, um violão micro da Martin. Cinco flautas transversais chamadas Família Trapa. Uma flauta elétrica Yamaha, chamada Quincas. Um milhão de instrumentos percussivos, entre eles brinquedinhos de supermercados e feiras, sanfoninhas de crianças, uns duzentos apitos, sinos indianos, buzinas, um arsenal sem nome, porque é muita traquitana junta.

Muitas páginas comentando uma ciência pouco conhecida, a Pesofilia. A análise da personalidade através dos pés da vítima. Um monte de análises de pessoas conhecidas e da família. Não vou reproduzir nenhuma porque me parecem muito exatas e colocarão as profundezas da alma à vista de qualquer um. Calo-me.

Uma lista de tatuagens presentes e futuras.

O triângulo do braço direito foi crescendo de uma lua e um sol, símbolos astrológicos, depois fiz um "infinito" e ficou uma coisa só. Tenho pentáculos em cada chakra, da garganta para cima a tinta é transparente para evitar comentários. No braço esquerdo tenho doze metanoias de iluminação ascendentes, de Helena Blavatsky, culminando com uma estrela mandala de nove pontas. Sonhei com Chezinha e ela mandou que eu fizesse uma estrela de sete pontas na parte de trás da mão direita, para ajudar na escolha das coisas que me interessam. Acho que ela quis dizer que com a estrela ali seria mais fácil me lembrar de colocar a coisa certa na boca. E um tetraktys pitagórico na parte baixa do plexo solar.

Em outras folhas, algumas peripécias de viagens:

Quando estive em Berlim para promover Dias Melhores Virão, dei algumas marteladas no desmanche do Muro de Berlim. Uma vez, eu e Ro-

berto fomos dar um rolê de navio e quando desembarcamos em Istambul, o povo começou a nos seguir. Roberto até chegou a pensar que eram meus fãs, mas aos poucos a coisa foi ficando complicada. Tinha uma avalanche de homens silenciosos nos seguindo. Entramos numa tenda de tapetes e o dono da loja nos explicou o que era: sua mulher está usando chuteiras nos pés e isso aqui é um escândalo. Só homens usam chuteiras. Quem nos livrou da situação foi Suely Aguiar, que do lado de fora levantou a blusa, já que não estava usando nada por baixo. A visão que ela apresentou foi muito melhor que a de minhas chuteiras e, enquanto os abobalhados começaram a ir para o lado dela, ela conseguiu sair correndo até o barco. Eu e Roberto saímos calmamente pelo outro lado.

Adoro Paris. Visito muitos museus, fico bundando pelas ruas, visito castelos templários, igrejas esotéricas e perambulo quase todos os dias pelo Mercado das Pulgas, que é um paraíso. Gosto do mau humor dos franceses. Estamos olhando uma vitrine e o dono já chega e pergunta: "quer comprar alguma coisa?". Se dizemos que estamos apenas olhando, ele manda olhar em outro lugar. A comida é boa, as pessoas são lindas e sujinhas. Odeiam ingleses. Odeiam quando o turista não fala francês. A melhor das decadências europeias.

Nunca consigo ir até a Índia. Sempre acontece alguma coisa. Às vezes é um terremoto, outra vez some o guia, ou algum impedimento de ordem pessoal.

Da outra vez eu e Roberto fomos até a Grécia, desembarcamos em Santorini e partimos para uma subida até a cidade que ficava num topo altíssimo. Os turistas pegavam burrinhos, mas eu me recuso a montar em qualquer animal e então fomos a pé por uma estrada minúscula. No meio do caminho, vi Roberto de bobeira e um carro vindo em sua direção. Corri e empurrei Roberto para o carro passar. Caímos os dois e rolamos montanha abaixo. Parecia I Love Lucy. Amassados e enlameados de bosta de jumento. Fomos até o navio, trocamos de roupa e pegamos um táxi até Santorini. O motorista nos reconheceu e disse: "Quase atropelei vocês ainda há pouco, né?" Descobrimos que ir a pé até o topo era uma espécie de desaforo para os nativos e então os motoristas partiam para o boliche humano.

Fui duas vezes à África. Uma para visitar a Costa do Marfim, ver uma amiga que mora num hotel, e outra vez ao Marrocos para comprar haxixe. Jamais irei ao Japão.

A Itália é o lugar mais fodidão. Cada tijolo das casas tem história. A terra dos meus antepassados. Ou parte deles. Gente bonita, elegante e simpática. Nada é feio. Uma vez fui fazer um programa de TV por lá e levamos uma prima de Roberto que morava na Holanda. No aeroporto pegaram a mulher com maconha e fomos para a cadeia. Ela ficou e nós saímos para fazer o programa. Armamos um barraco na TV para tirar a prima do xilindró. Ela foi deportada e nós ainda ficamos uns dias bundando por lá.

A Suíça é muito chata. Dá até saudade da violência e miséria naquela monotonia civilizada. O Festival de Montreux é muito legal. Os loirinhos adoram casar com as mulatas que lá comparecem para arranjar marido suíço.

A Holanda é um sonho, em tempos de chapação ou não. O povo é tão pacífico que dá para entender a facilidade com que os nazistas invadiram aquela terra.

Odeio neve. Preciso esquiar no Caribe.

Também fiz o Caminho de Santiago de Compostela. De carro, com ar-refrigerado, Coca-Cola e tudo que Paulo Coelho e Baby Consuelo reprovariam.

Mas o que me enchia o saco era toda vez ser interrogada ao entrar nos Estados Unidos por causa daquela bosta daquela prisão que armaram para mim, quando estava grávida do Beto.

Mas também agora já passaram vinte anos e caducou. Fodam-se. Mas adoro ficar bundando por Nova York. Assisto tudo que passa. Mas depois que conheci o Caribe. Adeus.

Essa rodou a bolsinha pelos quatro cantos. E no Brasil?

Adoro o Rio de Janeiro, mas prefiro os mistérios de Goiás. Terra paradoxal. De um lado sertanejos bregas e de outro entradas para o centro da terra. Charlie sempre pensou em fazer excursões para lá. Adoro fazer peregrinações em cachoeiras mágicas, escaladas em montanhas mais mágicas ainda, grutas forradas de cristais mágicos.

Tinha o lado espiritual.

Faço parte dos Doutores da Alegria, que levam conforto aos que estão internados em hospitais. Os problemas alheios amortizam os nossos. Levarei uma tese para a oncologia infantil do Hospital das Clínicas. Serei uma especialista na área espacial cuja tese é: crianças carequinhas são ETs disfarçados.

E eu que vivo sempre nesses lugares? Só faltava encontrar com ela lá.

Parece que ela ia a reuniões numa livraria chamada Trion, onde estudavam Alice Bailey, Gurdjieff, Steiner. Tinha um médico cabalista que ensinava a lidar com a Luz. Um monte de malucos do bem, como ela dizia. Nos dias de lua cheia aconteciam altas magias. Ela diz estar tentando arrumar tempo para voltar a frequentar:

Tenho o tapetinho num canto, virado para o leste, onde me acomodo e tento não pensar em nada, o que é dificílimo. No começo só pensamento mundano. Tento virar uma espectadora e vou me concentrando mais na respiração do que nestes pensamentos. Com o tempo fui passando de cinco para dez minutos e assim por diante, até chegar na mente formas geométricas de pensamento, que aprendi em teorias antroposóficas de Rudolf Steiner. Quando entro finalmente na ausência total de qualquer tipo de pensamento aparece uma cor específica que toma o espaço todo da mente. Durante esta cor é que acontece a verdadeira oração. Somos alimentados por esta cor e o que tiver que ser curado, será. Cada uma das sete cores que podem aparecer durante a meditação equivale a um ponto enfraquecido do nosso ser. Não precisa pedir nada. A cor cuidará de tudo. Basta nos entregarmos. É nosso anjo da guarda trabalhando. As pessoas acham que orar é ficar pedindo o que desejamos que aconteça. Isso não existe. No máximo podemos agradecer aos deuses, mas tentar influenciar a vontade divina com nossos probleminhas, não existe.

Ioga é o melhor caminho para a paz interior.

Preciso fazer isso um dia.

Não tenho poderes paranormais. Já brinquei muito com essas coisas, mas não gosto, não. Atiçam muito o ego inferior. Apenas testemunho "milagres" que acontecem todos os dias ao meu redor. Às vezes "vejo", mas tenho um pouco de aflição. Uma vez eu estava de Jeep indo acampar numa estrada com meus bichos, na época dos Mutantes, quando vi um rapaz vindo em direção oposta. Ele estava andando bem no meio da estrada. Achei estranho o cara. Pouco mais adiante encontrei um carro batido com o corpo do rapaz ensanguentado no chão. Ele estava perambulando sem saber o que tinha acontecido. Não gosto dessas coisas. Mas adoro ver cadáveres, tanto em foto como ao vivo.

Nossa, é muito mais louca do que eu imaginava.

Depois de várias páginas contando aventuras pelos lados de Brasília, com visões de objetos voadores não-identificados, tudo comandado por um militar, seitas muito estranhas, inclusive o sumiço de pessoas que talvez tenham sido abduzidas. E tudo por indicação de Gilberto Gil, o compadre carnal e espiritual. Aliás, Rita e Gil são admiradores de Sai Baba. Sempre planejam, mas não realizam uma viagem até a Índia para conhecer mais os encantos e os ensinamentos do mestre.

Mas ainda tinha muita coisa para ser bisbilhotada.

4. MUITO ALÉM DE QUALQUER IMAGINAÇÃO

ACHEI VÁRIAS FOTOGRAFIAS de tempos que eu havia até esquecido, onde estavam muitas pessoas que se foram. Imagina que tem foto no casarão de Charlie, em que eu e minha mãe Diva estamos ao fundo, penduradas na janela, bisbilhotando. Saudades de minha mãe.

Havia muito mais coisas, com posições pessoais, fragmentos, ideias:

Eu comia minhoca quando era criança.

Era como invadir a mente de alguém:

Os viados de minha vida sempre foram muito talentosos. Talvez por isso que me sinto à vontade para brincar com eles. Desde pequena notei sensibilidade e bom humor nos primeiros viados. Eles praticamente me ensinaram o básico do mundo feminino fake, como passar batom para aumentar os lábios, botar enchimento no sutiã, pintar os olhos, fazer penteados de atrizes de cinema, imitar a fala de fulana, a diferença good and bad girls na vestimenta. Quando mais tarde encontrei viados pela frente, eu já sabia como fazer para conquistá-los: "Querida, vamos botar um batom na ponta da orelha para parecermos mais saudáveis?". Quanto à sapataria, minhas primas mais inteligentes e independentes eram sapatas. Eram campeãs na natação, viajavam sozinhas, trabalhavam fora, vestiam calças compridas. Não se aproximavam muito das irmãs Lee. Digamos que os primos viados me ensinaram a apreciar mais a figura da Madrasta do que da Branca de Neve, e as primas sapatas me ensinaram que o Príncipe Encantado não existia. Viados são mais bem-humorados, sapas são mais segu-

ras. Perto de viados, exerço meu lado masculino. Perto de sapatas, me sinto uma mulher porreta que também gosto muito. A radicalidade deles me faz perceber um paradoxo interessante em mim mesma. Sinto que ambos gostam de mim como eu deles.

Que posso eu dizer? E sabe de onde vieram as primeiras informações?

Charlie era um grande leitor. Chezinha lia poesias, romances e revistas femininas. Mary era uma biblioteca geral. Decorava até X9, um magazine de crimes violentos. Vivi era uma romancista fanática. Eu colecionava gibis de Tarzan e do Fantasma, tudo da Disney, o almanaque do Mindinho. Depois de Monteiro Lobato, pulei para o Tesouro da Juventude. Depois me interessei em Mark Twain, Edgar Allan Poe, Agatha Christie, Madame Leandro Dupré e Machado de Assis por influência de mamãe. Grandes filósofos eram a praia de papa, em que só fui mergulhar depois que saí da escola. Virgínia era a grande Picassa da casa. Comecei imitando a mana. Passei a me especializar em caricaturas e depois fiz retratos tirados de fotos feitos nos papéis de embrulhar pão. Fiz James Dean, Kennedy, meus avós todos, Balu, Lucille Ball, mas o melhor que fiz foram os Beatles em separado, que eu fiz em 1963. Chezinha me matriculou na FAAP, onde aprendi a técnica redonda do corpo humano. Os retratos eram feitos com grafite e esfuminho. Nunca usei óleo. Quem sabe quando me aposentar?

Mas e quando ela vai se aposentar?

Dentre outros pormenores, ela dizia que uma das coisas que mais adorava era limpar gavetas. Acabava com o peso do passado. Preciso achar onde ela anotou essa técnica, para que eu aprenda uma forma de me livrar dela. Essas palavras também são da magrela, mas me comoveram:

Sempre me senti muito sozinha. E quem não se sente assim? Gostei da minha solidão infantil. Amigos imaginários eram bem mais fiéis e divertidos do que as coleguinhas de jardim/primário. Quem precisa de um amigo vivo quando existe Peter Pan? Eu não era nem americana, nem italiana. Minha brasilidade era contestada na escola francesa. Considerava-me um ET e gostava de ser diferenciada em qualquer lugar que fosse. Já na minha adolescência, a solidão não foi legal. Eu queria encontrar um ET para namorar e trocar figurinhas. Minha solidão incomodava. Conheci alguns ETs, mas nenhum do meu planeta. Foi um tempo sofrido, cheio de desilusões. Namorei terráqueos diferentes, uns interessantes, outros não. Já os animais me aceitaram de cara. Que reino carinhoso. Sou uma Tarzã urbana.

O sofrimento humano eu sinto na pele, o sofrimento animal bate direto na alma. Não entendo o reino animal como inferior ao humano. Somos companheiros da mesma jornada de aprendizado. A raça humana não evoluirá enquanto não aprender a respeitar todas as formas de vida do planeta. Somos os seres intermediários entre os reinos abaixo do nosso. Temos responsabilidade total na manutenção da Nave Mãe Terra e todas as suas criaturas. Tem gente que me diz: com tanta criança por aí precisando de ajuda, você fica se preocupando com os bichos. É pensando nas crianças do futuro que defendo os direitos dos animais hoje. Tenho pavor de qualquer tipo de falta de educação. O abuso com animais é para a criança uma demonstração de como se tornar um adulto desinformado, precursores da involução humana, nossa pretensão é chegar nas estrelas e estes desinformados são um problemão que temos pela frente. Vejo crianças assistindo adultos bêbados dilacerando bichos vivos nas "farras do boi" e, a exemplo deles, aplicando depois as táticas de tortura em animais menores, como gatos e cachorros, por exemplo. Vejo apresentadoras de programas infantis distribuindo filhotes de coelhos vivos como se fossem chaveiros, promovendo eventos com crianças subindo nas costas de animais, emas, por exemplo, que não são de montaria. Vendendo produtos bregas feitos com peles de animais. Uma falta de educação ecológica exemplar esses programecos infantis. Vejo peões de boiadeiros, que no meu tempo domesticavam bichos com carinho e dedicação, enfiando cacos de vidro, cigarros acesos e pedaços de pau no cu dos bichos antes da porteira abrir para a arena. Os bichos não pulam daquele jeito porque são selvagens ou bravos. Eles pulam de dor mesmo. E as crianças lá fantasiadas de cowboys. O rodeio é um lixo cultural americano e, ao contrário do futebol e do rock'n'roll, ambos de origem gringa também, o rodeio não se adaptou ao traquejo brasileiro, ao contrário, destruiu completamente a genuína festa caipira.

Rodeios lobotomizam o espírito pacifista caipira incensando John Waynes da violência, rodeio é uma indústria poderosa que movimenta milhões de dólares à custa do sofrimento de animais. Nos Estados Unidos, diante das pressões das entidades mundiais dos direitos dos animais, estão ultimamente investindo em bois e cavalos mecânicos com vários níveis de dificuldades, fazendo com que o público que comparece acompanhe melhor a destreza dos cowboys. Aqui no Brasil, os investimentos são para deixar o rodeio na Idade Média. Vejo cavalos e jumentos puxando carroças a vida inteira sem descanso nem alimentação adequados e, depois que ficam velhos, são abandonados ou sacrificados a pedradas. Vejo frigoríficos cruéis alimentando artificialmente galinhas, patos, vacas, porcos, perus, coelhos, carneiros, cabras e outros mais, para levá-los a abatedouros nazistas. E as crianças comendo toxinas cancerígenas desprendidas das químicas, depressões e pântanos desses cadáveres. Vejo crianças nos circos assistindo bichos serem humilhados publicamente e depois maltratados pelos gananciosos donos desses antros. Precisou uma criança ser devorada por leões famintos para que o público tomasse algum conhecimento desses fatos que as entidades estão cansadas de denunciar. Vejo donos de cachorros de grande porte treinando seus filhotes para dilacerarem o que aparecer pela frente. E crianças lá, de cobaia. Vejo adultos desovando filhotes de cachorros e gatos no meio das ruas e estradas para serem atropelados. Vejo o comércio de penas e peles de bichos exóticos em extinção sem a menor fiscalização. Vejo canis e gatis vendendo filhotes não desmamados e doentes, depois as mães das crianças se livram dos "empecilhos" de qualquer maneira. Vejo a carrocinha medieval ainda fazendo "sabão" dos bichos de rua. Vejo zoológicos mantendo animais vivos-mortos em cativeiro, quando só deveriam cuidar das espécies em extinção. Vejo laboratórios químicos usando cobaias sem restrições. Aqui no Brasil o abuso infantil é muito parecido com o abuso animal. São criaturas que não podem se defender sem intermediários. Alguém tem que fazer o papel de locutor nesses circos de horrores. Toda vez que posso, uso e abuso do meu nome artístico para conseguir espaço na mídia para denunciar todos estes abusos.

Confesso que balancei um pouco com isso. Será que minha raiva estava diminuindo? Não seria melhor parar de mexer nas coisas dela, senão eu seria enfeitiçada por algum tipo de magia que me faria até, argh, gostar dela?

E numa outra folha, fui saber para qual santo acendia suas velas:
Venho de uma salada religiosa daquelas. Meu pai era anticatólico fervoroso e minha mãe era uma devota profunda. Yin e Yang da fé. Por isso não tenho uma, mas várias religiosidades. Iansã ou Santa Bárbara, protetoras dos raios e das tempestades. São Francisco, o único seguidor de Jesus da raça católica. O ministério da maçonaria, que para a mulherada de casa significava bruxaria. E eu não sabia por que, pois elas faziam as bruxarias delas, com muitas ervas fervendo no fogão, muito banho com hortaliças mágicas. As benzeções de minha mãe e as belas orações que ela criava. A parte protestante era a mais chata. Muito papo para pouco aprendizado. Acho que sou uma sacerdotisa egípcia. Tenho um pé no candomblé e meus erês ficam doidinhos com os tambores. Adoro a virgem negra representando Pistis Sophia. O paganismo celta é emocionante. I love the Wicca.

Que caldeirão. Mas não era só isso:
Um dia chegou a mim uma das maiores obras dos gnósticos. Pistis Sophia. Jesus Budista. A essência pura do cristianismo impoluto. Isso me inspirou a fazer uma letra, mas que nunca tive coragem de gravar, pois o conteúdo tinha muito a ver comigo, e não com Rita Lee.

O que? Ela não é Rita Lee? Procurei rapidamente, sempre com aquele temor de estar alguém por chegar, mas consegui achar a tal letra.

PISTIS SOPHIA
Nossa senhora aparecida
Dai-me força nessa vida
Pra remar o barco até o porto
Deus é pai, não é padrasto
É salvador, não é carrasco
Mas escreve o certo meio torto

Quero fé e sabedoria
Eu sou Pistis Sophia
Em busca do meu endereço
Eu estou aqui na matéria
E onde morte é coisa séria
A eternidade tem seu preço

Pois o céu que me ajude
Me dando sorte e saúde
Que o resto eu seguro bem
Pode até faltar dinheiro
Real, cruzado ou cruzeiro
Mas o amor vale mais, amém.

O amor vale mais que qualquer vintém.
Pelos séculos dos séculos, amém!

3. UMA QUEIMA DE ESTOQUE

ESTAVA TÃO DISTRAÍDA que quase caí da cama quando ouvi o ruído de carros. Quem poderia estar chegando? De qualquer forma, eu era uma intrusa. Poderia usar o álibi de velha amiga dos tempos do colégio, mas vai saber quem estaria aparecendo por ali. Instintivamente enfiei as folhas que estava lendo e algumas fotos dentro da minha mochila e fui para o terraço de onde a magrela havia despencado.

Joguei a mochila nos arbustos nos quais Rita havia aterrissado e estava arrumando um jeito de descer pela vegetação que subia pelos lados da casa, quando vi que eram vários carros e motos, e muita gente estava descendo para entrar na casa.

— Olha ela lá em cima. Está querendo fugir.

O que estaria acontecendo?

Em poucos segundos, dois caras muito mal-encarados já estavam me segurando pelos braços e me levando para o térreo.

— Então a beldade pensava que ia fugir? Primeiro vamos achar as drogas, depois você vai dar uma voltinha com a gente.

Eu sabia que estavam querendo outra pessoa, mas eles não sabiam disso. Demorou um bom tempo até que eu conseguisse explicar a confusão. Na verdade, fui salva por seu João, o caseiro que foi arrastado até minha presença para confirma a história de que eu era uma visita. E quando vi o quanto já haviam batido no velho, que não estava entendendo nada da situação, comecei a sentir que as intenções não eram das melhores.

Meus anos trabalhando próxima aos porões da ditadura deixavam claro que ali havia não só policiais, como também bandidos. Estavam com coletes à prova de bala, três carros, duas motos, comunicadores, uma verdadeira operação de guerra. Usando um pouco meu lado psicóloga, fui acalmando o ambiente e entendendo a razão daquilo.

Eles estavam lá porque diziam ter recebido uma denúncia de que aquele sítio era um ponto de tráfico de drogas e eles queriam a muamba, e a dona da muamba, que sabiam ser a roqueira Rita Lee. Mas por que misturar bandidos e policiais? Assim fui entendendo que, na verdade, aquilo era uma tentativa de sequestro e que eles não haviam acreditado na história do acidente e achavam que Rita iria voltar a qualquer momento.

O que mais ajudou foi tanto eu quanto os caseiros não sabermos em que hospital estavam os Carvalho, e também ninguém iria ligar para o sítio, pois os novos visitantes haviam cortado a linha telefônica quando chegaram.

As horas foram virando dias. A barra era pesadíssima. Muita maconha, pinga e cocaína para quem fizesse ronda. Eram quinze, sendo oito marginais e sete meganhas. Eu ficava pensando em como fugir, mas estava muito bem vigiada e também sabia que, no meio de tanto homem, mais cedo ou mais tarde, a coisa ficaria séria para o meu lado.

Além da comida que tinha na casa, eles tinham muita provisão. Consegui amizade com Tonho Louco, que tinha matado o pai e a mãe por terem dedado para a polícia o esconderijo da quadrilha dele. Não parecia nada arrependido.

— Foram eles que me fizeram assim. Na vida é cada um por si.

Tonho era parecido com Toni Tornado, enorme, mas em nada lembrava meu Jimi. Era apenas destemido, pois nunca teve nada a perder. Acabou me dizendo que já tinham um local próximo para levarem Rita, para depois pedirem o resgate. E que também não tinha nada a ver com a história. Tudo era trama dos meganhas, e eles tinham que ajudar para ganhar regalias na prisão – que, na verdade, não existia, pois eles entravam e saíam a qualquer hora para fazer servicinhos. E, se não viesse resgate em curto prazo, seriam eles quem teriam que matar Rita.

Tive um calafrio.

Com essas e outras, haviam passado dois dias e eu não tive a mínima oportunidade de escapar. Mas Diva, Charlie, Cheza e outros mais olhavam por nós.

Eu estava dormindo no quarto esquisito de Rita. Era meio assustador, mas, de alguma maneira, era uma proteção, pois nenhum deles tinha coragem de entrar lá, principalmente por causa do sarcófago. Na madrugada do terceiro dia, acordei com um toque de Tonho Louco. Ele falava sussurrando.

— Olha, dona Bárbara, faz uma cara que eu não vejo mulher. A senhora precisa fazer um favorzinho e é melhor que faça para mim, porque tem muita gente de olho na senhora, que é muito bonita. Aqui ninguém tem nada a perder, por isso o território tem que ser demarcado. Se a senhora for minha, não é de mais ninguém. É melhor dar para mim do que dar para todo mundo, seja por bem ou por mal.

Senti que era uma ordem e não um pedido e que eu não teria tempo para pensar se iria aceitar ou não.

— Vamos lá fora que aqui não poderemos ficar à vontade sem fazer barulho. Você sabe como são as coisas.

Foi assim que convenci Tonho a me levar até fora da casa. Como ele era o vigia da noite, todos os outros estariam dormindo. O tempo estava nublado e eu quase não conseguia enxergá-lo naquele breu. Ele havia levado uma lanterna, que estava usando na ronda. Também coloquei uma roupa preta. Com três dias andando por lá, eu já conhecia o terreno e sugeri que fôssemos até à beira da cerca, onde a vegetação era mais densa e também ficava ao lado de uma mata virgem. Ele veio docilmente.

Percebi que precisava fazer alguma coisa, pois Tonho Louco já estava ficando perturbado pela demora. Dava para ver o volume debaixo das calças. Tapei minha respiração e dei um abraço. Ele queria ir direto para a parte final, mas consegui acalmá-lo, dizendo que mulher precisa de um tempinho. Aquela mão nojenta me apalpava por todos os lados, aquela língua passava pelo meu pescoço. Mesmo se estivesse com cheiro de graxa, não me atrairia. Eu nunca tinha tido aquele misto de vontade de vomitar com vontade de gritar. Um estupro é a pior depravação para uma mulher.

Agachei-me e comecei a abrir o cinto da calça de Tonho e, depois, o zíper. Eu estava no meu limite. Quando baixei a calça, a pior das surpresas, pois ele estava sem cuecas.

Não consegui ver nada por causa da escuridão, mas o cheiro de quem você não gosta é revoltante. Tapei mais uma vez a respiração, baixei a calça até o tornozelo dele e comecei a fechar a fivela do cinto, sem que ele notasse. Ele queria porque queria que eu pegasse naquilo. Com todo jeitinho, fui subindo e pedi que ele tirasse a camiseta bem devagar. A lanterna estava no chão e iluminava a cerca. Quando ele estava passando com a camisa pela cabeça, com os olhos cobertos, comecei a correr e pulei rapidamente a cerca. Eu tinha ouvido isso numa piada e era a mais pura verdade. Não há homem que consiga correr com a calça arriada. Ainda mais presa com um cinto. Com as botinhas, ele não conseguia nem tirar, nem levantar a calça novamente.

O pânico me deu asas e, em breve, eu estava na maior escuridão. Toda molhada pelo orvalho da vegetação e sabendo exatamente onde ele estava, por causa da lanterna. Depois do que passei, não havia inseto ou animal que me fizesse medo. Ele deve ter passado a noite inteira me procurando. Se me achasse, eu seria uma pessoa morta, tenho certeza.

Consegui dar uma cochilada até o amanhecer e aprendi o que era dormir com um olho e ficar acordada com outro.

Havia muitos lugares dos quais eu poderia observar e, pouco antes do almoço, depois de muita movimentação, e para minha surpresa, o comboio partiu. Nessa altura tinha até um caminhão de transportadora. Fiquei até o começo do anoitecer esperando, para ver se não era nenhum truque. Fui até a casa de seu João e olhando pela janela vi que ele e a mulher estavam amarrados e amordaçados. Entrei e libertei-os. Estavam sangrando em vários lugares, seu João tinha costelas quebradas e dona Penha havia quebrado um braço. Eles disseram que logo de madrugada a bandidagem tinha ficado aos berros, um xingando o outro e depois foram até a casa deles, bateram muito e os amarraram daquela maneira. Os coitados pagaram por minha fuga.

Ainda desconfiada, fui até a casa e quando olhei por uma janela, não acreditei no que vi. Ou no que não vi. Eles tinham levado tudo, mas tudo mesmo.

Não havia uma peça de mobília. Levaram até o sarcófago. Foi aí que fiquei com mais pena da branquela. A maioria das coisas que estavam na casa poderia ser comprada novamente, mas as memórias, as antigas roupas, as peças sagradas, as fotos, os diários, as ideias, todo o passado de uma vida havia sumido para sempre. Estava andando meio tonta pela visão, quando tropecei em minha mochila, que estava no lugar onde eu havia jogado quando os bandidos chegaram. Ao menos lá dentro tinha um pouquinho do material que eu havia pegado para ler. O resto tinha ido embora. E lá estava a chave do carro e melhor ainda, eles não tinham levado o carro. Levei seu João e dona Penha para serem medicados, mas longe dali, pois jamais saberia quem era mocinho ou bandido naquelas redondezas.

Tempos depois, telefonei para Roberto, dizendo ser a amiga que tinha passado pelo sítio, já que os caseiros deviam ter contado a história me incluindo.

Ele queria que eu fosse até a casa deles, pois eu tinha conseguido, de alguma forma, fazer com que os bandidos fossem embora e socorrido os caseiros. Mas dei a desculpa que estava de viagem marcada e queria apenas ter notícias. Ficaria para outra ocasião.

Roberto foi muito solícito. Rita, com a queda, havia triturado o maxilar direito. Passou doze horas na mesa de operação e colocou uma prótese de titânio. Precisou fazer, involuntariamente, um voto de silêncio de dois meses, pois estava com as arcadas dentárias costuradas uma na outra. Alimentos, só por canudinho. Acho que por isso desistiu dos frutos do mar e virou vegetariana. Perdeu dez quilos, imagina. Rita Gandhi. Também perdeu metade da audição no ouvido direito.

Mas mesmo assim a polícia de Caucaia resolveu continuar a investigação sobre tráfico de drogas e ela foi por várias vezes interrogada, tendo que responder por escrito. Tempos depois, através da polícia de São Paulo, descobriram que era realmente uma tentativa de sequestro com policiais envolvidos.

Mas foram aconselhados a não levar nenhuma investigação em frente, pois senão acabariam tendo outras "surpresinhas". Durante uma semana, receberam vários telefonemas com ameaças, dizendo saber onde era a escola das crianças, onde era o escritório. Depois pararam.

O maior terror foi o dos médicos, que diziam que ela deveria mudar de profissão, pois não ia conseguir mais abertura bucal para cantar. Agora só podia dormir de barriga para cima, adeus chiclete e alimentos grudentos. Teria que fazer exercícios de abertura bucal para sempre e, de seis em seis meses, ressonância magnética. Não poderia mais tocar flauta. Às vezes o pino travava e ela ficava sem conseguir abrir a boca. Melhor, pensei cá comigo. O nome do pino era Piña Maria Colada.

Mas Roberto disse que eles não aceitaram um diagnóstico tão sombrio como aquele e começaram a trabalhar num novo disco, agora pela Polygram. Roberto disse que quem decidiria se voltaria a cantar ou não seria ela mesma. A partir de então, Rita evocou a Luz em meditações e preces aos que cuidam de nossas existências.

Para não sofrerem especulações da imprensa, que não ficou sabendo do acidente, foram gravar o disco em Los Angeles. Durante as gravações, ficaram impressionados com a imensa competência dos músicos gringos, mas também sentiram a frieza de quem não tem envolvimento nenhum com o trabalho. Só estavam ali fazendo a parte deles pelo dinheiro e acabou. O disco acabou sem ginga e sem malícia, segundo Roberto. Aprontaram as bases instrumentais para Rita tentar colocar a voz, ficando os acabamentos necessários à gravação para depois. Ela estava muito nervosa e teve dificuldades para acertar o balanço dos fones de ouvido, devido à perda de audição. De repente, houve uma onda de calor no estúdio, e as luzes pareceram mais claras. Ela abriu a boca e a voz saiu, na verdade com menos potência, mas saiu. Usaram o truque de dobras, ou seja, gravar cantando duas vezes a mesma coisa, para reforçar.

Voltaram para o Brasil em 1997 para receber mais um Prêmio Sharp, juntamente com Fernanda Montenegro. A Polygram, com pressa, deu o disco como pronto e soltou-o do jeito que estava. Roberto ficou louco da vida. O disco mal mixado, não tinha as dobras para embelezar os arranjos, e aquelas não tinham sido as melhores gravações feitas. E assim nascia *Santa Rita de Sampa*, novamente com a maioria das músicas compostas pelos dois, mas sem o imprimátur do Casal Real.

Agora casal oficial, pois, após as porradas da vida, os dois admitiram o fracasso da separação e se declararam totalmente apaixonados. Resolveram casar oficialmente, na presença dos filhos praticamente adultos, que quiseram gozar os pais por tamanha babaquice, mas que acabaram umedecendo os olhos na cerimônia para poucos, realizada no apartamento de Roberto.

A novidade é que continuaram morando em separado, mas agora com Rita também no Morumbi, no prédio ao lado do de Roberto. Pela proximidade dos apartamentos, era possível se verem através das janelas. Beto continua morando com a mãe, e Juca e Tui com o pai. Só quando pintam umas briguinhas, o arranjo muda um pouco. Coisas de família.

E agora surgia novamente o nome daquela boneca de plástico, denominada pelas irmãs de Santa Rita de São Paulo. A Santa Rita de Sampa. Algo me dizia que eu ainda iria encontrar essa coisa pela frente.

2. MEIO SÉCULO DESCONSTRUINDO RITA

ERA DAQUELES DIAS CHUVOSOS de se ficar em casa revendo velhas fotos, apalpando o passado, com alegrias e tristezas dando seus picos incontroláveis, tudo misturado com chá e bolachas. Desde que soubera do paradeiro de meu pai, eu havia comprado uma reprodução de uma foto de Sebastião Salgado da série que ele fez em Serra Pelada. Aquela em que aparece uma encosta colossal de lama, cheia de formigas, mas que não são formigas, e sim homens escavando seus destinos. Já achava essas fotos impressionantes quando saíram, e agora eu sabia que aquela era a única foto que teria de meu pai, embora eu nem imaginasse qual daquelas formiguinhas ele era. Tinha certeza de que passaria o resto de minha vida nessa observação inglória.

Jimi John estava desaparecido já havia alguns anos e, pelo que eu conhecia dele, não adiantava ficar procurando pois ele me acharia se fosse o caso. Desde a morte de Diva, o velho baú com as coisas dela lá estava, sem que eu tivesse coragem de olhar. Dezembro de 1997. Eu estava para fazer cinquenta anos. Aliás, eu e Rita. Hora de fazer balanço e limpar as gavetas.

Ao abrir o móvel, o cheiro de passado envolveu a sala. Fotos, documentos, objetos. Boa parte da minha vida ali estava para ser lembrada. Peguei a tábua Ouija. Tirei a poeira, peguei o triângulo de madeira e fiquei pensando no que perguntar. O inconsciente acabou me levando para a velha perseguição. Para planejar meus passos, resolvi perguntar o que Rita faria de mais importante nos próximos dois anos.

Para 1998, o triângulo levou minha mão primeiro ao A, parou um pouco, e acho que, para brincar comigo, foi rápido no C e no U, parou novamente, e depois, a sequência S, T, I, parou mais um pouco, C e O. Acústico. Mas ela já não tinha feito o *Bossa'n'roll*? Perguntei onde. M, T e depois V. Entendi. Acústico MTV. Dever sair um disco, vídeo e shows para ganhar dinheiro. Aposto que a imprensa vai largar a lenha. E também sei que ela gosta mais de dinheiro do que de crítico musical. Não vai estar nem aí.

1999. Letra D. Depois A, L, A, I, L, A, M, A. Dalai Lama. Será que vão dizer que ela é o novo Dalai Lama? Mas não tem que ser criança e novinho? Ela vai morrer e reencarnar como o Dalai Lama? Não mereço isso. Chega dessa tábua.

Continuei mexendo e achei um envelope amarelecido, do qual eu não me lembrava de ter visto em casa. Resolvi abri-lo e o que li me deixou zonza. Um exame de fertilidade feito por Claudionor. Negativo.

Estava dentro de um envelope fechado. Era impossível minha mãe não saber da existência dele. Havia deixado ali para que eu achasse um dia e soubesse minhas origens. Ou melhor, a impossibilidade de conhecer metade da minha origem.

Passei horas olhando a chuva fininha da terra da garoa, escorrendo pela janela. Era apenas outra manifestação da solidão. O mal do século, a minha eterna companheira. Sempre vivi cercada de ideias aprisionadas em livros, discos, vídeos. O mundo das ideias ao meu alcance, mas calado, apenas me observando. Um paliativo para os dias sem direção.

Senti-me prisioneira da indústria cultural, capitalista como outra qualquer, mostrando sensibilidade, mas recebendo dinheiro, e muito, por isso. Sempre esbravejei contra essas práticas, mas confesso ter sido divertido. A diversão acaba quando faltam perspectivas. Filósofos devem ser criados em lugares úmidos e frios. Não há introspecção sob um sol de quarenta graus.

Dentro da gaveta de calcinhas estava uma pedra do *green steam*, o ácido que Luciana havia colocado em minha mão, naquela volta de

Londres, e que eu nunca tive coragem de tomar. Será que aquilo tinha tempo de validade? Coloquei debaixo da língua. Inteiro.

A *Folha de S. Paulo* estava jogada sobre a mesa, aberta nesses "aonde vamos". Rita Lee no Olympia. Comprar uma arma e ser a primeira assassina de ídolos do nosso Brasil? Escolher um livro qualquer e ficar sentada na sarjeta esperando a polícia chegar? Um do Paulo Coelho, só para foder com ele? Na verdade, iria vender mais ainda, isso sim. Mas esse era um bom dia para tomar decisões. Definitivas.

Nada de inovar. Escolhi o livro. Meu diário. No dia em que tive certeza de que meu pai não era meu pai, até que seria apropriado ir a um show dela. Será que eu conseguiria, finalmente, vê-la ao vivo? Até pensei em desistir, pois sempre acabava em confusão. Depois de tantas, uma a mais não faria qualquer diferença.

Não era lá tão longe, sem paixões, sem amigos, nem laços profundos quaisquer, já que meu parceiro de nada me impediria pelo seu sumiço. Livre como um pássaro. Ficava até chato a falta de pressões para decidir.

Cheguei meia hora antes do início e já tive que cair nas mãos de um cambista. As portas não estavam abertas, pois a estrela tinha atrasado a passagem de som. Melhor. Eu poderia praticar um dos meus esportes favoritos, furar fila. Com o cabelo escorrido pela chuva, atracada com o diário e com uma cara de poucos amigos, fui me enfiando. As pessoas se afastavam, com caras receosas e espantadas. Essas pessoas que seriam entrevistadas pelos jornais e diriam: "Ela estava mesmo com uma cara muito estranha. Sabia que ia acontecer alguma coisa". Sempre deu certo. Fui das primeiras a entrar e fiquei no gargarejo.

Foram chegando os alegrinhos das camisetas de fã-clube e muitos alternativos tanto em atitude, quanto em preferências sexuais. Garotinhos, garotinhas, acredito que o público típico de gargarejo de um show dela. Eles chegavam correndo e esbaforidos, como se a coisa mais importante do mundo fosse ficar espremido naquela cerca para ficar o mais próximo possível das pessoas no palco. Para não ficar ouvindo conversinhas moles, fiz a cara de má e fiquei repassando toda essa história em meus pensamentos.

Acho que não a contaria assim novamente. Ou nem a contaria. Hoje teríamos que resolver essa parada de qualquer maneira, ela e eu. Um duelo. Alguém morderia a poeira. No final, entro no camarim e digo tudo o que penso dela. Na frente de qualquer um.

Se atrasou a passagem de som, imagina o show. Ela deveria estar lá dentro, cheia de mordomias, esperando o fim de alguma novela, roendo o cantinho dos dedos, sem se preocupar que nossas pernas pesavam toneladas, ou que estávamos prensadas em uma grade, esperando, esperando. Sina de mulheres.

Déjà vu total. Apagam as luzes, os gritos. Os músicos. Vejo o marido, o filho, e ela, nada. Introdução forte de "Santa Rita de Sampa". Ela surge com uma guitarra branca, desce uma escada, sobe a temperatura.

Luto para minha raiva não passar. Após todos esses anos, esse era meu primeiro show dela. Obrigada, não quero mais saber de você.

Ela fica fazendo gracinhas, todos riem, mas eu não presto muita atenção. Mas que efeitos estranhos eram aqueles que eu estava vendo? Tinha me esquecido do ácido e ele estava me pegando. Eu havia passado a vida inteira vendo Rita tomar essas coisas e lá estava eu, seguindo a cartilha. As dimensões começam a mudar.

— Hey, vou precisar de alguém aqui para cantar comigo. Tão afins?

Ouvi essa frase, me parece, e uma gritaria ensurdecedora. Minha mão com o diário levantou-se, sem meu consentimento.

— Querida, isso é uma agenda ou um ... diário secreto? Vem aqui me mostrar.

Tive um misto de tontura e desentendimento total, quando o segurança pegou meu braço e me fez pular a grade. Ao me dar conta, estava no palco, ao lado dela.

— Cadê seu diário? Não quis trazer aqui em cima? Eu não ia ler não, bobinha.

Os flashes das máquinas pareciam estrelas ondulantes naquele mar de cabeças. Minha respiração estava alterada.

— Eu começo, você continua. Senta aqui. Que mãozinha gelada. A minha também fica assim sempre, não adianta. Vamos lá?

Os acordes da introdução rodavam em minha cabeça. Minha espacialidade não estava das melhores, confesso. Só ouvi: "meu bem, você me dá...". Instintivamente abri a boca e as palavras foram saindo. Parece que durou um dia inteiro. Parei, o instrumental parou e um ruído foi se avolumando. Depois percebi que eram aplausos, assovios e gritos. Eu estava suada. Senti-me como se tivesse voado. O voo de uma borboleta. E eu era mesmo uma borboleta.

— Menina, como você canta, como você dança. Levinha. Acho que foi o maior astral que já subiu num palco para me ajudar. Gravadoras insensíveis, vocês ouviram essa voz? Vocês estão aí? Gravadoras, hu, huuuuuuu... posso te abraçar?

Estávamos de perfil para a plateia. Com o braço esquerdo, que estava virado para o público, ela me abraçou. A mão direita, que estava virada para a banda, apertou firme minha bunda e, na maior personificação do Aníbal, disse firme no meu ouvido:

— Com um bundão desse, trabalha porque quer...

O ácido bateu firme. Sons, cores, formatos. As formas mudavam constantemente. Havia algo mais que a tridimensionalidade. Eu podia ver o tempo. Percebi vagamente que a banda começou a tocar "On the Rocks" e que Roberto de Carvalho ia cantar. Rita foi saindo pelo lado do palco para os camarins e, ao mesmo tempo, um segurança me guiava para voltar à plateia.

Ficamos então, eu e Rita, cara a cara, fora da visão do público, iluminadas pela sobra das luzes que estavam no palco. Nos olhávamos no fundo dos olhos, bem próximas e senti como se estivesse lendo claramente os pensamentos dela. Digo pensamentos porque não via seus lábios mexerem, mas ouvia claramente sua voz, que rodopiava acima de nossas cabeças, depois descia levemente e aparecia escrita, como se fosse legenda de filme. Eu ouvia e depois lia para confirmar. Embora tenha parecido uma eternidade, ela disse apenas uma frase, ou pensou, não sei:

— Você é a cara da minha mãe. E canta tão bem como ela. A mesma voz.

A expressão dela era de pura interrogação, assombro. Nossos olhares estavam colados um ao outro e, então, ou pensei, ou respondi em voz alta, mas muito assustada, pois era a primeira vez que olhava suas feições tão de perto. Não acreditava no que via. Como não tinha prestado atenção naquilo antes? O que consegui dizer foi:

— Você também é a cara da minha mãe.

Foi como se o caça-níqueis tivesse chegado à combinação certa. Uma revelação. Será que é assim que acontece com os profetas e os visionários? No meio de tantas alucinações, uma luz brilhava fortemente, com o maior segredo de minha existência e que irá repousar comigo, em minha tumba.

Naquele exato momento eu acabara de descobrir que eu era Rita Lee. Desci para a plateia e muitas pessoas mexiam comigo pela aparição. Não conseguia entender nada do que diziam. Apenas abria caminho para chegar a um lugar arejado. A música foi ficando cada vez mais baixa e, em breve, eu estava na rua, viajando nas cores, nos pensamentos e em meu novo *status*.

Nunca mais achei meu diário. De qualquer forma, levantei meu vestido e dei uma mijadinha no pé da primeira árvore que encontrei, para começar a demarcar meu território. Acho que hoje vejo meu disco voador.

1. QUE SERÁ, SERÁ

E ASSIM TERMINAVA o diário de Bárbara Farniente. E aqui apareço eu, o cara que comprou o diário e que precisa saber qual o final da história. Por isso fui em busca do cálice sagrado.

Aproveitando toda as facilidades das buscas na Internet, eu tinha encontrado o paradeiro de Bárbara e agora estava aqui, prestes a saber o final do final. Acho que ela também queria ver tudo isso escrito, pois não colocou objeções quando, depois de alguns e-mails trocados, concordou em me contar o final da história: o encontro entre Bárbara e Rita.

Tinha chegado bem cedo ao SPA Farniente, de difícil localização e acesso, e esperava pela proprietária. Bárbara havia me convidado para conhecer o lugar e também para me entregar um documento.

O local era coisa de cinema. Muita água e muito verde, e tão perto de São Paulo. Pareciam os fiordes finlandeses. Uma represa cercada de muitas matas, e encravado nessa área, o SPA da mulher considerada a maior proprietária da área.

E ela estava se materializando exatamente naquele momento à minha frente.

A autora havia prometido e estava cumprindo o trato de me entregar a parte final do diário, já que ela o havia perdido no show em que vira Rita ao vivo pela primeira vez. Para não perder a sequência, essa parte que eu iria ler agora é o que já está contado no capítulo anterior, por motivos literários. Ela também havia ficado perturbada ao perder o diário, mas sentia-se aliviada, como se um fardo saísse de suas costas. Estaria aprendendo a limpar gavetas? Mas também sentia que teria que escrever o que havia acontecido naquele show, ou por ter feito anotações a vida inteira, ou mesmo para encerrar de vez aquela história. E fora por pura sorte que aquelas anotações ainda existiam.

Quando acabei de ler as páginas que Bárbara Farniente tinha me entregado, vi que ela me olhava calmamente, com um sorriso tranquilo.

— Não quer fumar algo natural, para aproveitar a paisagem?

Minha expressão de espanto era indissimulável. Cigarro natural? Por que não? O lugar era mesmo bonito e sossegado. Muito verde, visual deslumbrante e o silêncio do paraíso.

Resolvi experimentar, e notei que ela não me acompanhou. Primeiro tive vontade de rir de tudo o que acontecia. Gestos eram engraçados, qualquer palavra, pensamentos... Fumei até começar a tossir convulsivamente. Aos poucos, consegui voltar a conversar, apesar de estar achando tudo muito engraçado.

Durante algum tempo, não conseguia formalizar o que queria dizer, emitindo frases desconexas e fragmentadas. Um pensamento emendava com outro, claramente para mim, mas acho que confuso para quem ouvisse. Bárbara apenas observava. Eu tentava preencher as lacunas que faltavam naquela saga.

Eu jamais perguntaria, mas a desinibição da droga tirou de mim o controle da língua.

— Afinal, senhorita Farniente, após todos esses anos e todos esses tangenciamentos inumeráveis, seria possível ouvir alguma pista sobre quem ou o que é Rita Lee?

Minha boca descontrolada e seca acuou meus pensamentos. Aguardei, convicto, ser mandado à puta que pariu. Não havia traço de emoção no rosto que me respondeu:

— Rita Lee, pelos ditames da lei, é uma assassina.

A pausa foi pequena, mas foi novamente o eterno em um segundo.

— Rita Lee vem matando as Amélias de tempos em tempos e, merecidamente, pois aquelas jamais foram mulheres de verdade. Ela deu a cara para apanhar e não recuou um milímetro sequer. No Evangelho, segundo suas letras de música, para quem souber separar o joio do trigo, estão os ditames da nova mulher. Volta e meia ela deposita uma nova mensagem aos iniciados. Um passo sempre à frente. Esqueça a costela. A nova mulher ressurgirá das cinzas de todas as fogueiras acesas injustamente.

Vértebra por vértebra, minha espinha ia se congelando. Ela continuou, olhando para um ponto fixo indefinido.

— Muitos vão levá-la a julgamento, ao sentirem seus reinos abalados, mas ninguém conseguirá condená-la. Qual seria a principal acusação? Falta de sobriedade? E quem, no mundo, conseguiria fazer tudo isso de cara limpa? Você, se estivesse de cara limpa, estaria me cutucando?

Nem precisava olhar no espelho para ver minha cara de bosta. Fiz uma última tentativa de mudar o placar, para provocá-la mais, para fazer com que ela destilasse a raiva que tinha daquela sombra em sua vida.

— Então quer dizer que Rita Lee é tudo?

Ela tirou os olhos do ponto indefinido e mirou bem no meio dos meus olhos avermelhados:

— Ela não é tudo. Ela é uma parte.

Senti que precisava mudar de assunto.

— Uma outra coisa que gostaria de perguntar. Onde ficam os bacanas que frequentam o seu SPA? Pelas instalações que vi, aqui só deve entrar bacana da melhor estirpe, não é mesmo?

— Meu jovem — será que ela me contaria o que se passava naquele SPA do dr. Moreau? —, este lugar é muito maior do que você possa imaginar. E sim, os bacanas, aliás muito bacanas, estão por aqui e deixam fortunas por isso.

Eu sabia. Ela devia faturar alto com aquilo tudo. Mas em breve eu seria obrigado a sentar para não cair das pernas.

— Acho que talvez não seja bem o que você queira ouvir. As pessoas que vêm aqui são bacanas na essência. Todos são muito bem-sucedido no que fazem, mas sabem que podem fazer mais e é isso que estão fazendo aqui. Os bacanas dos quais você perguntou usufruem deste lugar, mas é trabalhando. Este SPA não é um estaleiro de dondocas tentando corrigir o incorrigível. Aqui a sigla SPA vem de Special People & Animals. Animais e Pessoas Especiais. Aqui é um lugar onde tentamos dar conforto aos desprovidos e desvalidos.

E Bárbara Farniente me contou como foi encontrada por esse lugar, um paraíso terrestre abençoados por Deus e, logicamente, bonito por natureza. O dinheiro deixado pela herança serviu para adquirir a imensa área, que estava sendo guardada por um misterioso morador. Ele dizia aguardar a pessoa certa para vender tudo aquilo, e que assim o círculo se fecharia. E mesmo após a compra da área, as contas da Suíça continuaram abarrotadas e isso garantiria a continuidade do projeto.

— Assim que comprei a área, eu tinha uma vaga ideia do que fazer, mas do nada começaram a surgir pessoas e mais pessoas. E era como se cada um que aparecesse fosse um velho conhecido. Tenho plena certeza de que são pessoas que já se encontraram em muitas outras vidas. Foi assim que tudo tomou forma. Para resumir uma história longa, temos médicos, engenheiros, artistas, biólogos, magos, representantes de todos os setores do conhecimento humano e mais um pouco.

Será que eu estava ouvindo aquilo ou era pura chapação?

— Como disse, a área é enorme e dessa forma fica tudo dividido em setores específicos, para que possamos cuidar dos diferentes casos sem interferências de qualquer tipo. Temos crianças abandonadas, aquelas tidas como irrecuperáveis, algumas com doenças irreversíveis. Temos mulheres estupradas ou vítimas da violência no lar. Temos viciados nos mais variados níveis. Temos rejeitados pela sociedade. Temos animais domésticos abandonados e não domésticos que sofreram as mais diversas explorações e desmandos. E o que fazemos? Damos o conforto. As pessoas que trabalham aqui são voluntárias e aprenderam na vida que as mazelas pelas quais se queixavam em suas vidinhas medíocres nada são perto dos problemas que aqui aparecem. Essas pessoas viram que todo o dinheiro que ganharam de nada servia para o espírito, e isso as levava a se afundar mais e mais nas fugas mais diversas. De minha parte, aprendi essa lição na carne, no trabalho que fiz nos últimos anos em hospitais e instituições. Pensei que estaria um tanto só, mas existem muitas pessoas de boa índole.

Eu não conseguia abrir a boca. Bárbara falava com os olhos brilhando e muita emoção na voz.

— Artistas apresentam aqui suas obras para plateias que jamais poderiam vê-los, por não terem condições para isso. E fazem os shows e peças completos, com cenários e tudo mais. Muitas vezes isso tem efeito maior que qualquer remédio. Não adianta fugir da realidade. Todos temos nossa hora de partir e é isso que tentamos ensinar aos desvalidos. Temos que aprender a morrer, com a esperança de estarmos indo para um lugar muito mais evoluído. Os resultados são assustadores. Vemos milagres acontecendo diariamente. Por todos esses lugares, temos visões e aparições fantásticas, dignas de um local mágico e sagrado. A brisa constante que passa por aqui é o sopro de Deus, que nos energiza diariamente. O amor que recebemos, tanto de pessoas quanto dos animais que vagavam por aí a esmo, não tem preço e nem pode ser comparado a nada. Geralmente arrematamos lotes de animais que estavam jogados em circos e zoológicos mambembes. Quando recuperados, são enviados a seus *habitats* naturais, muitas vezes na África, na Índia e em outros lugares. Compramos frigoríficos e os fechamos, para o bem da humanidade. E as pessoas que por aqui aparecem para ajudar vão doando tudo o que excede o que necessitam, não deixando que o dinheiro seja um problema para nossas metas. E esse lugar não se chama SPA Farniente por minha causa. É uma singela homenagem a Diva Farniente, que sempre me mostrou que o espírito é muito mais que a matéria, e a Claudionor Farniente, que me provou que a matéria pode conduzir a boas metas, se bem empregada.

Bárbara ainda me falou um pouco das ramificações internacionais da ideia, mas minha cabeça já não estava entendendo tanta informação.

Senti que era hora de ir embora e que nada mais me seria dito. Durante a conversa, fiquei sabendo que Bárbara e Rita estavam trocando e-mails, o que não era novidade, pois a ruiva Rapunzel só se comunicava dessa forma. E agora eu já tinha ideia sobre o quê, mas desci a ladeira em direção ao prédio principal, ainda cheio de conjecturas. O spa, ou melhor, SPA, ocupava realmente uma área muito grande e o acesso não era nada fácil. E o que será que as duas estavam conversando? Será que Rita Lee sabia do que ocorria nas terras de Atibaia?

No caminho até a saída, que não era lá tão curto e tinha que ser feito a pé, notei uma trilhazinha que levava a uma elevação, um tipo de mirante. A descontração canábica e a pura curiosidade me empurraram para lá.

Escavado ao pé da elevação e cercado por pedras das mais diversas formas, havia um pequeno santuário. Deveria ser algo feito por nativos, ou quem sabe, pelo misterioso antigo proprietário. O santuário era pequeno e bem primitivo, mas muito bonito, em perfeita harmonia com o lugar onde estava incrustado.

Até que não me arrependi. No altar uma velha imagem de plástico e logo o cheiro característico de urina tomou de assalto minhas narinas. No pé do altar, uma inscrição incrustada na pedra: "Santa Rita de Sampa".

Quando estava entrando no meu carro, vi uma van com os vidros escuros, esperando que eu saísse para estrada estreita e sem asfalto que levava à rodovia D. Pedro I, por um caminho tortuoso e cheio de encruzilhadas. Só entrei e saí de lá por ter um mapa. Ao lado da van, estava um homem negro enorme fazendo sinal para que eu parasse e tomasse o caminho da saída. Quem seria aquele? Ele tinha estilo.

Ao passar próximo à condução, percebi um vulto bem conhecido da mídia. Os cabelos eram vermelhos. E até me pergunto o que era real, o que era maconha. No caminho de volta, meus pensamentos voaram livres, leves e soltos. Mas será que Bárbara aparentava tanta juventude porque fazia o tratamento daqueles malucos que bebem urina? Vou ter que experimentar isso também? Por que a síndrome da vida eterna?

Comecei a gargalhar sozinho. E precisei parar no acostamento tamanho o acesso de riso que tive ao pensar que eu seria o único maluco a acreditar nessa história toda.

Mas não há dúvidas de que as vibrações de um grande ritual estavam no ar e, como disse Keith Richards em uma letra, "sparks will fly". Fagulhas vão voar. É horrível, mas sempre acabamos usando letras de música, admito, e a vida é uma partida de xadrez bem complicadinha e divertida, se bem jogada.

E a moral da história foi batucando em minha cabeça no caminho de volta: tudo havia mudado, mas estava igual. Ou tudo estava igual, mas havia mudado? Se tivesse uma baga, eu daria mais um tapinha, na boa. Enfiei a mão no bolso e me certifiquei de que o mapa ainda estava lá.

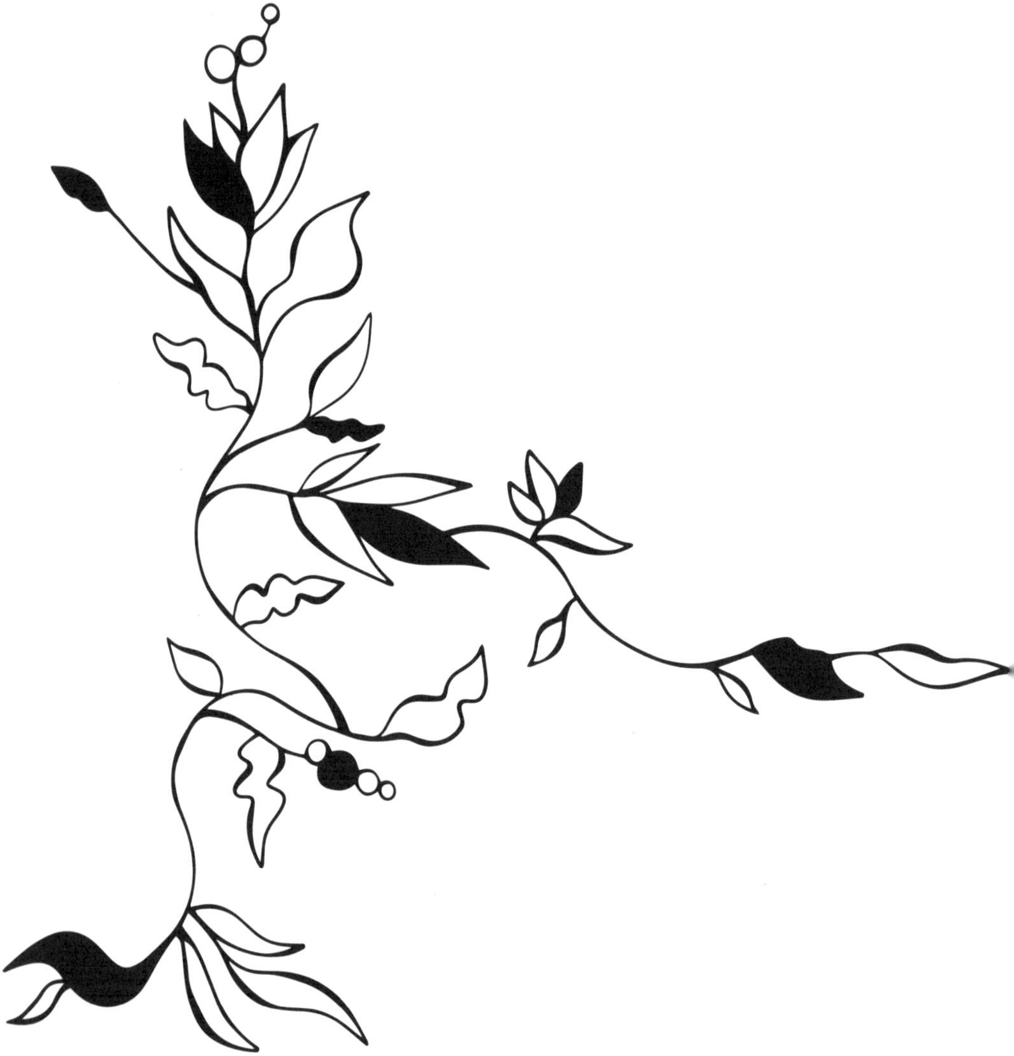